U0936726

乡村振兴：
基层干部法治素养与能力建设丛书

丛书主编／江必新　李占国

农村生产经营、生活法律问题解答与实例

主　编／徐建新

人民法院出版社

图书在版编目（CIP）数据

农村生产经营、生活法律问题解答与实例 / 徐建新主编 .-- 北京：人民法院出版社，2020.10
（乡村振兴：基层干部法治素养与能力建设丛书 / 江必新，李占国主编）
ISBN 978-7-5109-2950-2

Ⅰ .①农… Ⅱ .①徐… Ⅲ .①农村－经济纠纷－案例－中国②农村－民事纠纷－案例－中国 Ⅳ .① D922.290.5 ② D925.105

中国版本图书馆 CIP 数据核字（2020）第 186439 号

农村生产经营、生活法律问题解答与实例
徐建新 主编

策划编辑 韦钦平
责任编辑 张 怡 执行编辑 卢乐宁
封面设计 天平文创视觉设计
出版发行 人民法院出版社
地 址 北京市东城区东交民巷 27 号（100745）
电 话 （010）67550691（责任编辑） 67550558（发行部查询）
65223677（读者服务部）
客服 QQ 2092078039
网 址 http://www.courtbook.com.cn
E - mail courtpress@sohu.com
印 刷 天津嘉恒印务有限公司
经 销 新华书店

开 本 787 毫米 ×1092 毫米 1/16
字 数 355 千字
印 张 19.5
版 次 2020 年 10 月第 1 版 2020 年 10 月第 1 次印刷
书 号 ISBN 978-7-5109-2950-2
定 价 55.00 元

Introduction 出版说明

乡村兴则国家兴，乡村衰则国家衰。党的十九大提出实施乡村振兴战略、建设美丽中国，围绕实施乡村振兴战略党中央作出了一系列重大部署，《中共中央国务院关于实施乡村振兴战略的意见》和《乡村振兴战略规划（2018–2022 年）》对实施乡村振兴的目标任务提出了明确要求。实施乡村振兴战略，是解决新时代我国社会主要矛盾、实现"两个一百年"奋斗目标和中华民族伟大复兴中国梦的必然要求，具有重大的现实意义和深远的历史意义。

良好的法治环境是健全乡村治理体系的有力保障，在实施乡村振兴战略中起着基础性和决定性作用。2018 年最高人民法院先后发布了《关于深入学习贯彻习近平生态文明思想为新时代生态环境保护提供司法服务和保障的意见》和《关于为实施乡村振兴战略提供司法服务和保障的意见》，明确了司法服务和保障实施乡村振兴战略的具体意见与措施。今年 3 月中央全面依法治国委员会印发了《关于加强法治乡村建设的意见》，对法治乡村建设提出明确要求。广大基层干部是乡村振兴、美丽乡村建设的参与者与推动者，在乡村振兴中发挥着重要作用。增强基层干部法治观念、法治为民意识，提高基层干部的法治素养和依法办事能力，教育引导广大基层干部群众办事依法、遇事找法、解决问题用法、化解矛盾靠法，对于促进乡村依法治理，建设法治乡村，加强社会主义民主法治建设和精神文明建设具有重要作用。鉴于此，人民法院出版社在最高人民法院有关领导和庭室的指导帮助下，经过深入实地调研，精心策划推出了《乡村振兴：基层干部法治素养与能力建设丛书》。丛书由第十三届全国人民代表大会宪法和法律委员会副主任委员江必新、浙江省高级人民法院院长李占国担任主编，最高人民法院和浙江省高级人民法院有关庭室的领导和法官以及相关部委的有关科室人员为本套丛书的主要作者。

丛书项目实际调研中，充分听取乡镇干部、村干部、基层人民法庭工作人员在乡村振兴、美丽乡村建设中遇到的问题和主要诉求，并依托人民法院海量的案件资源和司法大数据分析，全面、客观、科学地梳理了乡村振兴、美丽乡村建设中矛盾纠纷的主要类型、多发点以及法律风险点，以确保丛书的内容既系统全面，又重点突出，贴合实际。丛书作者既有相关领域的专家，又有实践经验丰富的基层一线人员，保障了丛书内容的科学性、严谨性、权威性和实用性。

乡村振兴涉及面广，对基层干部的综合能力素质要求高，因此，本套丛书设计为开放式丛书，以便后续根据乡村振兴的实际需求不断追加。首批，推出4卷册，包括《生态资源环境保护法律问题解答与实例》《集体土地征收、拆迁、拆违法律问题解答与实例》《农村土地流转法律问题解答与实例》及《农村生产经营、生活法律问题解答与实例》。后续，将陆续推出涉农法律法规、乡村规划、矛盾纠纷多元化解与乡村治理、涉农刑事法律问题、村规民约在乡村治理、法治乡村建设中的作用等分卷册图书。为便于理解与查阅，丛书采用了一问一答形式，并结合典型案例分析，对人们普遍关心的涉农法律问题进行通俗易懂的解答，提示存在的法律风险，对于提升基层干部的法治素养和依法办事能力具有重要指导与帮助作用。

丛书以问题为导向，依托人民法院丰富的案例资源，不断梳理挖掘乡村振兴战略实施过程中的新情况、新问题，以充分发挥人民法院典型案例的指引、规范和示范作用，服务于生态环境保护、乡村规划与产业发展、乡村治理与乡风文明，提升乡村人文素养等涉及乡村振兴的各个方面。希望丛书的出版能够为实施乡村振兴战略提供整体的法律解决方案与全方位的智力支持，为把我国农村建设成“产业兴旺、生态宜居、乡风文明、治理有效、生活富裕”的美丽乡村贡献绵薄之力。

编者

2020年10月

Preface 前言

习近平总书记强调，要以深入实施乡村振兴战略为抓手，深化“千村示范、万村整治”工程和美丽乡村、美丽城镇建设，推动工商资本、科技和人才“上山下乡”，加快推进农业农村现代化。在党中央的领导和支持下，我国美丽乡村建设工作正加速推进。随着农业农村的发展、农村居民生活水平的提高，各类农业生产经营关系与农村生活关系得到空前发展。广大农村居民也会在农业生产经营和农村生活关系中遇到各类矛盾纠纷，有些甚至为法律纠纷。正确处理农业生产和农村生活中的各类纠纷矛盾、构建农业农村社会矛盾纠纷多元预防调处化解综合机制，让矛盾解决在萌芽状态、化解在基层已成为我国乡村振兴的一项紧迫任务。为了给广大农村基层工作者增加法律知识、丰富司法经验、提升调处能力，本书以问题为导向，通过法律问答的方式回答矛盾调处过程中的难题，再以典型案例释法析理，增强读者切身感受。以此期待为我国美丽乡村建设作出一份贡献。

全书共分八个章节，参照《民事案件案由规定》中有关农村生产经营与生活纠纷案由的分类，按照总分的逻辑体系对纠纷的性质与保护的权益属性进行归类，阐述了农业合同法律纠纷、农村借贷法律纠纷、农村房屋法律纠纷、农村婚姻家庭法律纠纷、农村继承法律纠纷、农村相邻关系法律纠纷等各类纠纷中的典型问题及处理方法。

本书在写作过程中得到了最高人民法院、浙江省高级人民法院有关领导和专家的大力指导与支持。最高人民法院民一庭法官赵风暴，浙江省高级人民法院副院长徐建新、民一庭庭长俞少春针对书稿提出了许多有建设性的意见与建议。本书从涉及农村生产经营、生活中的常见纠纷问题出发，选取了最高人民法院有关乡村振兴的典型案例等具有代表性的案例进行解答。本书提纲经最高人民法院民一庭法官赵风暴和人民法院出版社与本书作者多次讨论修改完善拟定，由浙江省高级人民法院民一庭副庭长吴飞明和黄岩区人民法院法官刘宇鸣执笔完成。初稿形成后，又历经丛书编写人员两次统稿，多次修改，审稿。各位专家与本书作者通力协作，倾注了大量心血与智慧，保证了书稿内容质量。全书写作风格深入浅出，浅显易懂，适合广大基层干部阅读，对预防和处理相关纠纷有积极的指导意义。

囿于作者水平和能力，书中不当与错误之处在所难免，诚请各位读者提出宝贵意见！

作者

2020 年 10 月

Contents 目录

第一章　农村生产经营、生活法律纠纷概述

第二章 农业合同法律纠纷

第四章　农村房屋法律纠纷

第七章 农村相邻关系法律纠纷

第八章 其他涉农法律纠纷

第一章 农村生产经营、生活法律纠纷概述

农村生产经营及农村生活与法律息息相关。村民之间、村民与法人或其他组织之间也常常形成各种法律关系。法律关系中的冲突产生了各类生产经营与生活法律纠纷。以下是本书从成因、特点、类型及处理原则对农村生产经营、生活法律纠纷进行的总体介绍、分析。

第一节　农村生产经营、生活法律纠纷的成因

农村生产经营、生活法律纠纷的形成原因较为复杂，既有客观成因，也有主观成因；既有社会成因，也有法制成因等。但从主要因素分析，农村生产经营、生活法律纠纷的产生源自以下几个方面：

一、社会成因

（一）社会转型因素

随着传统社会的转型，农村社会正迅速向现代化转变。此时，村民利益变得多元而复杂。村民与村民、村民与各类组织之间都在追求自身的利益。在利益多元化的当下乡村，社会转型容易导致利益的摩擦、碰撞甚至冲突、斗争。这些利益矛盾表现在农村生产经营与生活中就变成了农村生产经营、生活法律纠纷。

（二）社会规范新旧不接

传统的农村社会拥有一套与之相适应的道德规范。它发挥着调节村民与村民、村民与其他组织之间社会关系的功能。随着传统乡村社会的迅速变迁，与之相适

应的道德规范也日趋瓦解。尽管如此，乡村社会新的行为规范却尚未形成。随着社会的演进，作为农村社会关系调节器的礼教也越来越受到冲击，它对村民的规范作用也越来越小。据调查，传统礼教在当下乡村已逐步失灵。缺少了道德规范调整的乡村社会，必然要经历一个纠纷陡增的阶段，直至新的道德与行为规范逐步形成和完善。

二、经济成因

当前，农村社会迅速发展。尤其是，党和国家对“三农问题”的重视程度不断提升，不断推出和完善各种强农、惠农、富农政策，推动农业迅速发展、农村社会转型升级。但是由于农村经济活动的自然属性与运行特点，其不可避免地带有风险性。

（一）自然经济风险

农村生产经营具有风险性和不确定性。在很大程度上，农村生产经营都以种植、养殖为主。所谓农业要“靠天吃饭，赖地穿衣”就是这个道理。而作为自然条件的“天”“地”本身具有诸多风险性和不确定性。自然条件好，收成就好；反之，自然条件不好，农村生产经营就可能血本无归，农村居民也就可能衣食无着。

（二）市场经济风险

现在许多涉农产业也与生俱来具有很大的市场风险性。涉农的各种经营活动受到市场经济形势影响较大。从经济学角度讲，市场经济活动具有波动性、不确定性和风险性的特征。同样的，涉农生产在不同的市场环境及经济形势下经营，很可能会导致迥异的结果。这也进而连锁性地影响农业的上、下游产业链，致其盈利或亏损。

因此，涉及农村生产经营的交往本身带有许多不确定性。在生产经营中，村民就生产经营方面的经济活动也必然带有不确定性和风险性，也容易产生矛盾和纠纷。

三、法治成因

（一）乡村法治意识淡薄

传统农村社会重人情、轻证据。村民之间发生的各类经济关系大多不订立书面合同。生产经营物资的交付也不会出具转移凭证。在村民们看来，要对方写相关字据会“难为情”“伤感情”“说不出口”。很多交往靠的是各自的“良心账”。一旦记忆或“良心账”出现问题、发生偏差，也极易产生纠纷矛盾。

（二）法治教育缺乏

在农村社会中，法治教育不到位、不全面、不充分。这导致了村民们在法治观念上的淡薄。遇到问题和矛盾，村民大多不会以法治途径来解决。这又导致了这些问题和矛盾的复杂化、变异化及升级化。待到问题矛盾积累、发展到不得不解决时，这些纠纷已经无法轻易被化解。

（三）法治不健全

涉及农村生产经营的法律、法规及规章、制度尚不健全。农村生产经营法律、法规的制定往往具有滞后性，无法跟上迅速变化发展的农村生产、生活步伐。对于农村出现的许多新情况、新问题、新事物无法及时作出调整，这也是农村生产经营活动产生纠纷的原因之一。

四、文化成因

传统的乡村社会是“熟人社会”。在这样的社会生活中，“对簿公堂”是一件极不光彩的事情，会让人在亲朋好友面前“抬不起头来”。因此，在以前的乡村居民看来，不到万不得已绝不会去“打官司”。从文化环境看，以前形成的是一种“乡贤士绅”引导下的“无讼文化”。在这种文化氛围下的乡村居民，从事着“无讼”的生产，过着“无讼”的生活。

随着乡村文化的现代化，这种“无讼文化”也悄悄发生了转变。在许多村民看来，“打官司”也是一件“稀松平常”的事情，并不是像以前认为的那样是一件“丢脸”的事情。与村民、亲属的矛盾是需要通过诉讼来得以化解的。为保障权利，父母、夫妻、子女以及亲朋好友之间的纠纷矛盾也都可以“对簿公堂”。

由此可以看出，旧的“无讼文化”已走向瓦解，符合社会主义核心价值观的新“无讼文化”尚待健全。

第二节　农村生产经营、生活法律纠纷的特点

特点决定着事物的内在规律。农村生产经营及农村生活的特点决定了相关法律纠纷的固有属性、类型及其处理方式。从活动属性来看，农村居民的各类社会关系可分为农村生产经营关系与农村日常生活关系。两类关系的特点不尽相同。

一、农村生产经营纠纷的特点

一是具有时节性特点。农村生产经营是根据时节进行的。论语中有“四时行焉，百物生焉”，就是说百物是根据不同的时节而生的。农村生产经营受时节影响很大。因此，农村生产经营纠纷也呈现时节性特点。例如，播种时节，涉及种子的合同纠纷就增多；施肥时节，涉及化肥的合同纠纷就增长；收割时节，涉及农机作业服务合同的纠纷就显现。

二是呈现群体性特点。农村生产经营的单位是户，因此牵涉农村生产经营纠纷的当事人往往不是个别的，而是具有普遍性的。例如，农资合同纠纷中农户买到的是假种子，那么周边许多农户也很可能如此。由此，涉农纠纷往往呈现群体性的特点。这类纠纷虽然起诉主体不多，但更多利益攸关的农户在诉讼门槛旁边关注、等待。一旦这类纠纷处理不得妥当，就会伤害到农民们的切身利益，引发群体性事件。

三是涉及民生性特点。农村生产经营牵涉主体众多，涉及纠纷面广。而且农业生产事关千万农户的生活来源。因此，这类纠纷具有民生性特点。审理这类纠纷时，应高度重视村民生产、生活资料的保障，发挥纠纷化解的民生保障功能。

二、农村生活法律纠纷的特点

一是具有乡土性特点。农村生活法律纠纷具有鲜明的乡土性特征。纠纷缘由往往不大，可能是一些不起眼的小事，但往往与农村社会的宗族、血缘、地缘、长老等“乡土”因素存在着千丝万缕的联系。

二是具有熟人性特点。农村社会是一个熟人社会。因此，农村生活法律纠纷往往带有熟人性的特点。即熟人之间因生活交往产生纠纷矛盾。这种特征给纠纷带来两极化的结果：要么都是熟人，碍于情面，不愿争吵；要么就是“仇人见面，分外眼红”。能够产生纠纷的熟人也只能是后者。因此，农村生活法律纠纷的当事人往往是为了“争口气”“争面子”也要“把官司打到底”。

三是具有连锁性特点。农村生活法律纠纷往往具有“多米诺骨牌效应”。起因是“鸡毛蒜皮”的小事，但是一旦处理不好，纠纷双方往往会越闹越大，发展成为涉及面广的大事。例如，两户邻居之间的吵架会深化为两个宗族之间的械斗，民事纠纷可能升级为刑事犯罪等。因此，农村生产、生活纠纷要“防早”“防小”“防升级”。

第三节　农村生产经营、生活法律纠纷的类型

各类农村法律纠纷的特点各不相同，但其中又包含一部分共同点。以各共同点为视角，农村生产经营、生活法律纠纷可分为以下两大类型。

一、农村生产经营纠纷类别

农村生产经营的种类决定了农村生产经营纠纷的类别。从生产方式区分，农业分为种植业、养殖业、捕捞业。从经营对象来分，农村生产经营分为农业、林业、牧业、渔业。从生产链来看，农村生产经营分为农业、涉农工业（乡镇企业）、涉农服务业（涉农技术服务、金融服务等）。

从上述分类可知，农村生产经营纠纷的类别也可作如下区分：（1）与农业生产类相关的法律纠纷：农业承包合同纠纷、林业承包合同纠纷、种植或养殖回收合同纠纷；（2）与涉农工业相关的法律纠纷：乡镇企业承包经营纠纷；（3）涉农服务业法律纠纷：农机作业服务合同纠纷、农业技术服务合同纠纷、涉农金融借款合同纠纷、信用卡纠纷、农村小额借贷及民间借贷纠纷；（4）涉及农业生产资料法律纠纷：农药、化肥、种子的产品责任纠纷。

二、农村生活法律纠纷类别

农村居民权利的种类决定了农村生活法律纠纷的类别。总的来说，村民享有人格权、身份权、财产权。具体来看，村民享有的人格权分为生命权、健康权、身体权，姓名权、肖像权、名誉权、荣誉权，人格尊严权、人身自由权。村民享有的身份权分为亲属权、监护权、继承权等。村民享有的财产权分为物权、债权、知识产权等。此外，村民还享有政治资格权利：选举权和被选举权。

在农村生活中，当村民的民事权利等受到侵害时，就会产生农村生活法律纠纷。从权利属性来看，农村生活法律纠纷分为以下几类：

1. 人格权纠纷：包括生命权、健康权、身体权纠纷，以及姓名权、肖像权、名誉权、荣誉权纠纷等。

2. 身份权纠纷：（1）配偶权纠纷类，包括离婚纠纷、婚约财产纠纷、同居关系纠纷；（2）亲属权纠纷类，包括分家析产纠纷、继承纠纷、遗赠纠纷、抚养纠纷、赡养纠纷、收养纠纷、分家析产纠纷、被继承人债务清偿纠纷等。

3. 物权纠纷：包括所有权纠纷，如相邻关系纠纷、共有权确认纠纷、共有物分割纠纷、共有人优先购买权纠纷。

4. 债权纠纷：侵权之债（损害赔偿纠纷）；合同之债纠纷，包括劳动争议纠纷、产品责任纠纷；不当得利纠纷；无因管理纠纷等。

第四节　农村生产经营、生活法律纠纷的处理原则

一、农村生产经营纠纷的处理原则

一是要坚持法定原则。农村生产经营纠纷既适用《民法典》等一般法，又适用《农业法》等特别法。在解决农村生产经营纠纷时，既应坚持等价有偿、诚信原则，又应坚持党中央、国务院的各项“三农”政策，积极推动农村改革，保护和发展农业生产力，维护农民合法权益。要培育农民的法治意识，让他们能够利

用法律工具维护自身的合法权利。

二要坚持有利生产原则。对于农民而言，农业生产是其生活来源之本。没有农业生产，其衣食都无法保障。对于社会而言，农业生产是社会稳定的基石。“手中有粮，心中不慌。”而农业生产又具有很强的时节性，过了相应的农时，不管如何投入，也无法提高农业生产经营效率。因此，在定分止争时，一定要坚持有利生产原则。从这个角度说，农业生产经营是全社会衣食的来源、社会稳定的基石。

三是要尊重传统原则。在我国几千年的传统社会中，农村社会逐渐形成了一套行之有效的行为道德准则。这些准则有利于防范和化解生产经营纠纷，发挥着定分止争的作用。因此，在化解纠纷矛盾时，只要这些传统道德不违背法律的禁止性规定，我们就也尊重这些行为规范，让其继续发挥农村社会关系的调节功能。

二、农村生活法律纠纷的处理原则

一是依法处理原则。在处理农村生活法律纠纷时，首先应坚持依法处理原则。这是法治原则在处理农村事务中的内在要求。因此，农村生活法律纠纷应先适用法律。法律没有相关规定时，再按行政法规、地方性法规、部门规章的顺序依次予以适用。

二是调解优先原则。调解符合“和为贵”的传统中华文化精华。以调解方式化解村民在生活中的各类纠纷具有悠久的历史。从纠纷的化解效果来看，调解更符合方便村民生活的纠纷化解宗旨，有利于从源头上化解矛盾，达到服判息讼的社会效果。因此，在办理农村生活法律纠纷时，应优先适用调解方式。

三是尊重传统原则。乡村社会的历史传统，包括农村当地的民风、民俗，是村民社会的文化积累与沉淀，对调节村民关系具有重要作用。许多农村生活法律纠纷都是由于忽视农村民风、民俗所致。这类纠纷的化解，包括调解与裁判，都无法脱离农村的民风、民俗。可以说，尊重传统才能使纠纷化解事半功倍。

四是方便生活原则。农村生活纠纷的化解必须本着方便生活的原则，从实际效果出发，纠纷化解应方便村民各家各户的日常生活。这样有利于降低村民的整体生活成本，提升农村社会的生活质量与效率。因此，在解决农村生活纠纷尤其是处理相邻纠纷时，不可片面强调物权的绝对性，应当看到权利的相对性、权责的一致性和乡村社会的整体性。

第二章
农业合同法律纠纷

第一节　导　读

一、农业合同纠纷的概念

合同是作为平等主体的自然人、法人、其他组织之间设立、变更、终止民事权利义务关系的协议。合同是市场交易的法律形式，在社会主义市场经济条件下具有重要作用，是债权、债务形成的主要方式之一。

合同纠纷是指平等的民事主体，包含自然人、法人、其他组织，在订立、履行、变更、终止合同过程中产生的民事权利义务纠纷。本章所指的合同纠纷限于民事主体之间形成的财产关系产生的纠纷，而不涉及因婚姻、监护、收养等民事身份关系或协议产生的纠纷。因此，农业合同纠纷是指农村村民、法人、其他农村组织之间因订立、履行、变更、终止合同过程中产生的非身份关系的民事权利义务纠纷。

二、农业合同纠纷的类别

从生产链来看，农村生产经营分为农业、涉农工业（乡镇企业）和涉农服务业（涉农技术服务、金融服务等）。因此，农业合同纠纷的类别也可作如下区分：

（一）与农业生产相关的法律纠纷

包括：（1）农业承包合同纠纷。农业承包合同，指发包方就开发、经营和利用集体经济组织所有的自然资源和其他资产与承包方签订的承包合同，以及各承包方之间所签订的转让、转包、互换承包经营的自然资源的承包合同。农业承包合同纠纷就是发包方与承包方在订立、变更、履行、终止农业承包合同过程中产生的纠纷。（2）林业承包合同纠纷。林业承包合同，指发包方就开展、经营和利用集体经济组织所有的林业资源与承包方所订立的承包合同，以及各承包方之间所签订的涉及林业资源的承包合同。林业承包合同纠纷就是发包方与承包方以及承包方与承包方之间因订立、变更、履行、终止林业承包合同过程中产生的纠纷。（3）种植、养殖回收合同纠纷。种植、养殖回收合同，指回收方提供技术指导、技术或者种苗等生产资料，种植、养殖方负责种植、养殖，成品由回收方保价回收的合同。种植、养殖回收合同纠纷就是种植、养殖方与回收方在订立、变更、履行、终止该合同过程中产生的纠纷。

（二）与涉农工业相关的法律纠纷

如乡镇企业承包经营纠纷。乡镇企业承包经营合同是指按照所有权与经营分离的原则，由发包方与承包方订立的关于乡镇企业承包经营的合同。乡镇企业承包经营合同纠纷就是发包方与承包方在订立、变更、履行、终止该合同时产生的法律纠纷。

（三）涉农服务业法律纠纷

例如，农机作业服务合同纠纷、农业技术服务合同纠纷。农机作业服务合同纠纷是指农机作业方与其服务对象之间因完成农机作业任务而订立的合同产生的纠纷。农业技术报务合同纠纷是指农业技术服务主体与农户因农业技术培训、农业技术指导和农业技术咨询等为内容的合同产生的法律纠纷。

三、农业合同纠纷的处理原则

（一）尊重意思自治

意思自治是民事主体依法享有的基本权利，也是从事民事活动必须遵循的基本原则。意思自治是民事主体行使自由权利的集中体现，对意思自治的尊重就是对民事主体享有的自由权利的尊重。因此，在处理农业合同纠纷过程中，要引导、指导、支持、保护涉农民事主体在社会主义市场经济活动和社会生活中正确行使意思自治权利，严格要求各类民事主体对意思自治支配下的行为及其后果负责。要在坚持法定程序的基础上，积极引导、鼓励当事人自愿选择调解、和解等当事人自主解决纠纷的方式。

（二）诚信原则

诚信原则是人类社会普遍崇尚的基本价值，被公认为民商事活动的根本原则。该原则在倡导诉讼诚信、促进诚信社会建设方面发挥着根本性、方向性的作用。

在处理农业合同纠纷时，要对当事人在合同中的诚实守信情况进行审查，并将其作为评判是非的重要依据。要依法保护、鼓励诚实守信的当事人，不让讲诚信的当事人在诉讼中吃亏。要制裁、谴责不讲诚信的当事人，惩处各种出于非法目的，虚构事实的当事人。坚决打击、防范逃避法律义务、损害国家利益、公共利益或他人合法权益的行为。

第二节　农业承包合同纠纷

问题 1：村委会与农户订立农业承包合同后，又口头约定将承包期限延长至特定期限的，该口头约定是否有效?

【解答】

农业承包合同的形式，法律、行政法规未作明确规定。故双方对承包期限的口头补充约定，只要内容不违反法律与行政法规的禁止性规定，亦应认定为合法有效。口头约定延长的承包期限对发包方与承包方均有约束力，村委会作为农业承包合同的当事人不得随意变更、终止合同，也无权要求提前收回承包的土地及地上附着物。

【案例】

延长承包期的口头约定对约定双方具有约束力
——澧县复兴镇双某村村民委员会诉彭某德农业承包合同纠纷案[①]

案情：2002 年 4 月 12 日，澧县复兴镇双某村村民委员会（以下简称村委会）与彭某德签订《复兴厂镇新垱村优质水果基地承包合同》，约定彭某德承包村委会 10.5 亩土地及该土地范围内的蜜柚树树苗的经营权 15 年，至 2017 年 3 月 1 日届满，承包费共 2700 元，承包期满后果树归村委会所有，彭某德在同等条件下有优先继续承包权。次日，彭某德交纳了 2700 元承包费，村委会出具了收据。

① 参见湖南省澧县人民法院民事判决书，（2018）湘 0723 民初 2012 号。

2003年11月，村委会单方毁约，将上述承包地里种植的蜜柚树树苗和套种的油菜苗全部毁掉，打算强行收回承包土地，但由于彭某德拒绝交地并坚持继续履行合同，村委会未能收回承包土地。事后，双方口头同意继续履行合同，延长合同期限至2025年，以延长期间的承包费抵偿村委会单方毁约造成的损失。彭某德根据双方口头协议重新补种柑橘树树苗，一直经营至今。因原村支部书记意外死亡，村委会认为双方无延长合同期限的口头协议，承包合同已经逾期，应当收回承包地重新发包。彭某德认为合同未到期，自己补种的柑橘树树苗经过了长期艰苦的幼苗期培管，受益不久，拒绝交回承包地。

原告村委会向法院提出诉讼请求：被告彭某德返还水果基地土地及果木经营权。

一审法院审理认为，村委会与彭某德签订的《复兴厂镇新垱村优质水果基地承包合同》合法有效，村委会单方将承包地里种植的蜜柚树树苗和套种的油菜苗全部毁掉的行为，是严重的违约行为。事后，双方口头同意继续履行合同，延长合同期限至2025年，以延长期间的承包费抵偿村委会单方毁约造成的损失，是双方为解决争议自我处分民事权利的合法行为，应予支持。遂判决：驳回澧县复兴镇双某村村民委员会的诉讼请求。该判决已生效。

分析：根据《物权法》第124条至第131条的规定，农民集体所有和国家所有由农民集体使用的耕地、林地、草地以及其他用于农业的土地，依法实行土地承包经营制度。土地承包经营权人依法对其承包经营的耕地、林地、草地等享有占有、使用和收益的权利，有权从事种植业、林业、畜牧业等农业生产。林地的承包期为30年至70年，特殊林木的林地承包期，经国务院林业行政主管部门批准可以延长。承包期届满，由土地承包经营权人按照国家有关规定继续承包。土地承包经营权自土地承包经营权合同生效时设立。承包期内发包人不得调整承包地。因自然灾害严重毁损承包地等特殊情形，需要适当调整承包的耕地和草地的，应当依照《农村土地承包法》等法律规定办理。承包期内发包人不得收回承包地。《农村土地承包法》等法律另有规定的，依照其规定。(《民法典》第330条至第337条)

本案的争议焦点是，村委会与彭某德签订的《复兴厂镇新垱村优质水果基地承包合同》的承包期限是否已经双方口头同意延期，是否应当延期的问题。法院审理认为，村委会与彭某德签订的《复兴厂镇新垱村优质水果基地承包合同》合法有效，村委会单方将承包地里种植的蜜柚树树苗和套种的油菜苗全部毁掉的行为，是严重的违约行为。事后，双方口头同意继续履行合同，延长合同期限至

2025 年，以延长期间的承包费抵偿村委会单方毁约造成的损失，是双方为解决争议自我处分民事权利的合法行为，依法应当准许。

【风险提示】

农业承包合同当事人在签订农业承包合同后，对合同内容进行补充、变更的，应当注意保存证据，以免发生纠纷时无法提供证据证明自己的事实主张。土地承包经营权人应当及时向登记机构申请确认土地承包经营权。

【法律规定速查】

◎ 民法典新规

第十条　处理民事纠纷，应当依照法律；法律没有规定的，可以适用习惯，但是不得违背公序良俗。

第四百九十条　当事人采用合同书形式订立合同的，自当事人均签名、盖章或者按指印时合同成立。在签名、盖章或者按指印之前，当事人一方已经履行主要义务，对方接受时，该合同成立。

法律、行政法规规定或者当事人约定合同应当采用书面形式订立，当事人未采用书面形式但是一方已经履行主要义务，对方接受时，该合同成立。

问题 2：没有约定承包期限的土地承包合同，发包人能否要求解除合同，返还土地？

【解答】

合同承包期没有约定或约定不明确的视为不定期租赁，当事人可以随时要求解除合同。

【案例】

承包期约定不明的农业承包合同视为不定期租赁
——昆明市富某村一组诉刘某刚农业承包合同纠纷案[①]

案情：2011 年 1 月 25 日，原告昆明市富某村一组与被告刘某刚签订《机动地

① 参见云南省昆明市晋宁区人民法院民事判决书，（2017）云 0122 民初 861 号。

承包协议》，约定刘某刚承包“大锅圈”的集体机动地，约 40 亩，承包期为 5 年，自 2011 年 1 月 30 日起至 2016 年 1 月 30 日止，承包款每年 26 000 元。2012 年 7 月 28 日，双方签订《机动地承包补充协议》，约定“二、承包时间从 2012 年 7 月 28 日起至承包土地被国家或地区、村集体发展建设征用为止”。租金每 5 年在上一个承包期基础上递增 15%，第一个承包期自 2011 年 1 月 30 日至 2016 年 1 月 30 日，第二个承包期自 2016 年 1 月 31 日至 2022 年 1 月 31 日，依此类推。两份协议上富某村一组组长刘某忠及原告刘某刚均签字按印，现在刘某刚的承包款已交至 2017 年 1 月 30 日。

原告富某村一组向法院提出诉讼请求：被告刘某刚返还原告富有一组“大锅圈”的土地，并支付实际使用土地期间的租金。

一审法院经审理认为，本案中，原告富某村一组“大锅圈”的土地经研究后对外竞价承租，被告刘某刚中标，双方于 2011 年 1 月 25 日签订 5 年期承租合同，权利义务关系明确，并按照该合同履行完毕。2012 年 7 月 28 日双方重新签订补充协议，将承包期条款从明确的 5 年变更为没有明确截止日期的条款，致使双方的权利义务不清，产生纠纷。承租合同的期限是该类合同的基本条款之一，本案中双方在签订 2011 年 1 月 25 日的合同时约定的承包期明确，可见承包期约定也是当事人的常识，但签补充协议时约定的承包期没有截止日期，不符合承包期限的一般约定。根据法律规定，合同承包期没有约定或约定不明确的视为不定期租赁，当事人可以随时要求解除合同，现在富某村一组要求与刘某刚解除合同返还土地的诉请符合法律规定，应予以支持。在不定期租赁合同履行期间，原告要求被告按照双方 2011 年 1 月 25 日合同租金的标准支付土地租金的请求不违反法律规定，应予以支持。因此，依照以上有关法律规定判决被告刘某刚于本判决书生效后两个月内返还原告富某村一组“大锅圈”的土地，并按照 2011 年 1 月 25 日合同租金的标准支付实际使用土地期间的租金。该判决已生效。

分析：本案的争议焦点为：2012 年 7 月 28 日富某村一组和刘某刚签订的“机动地承包补充协议”中关于承包期约定的条款应如何认定？针对争议焦点，《合同法》第 232 条规定：“当事人对租赁期限没有约定或者约定不明确，依照本法第六十一条的规定仍不能确定的，视为不定期租赁。当事人可以随时解除合同，但出租人解除合同应当在合理期限之前通知承租人。”（《民法典》第 730 条）

承租合同的期限是该类合同的基本条款之一。本案中，双方于 2011 年 1 月 25 日签订合同时约定的承包期明确。据此推定，承包合同的双方当事人应当知晓承包期约定的必要性。但双方在签补充协议时约定的承包期没有截止日期，不符合承包期限的一般约定。根据《合同法》第 232 条的规定，合同承包期没有约定或约定不明确的视为不定期租赁，当事人可以随时要求解除合同。现在富某村一组要求与刘某刚解除合同返还土地的诉请符合上述法律规定，因此应当予以支持。

从本案的社会效果来看，本案第一次承包时进行了招标，并约定了承包期，招标程序及合同文本也比较规范，但承包到期后作为组长的刘某忠再次与刘某刚签订的补充协议，内容不规范。现在富某村一组组员意见较大，要求返还土地。将农村当中的集体资产盘活，使之发挥作用，产生经济效益，是中央的政策精神，但在将集体资产对外承包经营时，应正确评估集体资产价值，防止集体资产贬值和流失。

【风险提示】

村民与村集体经济组织签订土地承包合同时，应当将承包期限作明确约定。承包期没有约定或约定不明确的视为不定期租赁，当事人可以随时要求解除合同。

【法律规定速查】

◎ 民法典新规

第七百三十条　当事人对租赁期限没有约定或者约定不明确，依据本法第五百一十条的规定仍不能确定的，视为不定期租赁；当事人可以随时解除合同，但是应当在合理期限之前通知对方。

第三节　种植、养殖回收合同纠纷

问题 *1*：种植方按照约定种植作物成品后，回收方未能按照约定履行回收、支付义务，是否构成违约？如果构成，应承担何种违约责任？

【解答】

种植、养殖回收合同是兼具买卖合同、技术服务合同性质的合同。种植方按照约定进行了种植、养殖，并保证种植物、养殖物达到合同约定标准。如回收方未能按照约定履行回收、支付价款的义务，则构成违约，依照《合同法》第107条的规定应当承担违约责任，并赔偿损失。(《民法典》第577条)

【案例】

回收方未按约回收种植物的行为构成违约

——宁洱乡约合作社诉某蔬菜公司种植养殖收回合同纠纷案①

案情：王某1系某蔬菜公司法定代表人及股东，董某1、王某1系合伙人，其二人以某蔬菜公司名义与宁洱乡约合作社签订了《无筋豆、扁豆、油豆种植收购合作协议》。合同约定某蔬菜公司免费提供农资给合作社农民种植，负责生产环节中的技术培训，并保证回收农户种植的作物。协议签订后，合作社依约种植了扁豆等，但董某1仅收购了33 735公斤作物，并未履行付款义务。经多次催促后，董某1等虽出具了《付款承诺书》，但仍未按照承诺内容履行支付义务。

原告宁洱乡约合作社向法院提出诉讼请求：被告某蔬菜公司支付豆子款77 590.50元，并按约支付违约金；股东王某1、董某1承担连带责任。

一审法院审理认为，原告宁洱乡约合作社与某蔬菜公司签订的合同合法有效，原告已经按照合同约定履行自己的义务，即种植作物150.5亩，而某蔬菜公司仅向原告收购了33 735公斤无筋豆、扁豆，但未依约履行付款义务，某蔬菜公司已经违约，由于某蔬菜公司于2018年6月25日被市场监督管理局注销登记，该公司尚未对原告的债务进行清偿，公司的股东及合伙人理应对公司未清偿债务负责，因此，公司的股东王某1及合伙人董某1应当承担连带清偿责任。原告的违约金主张过高，酌情支持违约金按被告尚欠豆子款77 590.50元的6%计算。该判决已生效。

分析：种植回收合同是一种复合性合同，它兼具买卖合同与技术服务合同性质。种植方也是卖方，其按照约定进行了种植、养殖，并保证种植物、养殖物达到合同约定标准，即享有按照合同约定价格出卖种植物的权利。回收方应当按照合同约定履行回收、支付价款的义务。回收方未按约履行上述义务的，应当承担违约责任。

① 参见云南省宁洱哈尼族彝族自治县人民法院民事判决书，(2018)云0821民初832号。

具体到本案，原告宁洱乡约合作社与某蔬菜公司签订的合同，合法有效。王某 1 与董某 1 成立了山东省某蔬菜公司，王某 1 委托王某 2 以公司名义到宁洱县勐先镇各村合作社收购蔬菜，勐先镇各村合作社组织发动农户种植所收购的蔬菜。在宁洱县乡约农牧业专业合作社诉王某 1、董某 1、王某 2 种植、养殖回收合同纠纷一案中，正是王某 1 与董某 1 成立的山东省某蔬菜公司的违约行为导致了原告及另外 7 家农业合作社的起诉，宁洱县人民法院最终作出了部分支持原告诉讼请求的判决，保护了农民合法权益。

“公司 + 合作社 + 农户”模式是当地的脱贫攻坚政策，其目的是拓宽农产品销售渠道，增强农民市场竞争意识，提高农民组织化程度，使农户有稳定的增收渠道，促使当地农业实现可持续发展。在此模式中，公司作为资金方，占据了主导地位，当公司滥用主导地位，缺乏诚信，一旦公司违约，就有可能给合作社及农户利益带来损失。对“公司 + 合作社 + 农户”农业脱贫模式应当给予充分的司法保障。

问题 2：在种植、养殖回收合同履行过程中，因种植方与回收方的混合过错导致种植物无法达到合同约定标准时，种植方的损失应当如何承担？

【解答】

在履行兼具买卖合同、技术服务合同属性的种植、养殖回收合同过程中，技术方（回收方）未能给予种植户进行充分的种植技术及进行指导，种植方在种植过程中遇到技术问题未主动向技术方咨询，导致种植物未能达到回收方的收购条件的，双方均有过错。应按照双方各自的过错程度分担种植物的损失。

【案例】

种植方损失应按其与回收方的各自过错程度进行分担
——马某 1 诉井某公司种植养殖回收合同纠纷案[①]

案情： 经被告昆明井某药业有限公司（以下简称井某公司）对白术种植过程中简单的种植知识进行常识性告知后，原告马某 1 于 2016 年 3 月 2 日与井某公

---

① 参见云南省昆明市东川区人民法院民事判决书，(2016) 云 0113 民初 1518 号。

司签订《中药材种植及收购合同书》，约定“甲方（马某1）在大海种植白术20亩”，“乙方（井某公司）为甲方代购中药材种苗并提供专业的种植栽培技术指导和培训，确保中药材种植成效”，“乙方负责收购种植的药材，保护价：白术3元/公斤（鲜品）”，“甲方应当按照乙方栽培技术要求种植和采收药材，因甲方管理不当或者不可抗力造成损失的，乙方不承担责任”，“因种苗质量问题造成损失或者可能造成损失的，乙方承担相应的责任；事件发生时甲方应当及时通知乙方，否则造成无法勘验损失程度或者造成损失扩大的，乙方不承担责任”。合同签订后，井某公司为马某1代购了6667公斤白术种苗，马某1支付购买种苗的费用40 000元。2016年2月29日，马某1与会泽县大海乡李某才签订《合同》，约定马某1向李某才租地20亩。种苗种下不久出现小部分的腐烂，出苗之后又陆续出现根部腐烂现象。在此期间，马某1曾就此事找过井某公司的人员，但双方都没有引起足够的重视，马某1没有积极有效地联系井某公司提供必要的技术指导，井某公司也没有积极主动进行必要的现场技术指导。2016年10月13日，马某1经与井某公司联系后，收挖得715公斤白术交到井某公司，井某公司以每公斤4元、共2860元的价格收购，马某1至今未领取该款。

原告马某1向法院提出诉讼请求：由被告昆明井某药业有限公司赔偿原告经济损失33 770元。

一审法院审理认为，马某1与井某公司签订《中药材种植及收购合同书》，系双方真实意思表示，依法成立并生效，对双方当事人具有约束力。因此，在本案合同履行过程中，马某1、井某公司双方都未尽到合同义务，本案马某1、井某公司应当各自承担相应的责任。马某1的直接经济损失为33 770元。井某公司收购马某1白术的货款2860元，应由井某公司按合同约定另行支付给马某1。一审法院据此判决：被告昆明井某药业有限公司于判决生效后十日内赔偿原告马某1经济损失33 770元。后，昆明井某药业有限公司提起上诉。二审法院判决：驳回上诉，维持原判。

分析：本案中，种植户向公司购买白术进行种植，双方合同约定提供种苗的公司应当承担相应的种植技术培训，以及进行现场技术指导。但因公司未能给予种植户进行充分的种植技术及进行指导，致白术的种植未能达到公司的收购条件，由此给种植户带来较大的经济损失。本案将相关的种植成本纳入损失，并按照查证事实，确定由公司及种植户对损失对半分担，体现了公平正义。

具体到本案，马某1作为种植义务的履行方，应承担种植、看管的主要义务。

其在缺乏中药白术种植技术及经验的情况下，主观上对种植白术可能出现的经营风险重视不够，在白术种植后长期交由对白术种植毫无技术和经验的李某才管护。在种下的白术出现病变时，不能积极有效地联系被告公司提供必要的技术指导。由上述情况可知，马某 1 未尽到完全的、合格的种植义务。

从回收方（技术指导方）角度看，井某公司依据合同约定承担专业的种植栽培技术指导和培训义务，但该公司仅对马某 1 就简单的种植知识进行常识性告知，在种下的白术出现病变时没有积极主动与马某 1 联系、沟通，进行必要的现场技术指导，井某公司未完全尽到合同约定的义务。因此，在本案合同履行过程中，马某 1、井某公司双方都未尽到合同义务。

白术的种植未达到合同的预期效果，产生涉案的经济损失。双方对此均有一定责任，应由双方共同承担。法院酌情确定各承担 50% 较为合理。

【风险提示】

根据《合同法》第 361 条（《民法典》第 883 条）的规定，对于拥有相关种植技术的公司，应当按照合同约定的义务对种植户进行技术指导，避免种植户在种植过程中产生不必要的损失。对于农户，在种植过程中，遇到技术问题，应当积极主动向公司提出要求；在得不到公司技术支持时，要做好相应的证据收集，避免遭受的损失因缺乏证据无法被认定。

【法律规定速查】

◎ 民法典新规

第八百八十三条 技术服务合同的受托人应当按照约定完成服务项目，解决技术问题，保证工作质量，并传授解决技术问题的知识。

问题 3：在种植、养殖回收合同签订后，回收方以其行为表明不履行合同主要义务，种植方能否主张解除合同，并请回收方退还尚未使用的资金?

【解答】

在履行种植、养殖回收合同中，回收方以其行为表明不履行合同主要义务的，构成预期违约。种植方有权据此行使不安履行抗辩权，主张解除种植、养殖回收合同，并请回收方退还尚未使用的资金。

【案例】

回收方明确不履行合同义务的，种植方有权解除合同

——胡某1诉永善县天某天麻有限责任公司种植养殖收回合同纠纷案[①]

案情：被告永善县天某天麻有限责任公司系余某独资的自然人出资有限责任公司。2015年4月28日，原告胡某1与被告永善县天某天麻有限责任公司签订《天麻种植协议》。协议约定：由被告永善县天某天麻有限责任公司负责向原告胡某1有偿提供600塘无性繁育麻种、菌种，负责生产技术培训，指导原告胡某1栽培、田间管理、产品采挖，以保底价回收产出的天麻产品。签订协议后，被告永善县天某天麻有限责任公司的法定代表人余某无法联系，下落不明。

原告胡某1向法院提出诉讼请求：被告永善县天某天麻有限责任公司退还原告未使用贷款资金28 200元及利息。

一审法院审理认为，原告胡某1与被告永善县天某天麻有限责任公司签订《天麻种植协议》，双方形成种植回收合同关系。被告永善县天某天麻有限责任公司的法定代表人余某签订补充协议后便无法联系，已经以其行为表明不履行合同主要义务，故原告胡某1有权主张由被告永善县天某天麻有限责任公司退还其统一管理使用而尚未用完的资金。因此，被告永善县天某天麻有限责任公司管理的资金还剩余28 200元，该款应当由被告永善县天某天麻有限责任公司退还给原告胡某1。原告胡某1要求被告永善县天某天麻有限责任公司退还50 000元及给付利息的请求，予以部分支持。判决：由被告永善县天某天麻有限责任公司退还原告胡某1未使用贷款资金28 200元及利息。该判决已生效。

分析：合同双方当事人应遵循诚信的原则，履行全部合同。在履行种植回收合同中，回收方以其行为表明不履行合同主要义务的，构成预期违约。种植方有权行使不安履行抗辩权，主张解除种植、养殖回收合同，并请回收方退还尚未使用的资金。合同解除后，尚未履行的，应终止履行。

本案中，被告永善县天某天麻有限责任公司作为农业企业，与原告签订《天麻种植协议》及补充协议后，本应按合同约定履行全部合同，扶持农业发展，但被告永善县天某天麻有限责任公司的法定代表人余某签订补充协议后便无法联系，以其行为表明不履行合同主要义务，且公司一直占有统一管理使用而尚未用完的

---

① 参见云南省永善县人民法院民事判决书，(2017)云0625民初126号。

资金并未退还，其公司行为导致预期违约，无权占有尚未用完的资金。因此，被告永善县天某天麻有限责任公司管理的资金还剩余 28 200 元，应当退还给原告胡某 1。且被告永善县天某天麻有限责任公司应当承担相应的利息损失。

【风险提示】

部分农业公司在履行种植、养殖回收合同过程中，违背诚信原则，不顾农户的合法权利，企图逃避法律责任，陷农户于困境。人民法院应在保障乡村振兴战略过程中，坚守诚信原则，对守约人予以保护，对失信人予以惩戒。

第四节　农机作业服务合同纠纷

问题 1：在农机作业服务合同的履行过程中，因农机作业主体的服务质量问题导致农作物损失的，作为服务对象的村民是否有权主张赔偿损失？如何认定服务质量存在缺陷？

【解答】

在农机作业服务合同的履行过程中，因农机作业主体的服务质量存在缺陷，导致农作物减产损失的，农机作业主体应当按照《合同法》(《民法典》) 的规定予以赔偿。农机作业服务质量应当达到国家标准，无国家标准的应达到行业标准，没有国家标准或者行业标准的，按照通常标准或者符合合同目的的标准。否则应认定为服务质量存在缺陷。

【案例】

因农机作业服务质量问题导致农作物损失的，服务对象有权主张赔偿损失
——夏某银诉沈某农机作业服务合同纠纷案[①]

案情： 原告夏某银与被告沈某于 2014 年 10 月达成口头协议，双方约定被告

① 参见江苏省睢宁县人民法院民事判决书，(2015) 睢魏民初字第 0232 号。

为原告承包的58亩土地耕种小麦，种子和肥料由原告承担，原告按照每亩50元支付作业费。被告耕种完成后，原告认为被告耕种作业过浅导致种子浮在地表，被鸟食光，造成土地大面积缺苗减产。

原告诉至法院，请求依法判令被告赔偿经济损失25 000元。

诉讼过程中，江苏省盐城市农业科学院司法鉴定所于2015年7月10日作出盐农司鉴字（2015）第025号司法鉴定意见书："1. 被告复式农机作业质量不符合中华人民共和国农业行业标准《谷物播种机械作业质量》和农业部《黄淮海地区冬小麦机械化生产技术指导意见》的规定，涉诉农田小麦的经济损失与被告农机服务缺陷间存在因果关系。2. 原告经济损失估算值为13 018元。"

一审法院审理认为，原告夏某银与被告沈某形成农机作业服务合同，双方均应按约履行义务。本案中，被告沈某为原告夏某银的58亩小麦耕种作业完成后，因被告复式农机作业服务质量存在缺陷，造成涉诉农田小麦减产，给原告造成了经济损失。被告沈某应当对原告夏某银的经济损失承担赔偿责任。故判决：被告沈某于判决生效后十日内赔偿原告夏某银经济损失13 018元；驳回原告夏某银的其他诉讼请求。该判决已生效。

分析：原告夏某银与被告沈某在签订农机作业合同过程中，对农机作业的服务质量未作明确约定，事后也未达成补充协约。《合同法》第62条第（1）项规定：质量要求不明确的，按照国家标准、行业标准履行；没有国家标准、行业标准的，按照通常标准或者符合合同目的的特定标准履行。

本案合同标的是被告为原告提供农机作业服务——小麦播种机械作业。尽管双方对农机作业的质量标准未作明确约定，但是依照《合同法》第62条（《民法典》第511条）规定，可以确定农机作业的服务质量。我国小麦播种具有行业标准——中华人民共和国农业行业标准《谷物播种机械作业质量》和农业部《黄淮海地区冬小麦机械化生产技术指导意见》。根据该行业标准，被告提供的小麦播种作业存在质量缺陷，导致原告小麦产生减产损失，且两者具有因果关系。因此，被告提供的农机作业质量依法应被认定为不合格。根据《合同法》第107条规定："当事人一方不履行合同义务或者履行合同义务不符合约定的，应当承担继续履行、采取补救措施或者赔偿损失等违约责任。"（《民法典》第577条）故被告沈某应当对原告夏某银的经济损失承担赔偿责任。

【风险提示】

农机作业服务的服务质量未明确约定的，事后双方亦无法协商一致的，其质量标准应依照《合同法》第62条第（1）项确定。并且以实现合同目的的服务质量为底线。

【法律规定速查】

《中华人民共和国合同法》（1999年3月15日）

第六十二条第一款第（一）项　当事人就有关合同内容约定不明确，依照本法第六十一条的规定仍不能确定的，适用下列规定：

（一）质量要求不明确的，按照国家标准、行业标准履行；没有国家标准、行业标准的，按照通常标准或者符合合同目的的特定标准履行。

◎ 民法典新规

第五百一十一条第（一）项　当事人就有关合同内容约定不明确，依据前条规定仍不能确定的，适用下列规定：

（一）质量要求不明确的，按照强制性国家标准履行；没有强制性国家标准的，按照推荐性国家标准履行；没有推荐性国家标准的，按照行业标准履行；没有国家标准、行业标准的，按照通常标准或者符合合同目的的特定标准履行。

问题 *2*：在农机作业服务合同的履行过程中，因作业不当造成农作物损失的，作业方与服务对象均有过错的，应当如何承担责任？

【解答】

在履行农机作业服务合同过程中，因农机作业不当造成农作物损失，双方均有过错的，作业方与服务对象应根据各自过错大小分别承担责任。

【案例】

因农机作业不当导致农作物损失的，作业方与服务对象应按照各自过错承担责任

——靳某诉农资店农机作业服务合同纠纷案[①]

案情: 2014 年 6 月 10 日，靳某与河南怀某种植有限责任公司签订流转土地承包经营协议，靳某取得苏家作乡南、北石涧村 434 亩土地承包经营权。靳某在承包地种植小麦，2015 年 11 月值小麦冬前除草剂施药期，靳某与农资店进行协商，约定由农资店提供机械化施药服务。农资店在 2016 年 2 月 20 日、21 日、24 日分三次对 434 亩小麦进行了分区施药。打药后十天左右发现第三次施药区域的小麦有叶片发黄、生长缓慢现象。随后靳某从农资店取得解药进行补救。2016 年 6 月 4 日，邯郸科技事务司法鉴定中心到种植现场进行勘查，后出具鉴定意见：（1）第三次施药区域小麦出现植株变矮，点片死亡和麦穗发育不良造成的减产与施药不当有关；（2）受损小麦减产计 41 750 公斤。

原告靳某向法院提出诉讼请求：被告农资店内赔付原告靳某小麦减产损失 49 265 元。

一审法院审理认为，靳某与农资店实际存在服务合同关系。第三次施药区域出现小麦生长不良的情况，经鉴定与该区域施药不当有关。世玛药剂由靳某提供，农资店提供专业施药服务，且农资店已声明每车装水量和喷洒亩数，所以双方均应该知晓每一车的药物总剂量。现双方对由谁完成配药各执一词，双方对配药比例都应有注意义务。根据双方在场人员人数及施药流程，因配药剂量增加导致的小麦减产后果，双方均存在过错，应对后果承担同等责任。故判决：被告应在本判决生效后十日内赔付原告靳某小麦减产损失 49 265 元。该判决已生效。

分析:《合同法》第 107 条规定：“当事人一方不履行合同义务或者履行合同义务不符合约定的，应当承担继续履行、采取补救措施或者赔偿损失等违约责任。”（《民法典》第 577 条）因此，在合同履行过程中，因履行合同义务不当造成损失的，应由义务履行人承担相应的赔偿责任。如损失是由双方或多方过错造成的，应按照过错程度各自承担相应的责任。

本案中，靳某与农资店约定由农资店提供机械化施药服务。经查，第三次施

① 参见河南省博爱县人民法院民事判决书，（2016）豫 0822 民初 2186 号。

药区域出现小麦生长不良的情况，与该区域施药不当有关，即与药物配兑的比例不当有关。前两次配药为每车 25 瓶世玛药剂，第三次配药增加为每车 30 瓶。现双方对于是谁配的第三次药各执一词，无法认定。药剂的剂量要求，其产品说明书明确记载。从注意义务来看，靳某与农资店均有注意义务。靳某前两次配药均提供 25 瓶世玛药剂，在其他条件一致的情况下，第三次却提供 30 瓶。其未仔细阅读说明书，未尽注意义务。农资店提供专业施药服务，且农资店已声明每车装水量和喷洒亩数，所以农资店也应知晓每一车的药物总剂量，但亦未尽注意义务。对方对此均有过错，应当按照各自过错承担责任。法院根据本案各自过错的程度，酌定双方负有同等责任，应由双方平等承担本案损失。

【风险提示】

在农机作业服务合同中，负有注意义务的当事人应当全面、充分地履行自己的义务。否则，义务人应当承担相应的赔偿责任。

【法律规定速查】

◎ 民法典新规

第五百七十七条　当事人一方不履行合同义务或者履行合同义务不符合约定的，应当承担继续履行、采取补救措施或者赔偿损失等违约责任。

第五节　农业技术服务合同纠纷

问题 *1*：技术服务主体未尽技术指导义务，同时，农户未及时采取补救措施，由此导致农作物损失的，应当如何划分责任?

【解答】

在农业技术服务合同中，农业技术服务主体未尽技术指导服务义务，导致农作物减产的，应当承担赔偿损失的违约责任。农户在接到技术服务指导意见后，仍不及时采取补救措施的，对扩大部分的损失承担责任。当两种损失无法区分时，人民法院可结合案情、双方过错程度，酌情确定各自责任。

【案例】

未尽技术指导服务义务的农业技术服务主体应承担赔偿损失的违约责任

——闫某宽诉灵宝市常某富民果品专业合作社、张某风、刘某兴农业技术服务合同纠纷案[①]

案情：2018 年 4 月 26 日，原告闫某宽从被告常某富民果品专业合作社购买了“农某”产品，于 5 月 2 日按照配药比例喷施一次，5 月 12 日继续喷施第二次后，发现葡萄出现严重的落果现象，便通知被告相关人员到园查看。后双方因赔偿一事，经村委、消协等多部门调解未果，引起诉讼。

另外，“农某”系深圳农恩生物科技有限公司授权郑州派某农化有限公司生产的一种氨基酸水溶性肥料。该产品于 2018 年 4 月 27 日经河南省土壤肥料监测中心抽样检验，显示产品质量合格。但原告等农户在使用该产品喷施之后，确实出现了大量落果现象，后部分农户根据被告指示，及时进行涮药，才挽救、减少了损失。

原告闫某宽向法院提出诉讼请求：被告常某富民合作社、张某风、刘某兴赔偿原告经济损失。

一审法院审理认为，原、被告之间既形成了产品买卖关系，也形成了农业技术服务指导关系。因为被告常某富民果品专业合作社有义务和责任为广大农户提供合格产品和技术指导服务。本案中，原告和其他农户在购买使用被告推销的“农某”产品后，确实出现大量落果现象，只是部分农户因为接到被告提醒，及时涮药，才减少了损失，而原告因未能及时采取措施，造成损失扩大，被告应当承担一定责任，原告自身也有一定过失，也应承担部分责任。故判决被告灵宝市常某富民果品专业合作社、张某风、刘某兴于本判决生效后十日内赔偿原告闫某宽 5000 元。该判决已生效。

分析：被告常某富民果品专业合作社工作人员在春季果园技术培训会上讲授葡萄等水果农药使用技术，并宣传推广该合作社代销新农药、农肥产品。原告闫

① 参见河南省灵宝市人民法院民事判决书，（2018）豫 1282 民初 4444 号。

某宽在听课后从该合作社购买了“农某”产品。原、被告双方由此构成两种性质的法律关系：农药买卖法律关系与农业技术服务指导法律关系。

农药买卖法律关系是由闫某宽接受常某富民果品专业合作社工作授课后听信并购买的。闫某宽之所以购买相关的农药产品，是因为其相信该农药具有被告工作人员张某风、刘某兴宣传的技术效果。对于常某富民果品专业合作社工作人员张某风、刘某兴而言，其提供的不仅是农药商品，更是附着在该产品之上的农业技术服务。为了保证农药产品的使用效果，被告方应在出售“农某”产品后向闫某宽详细介绍该产品的使用方法、禁忌及其他注意事项，并对使用者进行必要的农技培训，对产品使用跟进指导等。从本案案情来看，闫某宽在购买“农某”产品后，按照配药比例喷施，使用方法并无不当，但却出现产品脱落严重的不良后果。且“农某”产品经鉴定系合格产品。据此可知，常某富民果品专业合作社工作人员在农业技术指导上必定存在疏于指导的过失。由此产生的农产品的损失，被告方应当赔偿。

但是，本案损失并非完全因此造成。在发现“农某”产品不良后果时，被告常某富民果品专业合作社对农户进行了指导，告知农户采取补救措施，以此避免损失扩大。然而，闫某宽在接受被告告知的指示后，未及时采取补救措施，导致损失由此扩大。对于扩大的损失，应由补救义务方承担。

【风险提示】

在农业技术服务合同纠纷中，如果技术服务单位的工作人员有超出职务范畴的不当行为时，该工作人员也可能与技术服务单位共同承担赔偿责任。

问题 2：技术服务单位与农户在农业技术服务合同中约定的“产量补齐”条款是否有效？农户对农作物损失的扩大有过错的，技术服务单位是否还应按约承担“产量补齐”责任？

【解答】

在农业技术服务合同中，技术服务单位与农户约定的技术服务单位在农作物产量未达约定标准时补齐产量的条款，是农业技术服务单位对自身服务质量的承诺，双方就此订立合同的，应对其有约束力。农户以产量差额为损失计算依据的，应予支持。如果农户未尽防止损失扩大义务的，应减轻技术服务单位的责任。

【案例】

农业技术服务合同中的“补齐产量”条款对合同双方具有约束力

——高某海诉盛某公司农业技术服务合同纠纷案[①]

案情：2017 年 3 月 27 日，原、被告签订了一份寒地水稻旱直播种植合作合同书。合同签订后，原告按合同约定交纳了技术培训费 10 000 元。被告仅在原告播种时派技术人员到原告地块指导过一次，其余步骤未有专业技术人员到原告地块检查、指导。被告指派员工刘某祥与原告联系，对原告地块拍照记录。原告高某海实际种植旱植水稻 10.5 公顷，被告代为播种，提供喷灌设备，由被告在 2017 年 5 月 19 日代为播种，在播种后购买被告提供的镇压器一台，灌溉期间原告水井损坏，秋后原告未收割，经被告工作人员刘某祥测产为每公顷水稻 373.3 斤，当年水稻市场价格为每斤 1.44 元。2017 年 7 月 29 日，刘某祥让原告用车背喷药罐喷药，减少损失，原告未采取措施。

原告高某海向法院提出诉讼请求：被告盛某公司赔偿原告高某海损失。

一审法院认为，原告在依照约定缴纳费用后，被告应按合同约定派出技术专员对原告的田间管理情况进行检查、记录、指导，发现原告管理出现问题及时纠正解决，被告怠于履行义务未尽到指导责任造成原告损失应承担赔偿责任，原告履行田间管理义务时亦有过失，对损害的扩大具有过错，故应自行承担 30% 的民事责任，即被告对原告的损失承担 70% 的赔偿责任。按照寒地水稻旱直播种植合作合同第二条第五款、第三条的约定，被告有义务补齐产量，故原告诉请被告承担赔偿责任于法有据。判决：被告盛某公司赔偿原告高某海损失 59 553 元。

二审法院审理认为，盛某公司不能举证证明高某海种植水稻存在自然灾害、人为干扰、弃管或破坏情形，应当依据协议约定为高某海补齐产量差额，其上诉理由不能成立。据此判决：驳回上诉，维持原判。

分析：原、被告订立的农业技术服务合同未违反法律规定，应为合法有效。被告盛某公司应按照诚信原则，全面履行技术指导义务。盛某公司怠于履行技术指导义务，应当承担违约责任，由此造成的农作物损失应由盛某公司承担。本案的焦点在于由此造成的农作物损失为多少。原、被告在订立合同时设有“产量补齐”条款，即高某海种植的水稻在盛某公司的农业技术指导下保证达到一定标准

---

① 参见黑龙江省富锦市人民法院民事判决书，（2018）黑 0882 民初 382 号。

的产品，否则盛某公司愿为高某海“补齐产量”，即承担产量不足部分的损失。

该条款是否有效，以及其约定的方法是否可作为认定高某海种植水稻的损失依据？虽然该条款具有射幸条款的性质，但不应将它仅仅理解为射幸属性。对技术服务方而言，盛某公司具有专业的农业技术、经验，有信心和能力避免产品低于约定标准。因此，应将该条款视为盛某公司对自身服务质量的承诺。高某海种植的水稻产量未达到约定标准，盛某公司即认可其农业技术服务未达标。据此，该条款约定的补齐产量可视为水稻损失依据。应当注意的是，该损失中包含部分扩大损失，即高某海未采取补救措施产生的损失。该部分损失应由高某海自行承担。

【风险提示】

为避免承担损失主张的举证责任，农户与农业技术服务主体签订农业技术服务合同时，应努力设立“产量补齐”条款。一方面，这有助于促进农技服务方履行勤勉义务；另一方面，在农作物产生损失时，也能减轻农户对损失的举证责任。

问题3：农户主张技术服务主体未尽义务导致农作物未达到保证产量，技术服务单位主张农作物损失系由不可抗力造成的，在当地出现了不可抗力情形时，应由哪方就不可抗力与农作物减产之间的因果关系承担举证责任?

【解答】

在农业技术服务合同中，农户举证证明其农作物产量未达到保证产量，此时其已完成举证责任。技术服务主体主张该减产是由不可抗力导致，应就不可抗力的存在及其与减产之间的因果关系承担举证责任。

【案例】

技术服务主体主张农作物减产是由不可抗力导致的，应承担举证责任

——敬某明诉樊某荣农业技术服务合同纠纷案[①]

案情：2014 年 4 月 23 日，敬某明与樊某荣签订《玉米种植技术指导协议》，协议主要内容为：樊某荣针对敬某明种植的玉米出具具体的施肥及栽培方案，樊某荣在种植过程中提供全方位的技术指导，并保证敬某明种植的产量达到 850 公斤／亩，否则，樊某荣不收取技术指导费并按照市场收购价向敬某明进行实际产量与 850 公斤／亩之间的差额赔偿；因天气原因（风灾、冰雹、旱霜）等不可抗力因素造成损失与樊某荣无关。2014 年 5 月 31 日福海县区域齐干吉迭乡出现大风天气，极大风速 24.5 米／秒，达八级。2014 年度结束后，敬某明种植玉米平均亩产为 572.97 公斤。

原告敬某明向法院提出诉讼请求：被告樊某荣赔偿敬某明损失 145 440 元。

一审法院判决：驳回敬某明的诉讼请求。一审宣判后，敬某明提起上诉。

二审法院审理认为，敬某明提供证据证明其种植的玉米平均亩产 572.97 公斤，未达到合同约定的产量，敬某明的举证责任已完成。樊某荣认为其已按合同约定履行了提供技术指导的义务，应当提供证据证明。2014 年种植地出现大风天气，与敬某明种植的玉米减产之间是否存在因果关系，应当由专业技术机构提供专业意见，该举证责任应当由樊某荣承担，樊某荣不能举证，应当承担举证不能的责任。故判决：一、撤销一审判决；二、樊某荣于本判决生效之日起十日内赔偿敬某明损失 145 440 元。

分析：当出现农作物损失时，种植户与农业技术指导方往往相互指责，推卸责任。种植户往往主张技术指导方未尽技术指导责任导致损失，而农业技术指导方往往抗辩损失是由于种植方自身原因或因不可抗力等免责事由造成。此时，正确分配举证责任成为审理的关键。

《最高人民法院关于民事诉讼证据的若干规定》（法释〔2001〕33 号）第 2 条规定：当事人对自己提出的诉讼请求所依据的事实或者反驳对方诉讼请求所依据的事实有责任提供证据加以证明。没有证据或者证据不足以证明当事人的事实主

---

① 参见新疆维吾尔自治区阿勒泰地区福海县人民法院民事判决书，（2016）新 4323 民初 1080 号；新疆维吾尔自治区伊犁哈萨克自治州阿勒泰地区中级人民法院民事判决书，（2017）新 43 民终 411 号。

张的，由负有举证责任的当事人承担不利后果。敬某明与樊某荣订立的《玉米种植技术指导协议》约定了“产量补齐”条款，即“樊某荣在种植过程中提供全方位的技术指导，并保证敬某明种植的产量达到 850 公斤 / 亩”。当敬某明根据樊某荣的指导种植玉米，但产量未达到 850 公斤 / 亩被证实后，敬某明即完成了举证责任。因为对于敬某明来说，其主张的事实为“玉米产量未达到 850 公斤 / 亩”。此时，如果樊某荣主张未达到最低产量是由于免责事由造成的，应樊某荣承担该主张的举证责任。一审法院在分配双方举证责任时有误，导致了判决错误。

【风险提示】

在查找农作物产量减损的因素，可能存在天灾因素。在审理农业技术服务合同时，判断天灾等不可抗力因素与农作物减损的因果关系时切忌“想当然”。必须进行专业鉴定才能作出正确判断。

第六节　乡镇企业承包经营合同纠纷

问题 1：政策变化不允许承包经营的产业，是否属于乡镇企业承包经营合同出现“情势变更”情形？合同是否应当解除？如果解除，如何承担损失？

【解答】

国家针对矿产资源的政策发生了变化，不再许可原有的开采模式。这是当事人在订立合同时无法预见的、非不可抗力造成的不属于商业风险的重大变化，属于情势变更情形。协议因此不能继续履行，应该解除。

合同解除后，根据履行情况和合同性质，受损方可以要求赔偿损失。受损方为履行合同投入了大量资金，在解除合同后亦无法返还财产的，受益人对此负有补偿损失的义务。

【案例】

政策变化不允许经营相关产业的，属于乡镇企业承包经营合同出现“情势变更”情形

——魏某诉平江县三某选厂乡镇企业承包经营合同纠纷案[①]

案情：平江县三某选厂（以下简称三某选厂）成立于1993年3月13日，是三某乡政府下属单位企业办开办的集体所有制企业。1994年12月28日，三某选厂获得梅树湾等矿点的采矿许可证。2005年11月11日，魏某与三某选厂签订《关于引资开采三某铅锌选厂矿点的协议书》，协议签订后，三某选厂没有出资修建道路，魏某投入资金、设备，组织劳力，修建道路，对矿点进行采矿。三某选厂将其所有的胜石洞大坡矿点承包给魏某开采。采矿权许可证至2006年5月底到期。后因国家对矿产开采的政策发生变化，整合零星资源，收紧采矿许可，三某选厂无法获得采矿权延续登记，矿点只得停工。2012年，三某选厂将梅树湾铅锌矿采矿权转让给平江县巨某矿业有限公司（以下简称巨某公司）。

原告魏某向法院提出诉讼请求：被告三某选厂赔偿原告魏某各项经济损失。

二审法院审理认为，双方当事人签订的《关于引资开采三某铅锌选厂矿点的协议书》属于有效协议。该协议的性质为乡镇企业承包经营合同。协议终止履行的原因不是双方当事人不愿继续履行，而是因为国家对矿产资源的政策发生了变化，不再许可原有的开采模式，这是当事人在订立合同时无法预见的、非不可抗力造成的不属于商业风险的重大变化，属于情势变更的性质。协议因此不能继续履行，只能解除。合同解除后，根据履行情况和合同性质，魏某可以要求赔偿损失。魏某为履行合同投入了大量资金，其中道路、井巷的修建，在解除合同后属于无法返还的财产，三某选厂是受益人，特别是修路属于依合同应由三某选厂承担的义务，魏某代为修建，故三某选厂对此负有补偿损失的义务。魏某亦应当自行承担部分损失。据此判决：驳回上诉，维持原判。

分析：当事人对于承包乡镇企业经营权的合同是基于订立合同时的某种情势而订立。这种情势不会一成不变，会随着事物的发展而发生某些变化。这些变更不可预见，不可抗拒。然而却往往导致乡镇企业承包经营合同难以继续履行。此

---

① 参见湖南省平江县人民法院民事判决书，（2014）平民初字第922号；湖南省岳阳市中级人民法院民事判决书，（2015）岳中民二终字第15号。

时，即出现“情势变更”情形。本案中，魏某与三某选厂签订的《关于引资开采三某铅锌选厂矿点的协议书》获得采矿许可证后，如果不出现变化，魏某有权基于该证持续经营该乡镇企业。但因国家对矿产开采的政策发生变化，整合零星资源，收紧采矿许可，三某选厂无法获得采矿权延续登记。此时，该乡镇企业采矿点已无法获准采矿。乡镇企业承包经营合同订立的基础与情势发生重大变更。涉案合同在客观上已无法履行。此时，当事人有权根据“情势变更”要求解除合同。

涉案的乡镇企业承包经营合同解除后，合同当事人因已履行合同部分义务而产生损失。对此，受损方有权要求受益方适当补偿。本案中，魏某为履行合同投入了大量资金，除判决通过审计认定的项目外，用地补偿、管理员工资、其他基础工程建设等项目开支是必然存在的，三某选厂是受益人。三某选厂在受益后，基于公平原则，应当适当补偿受损方。受损方魏某在解除合同前享受收益的同时，亦应适当承担风险。因此，魏某也应承担部分损失。

【风险提示】

在乡镇企业承包经营合同中，承包经营的事项可能涉及政府许可经营的事项。此时，因为政策往往具有不确定性，所以合同当事人应具有风险意识，预防政策变更带来的不利后果。如果经常变更的政策，不属于情势变更，而属于当事人可预见、可预防的情形。

问题 2：乡镇企业发包人未将一部分企业资产交付承包人，承包人又长期未提出异议的，承包人是否有权主张交付该部分资产的经营权？

【解答】

在乡镇企业承包经营合同纠纷中，发包人未按合同约定将一部分企业资产交付承包人经营，而承包人又长期未提出异议的，应视为双方对承包企业的资产范围进行了变更。承包人不得向发包人主张交付该部分资产的经营权。

【案例】

承包人长期对未交付的承包资产不提出异议的，无权再主张权利
——何某诉物资公司乡镇企业承包经营合同纠纷案[①]

案情：物资回收公司系聚某源厂的主管部门。物资回收公司（甲方）与何某（乙方）于2002年1月16日签订《租赁经营协议书》，其中包含家属楼和位于东某房的家属宿舍5间。物资回收公司未将该楼和宿舍交付何某。

2012年2月20日，物资回收公司将何某诉至该院。何某陈述其自1999年开始在聚某源厂担任经理职务，其与物资回收公司签订合同后，发现物资回收公司未将矿桥东街某号的房屋、东某房的家属宿舍以及2间避险房屋交付使用，之后也从未实际管理使用过上述3处房屋。

反诉原告何某向法院提出诉讼请求：反诉被告物资回收公司向反诉原告何某交付租赁地矿桥东街某号的房屋、东某房的家属宿舍以及2间避险房屋。

一审法院认定：何某自签署协议书后从未实际管理使用过上述房屋，在长达10年的合同履行期间何某也未向物资回收公司提出异议，应视为双方就《租赁经营协议书》所附的不动产范围进行了变更。对何某的反诉请求不予支持。判决：驳回何某的反诉请求。

二审法院审理认为，在何某自签署《租赁经营协议书》后从未实际管理使用过上述房屋，亦未在长达10年的合同履行期间向物资回收公司提出异议的情况下，应视为双方就《租赁经营协议书》所附的不动产范围进行了变更。据此判决：驳回上诉，维持原判。

分析：物资回收公司与何某签订《租赁经营协议书》应为有效。《合同法》第77条第1款规定："当事人协商一致，可以变更合同。"（《民法典》第543条）对于此条中的"当事人协商一致"，不应局限于书面形式。应理解为既可以是书面或口头形式协商一致，又可以是通过实际行为协商一致。

本案中，物资回收公司与何某签订《租赁经营协议书》的承包标的物包含"矿桥东街某号的房屋、东某房的家属宿舍以及2间避险房屋"。但是何某在长期的承包经营中，明知承包标的物范围，却在长达10年的时间里未对物资回收公司

---

① 参见北京市门头沟区人民法院民事判决书，（2013）门民初字第645号；北京市第一中级人民法院民事判决书，（2014）一中民终字第1753号。

主张交付上述房屋。不仅未有效主张，还在开始承包经营期按约支付承包费。此类行为表明，何某作为涉案乡镇企业的承包经营方对承包经营的企业资产范围并无异议。当物资回收公司向何某主张剩余承包费时，何某才反诉要求交付上述未交付的房屋。据此，可以认定发包方与承包方在实际交往中已就未交付的房屋协商一致，即不再交付上述房屋给承包方经营。因此，何某在本案中的行为应视为双方对承包企业的资产范围进行了变更，此时，承包人不得向发包人主张交付该部分资产的经营权。

【风险提示】

在乡镇企业承包经营合同中，当事人对合同内容进行变更的，建议以书面或其他可固定形式予以确认。否则，因当事人对变更内容约定不明的，将被推定为未变更。

【法律规定速查】

◎ 民法典新规

第五百四十三条　当事人协商一致，可以变更合同。

第三章
农村借贷法律纠纷

第一节 导 读

一、农村借贷法律纠纷的概念

借贷是指借用人向出借人拆借货币或财物方面的行为。即出借人向借用人出借一定货币或财物，借用人在使用后向出借人返还钱物的行为。由于货币借贷的普遍和高占比，在实际生活中借贷关系往往指货币借贷。

农村借贷法律关系，是指在农村地区发生在农村村民之间或者农村村民与其他民事主体之间的货币借贷法律关系。农村借贷法律纠纷就是上述主体在借贷交往过程中产生的各类法律矛盾、纠纷。

二、农村借贷法律纠纷的类型

从农村借贷主体及规范程度来看，农村借贷关系主要分为三类：第一类是正规的金融借贷关系，就是金融借款关系；第二类是非正规的民间融资关系，也就是民间借贷关系；第三类是介于正规与非正规贷款人之间小额贷款人与农村村民发生的借贷关系。

受此影响，农村借贷法律纠纷主要有以下几种类型：

1. 金融借贷法律纠纷。基于银行与农村借款人之间的借贷关系而产生的借贷法律纠纷。因为这类纠纷发生在银行与其他主体之间，出借过程受到银行规章制度的调节，所以此类借贷往往比较规范。属于此类纠纷的有：金融借款合同纠纷与信用卡纠纷。

2. 小额借款法律纠纷。此类纠纷是发生在小额贷款公司与农村各类借款人之间的借贷纠纷。小额贷款一般额度较小，利率较低，借贷期限、出借与还款手续更加灵活、方便。因此，小额贷款也更多地用于帮农、助农及促进农业生产及农村发展。

3. 民间借贷法律纠纷。此类纠纷发生在银行、小额贷款公司的主体之外，指公民之间、公民与非金融机构企业之间因拆借而形成的法律纠纷。此类纠纷涵盖面较广。

三、农村借贷法律纠纷的处理

（一）实事求是原则

借款合同是实践合同。它除了需要借贷双方达成意思一致之外，还需要将所借的款项完成交付才能成立。因此，在处理此类纠纷时，要注意审查借贷双方实际借贷的金额。尤其是，借款的利息不得预先在本金中扣除。如果利息预先在本金中扣除的，应当按照实际借款数额作为借贷本金，并以此计算利息。

（二）合法性原则

由于借贷关系是按照市场经济规则进行运行，因此在处理各类农村借贷纠纷时，应注意贷款利率的限制。《最高人民法院关于审理民间借贷案件适用法律若干问题的规定》第 26 条[①] 明确了借贷双方约定的利率上限。不得以当事人自愿对借贷利率达成合意为由，放任高利息借贷行为。

（三）注意区分刑民交叉问题

借贷关系较为复杂，部分借贷关系涉及非法集资、集资诈骗等犯罪。这部分案件不能按照民商事案件进行处理。对此，应注意引导当事人通过刑事诉讼程序进行处理。

① 2020 年 8 月 18 日，最高人民法院对该规定进行了修正。

第二节　金融借款合同纠纷

问题 1：金融借款合同纠纷中，借款人以其未实际使用借款为由，主张应由实际用款人承担偿还责任，当何处理？

【解答】

在金融借款合同中，作为出借人的银行有着较为完备的借贷审批、发放手续，包括贷款申请书、借款合同、借款借据等。借款人必须在此类文书中签字确认后才能获得贷款。借款人在上述文件签名后让实际用款人获得贷款，并对此未及时提出异议的，是以自身行为表示接受此关系。从法律视角来看，这应视为其向金融机构借款后又向实际用款人出借了借款，应属于另一法律关系。借款人应在履行金融借款合同义务的同时，另行向实际用款人主张权利。

【案例】

银行向借款人指定的账户发放贷款的，视为借款人已获得贷款

——合作银行诉张某法、张某冬、张某岳金融借款合同纠纷案

案情： 原告合作银行因被告张某法的借款申请，并由被告张某冬、张某岳提供连带责任担保，在 2011 年 3 月 24 日签订了一份《保证借款合同》。合同约定：借款金额为 220 000 元，借款期限自 2011 年 3 月 24 日起至 2012 年 3 月 21 日止，借款利率为月利率 9.9‰；并约定了罚息、保证的范围、保证方式等内容。同日，被告张某法在《普通贷款开户发放确认单》中签字，确认："放款账号：10100204××××，贷款金额：220 000 元，交易时间：2011 年 3 月 24 日。"同日，原告向被告张某法确认的账户发放贷款 220 000 元。被告张某法贷款后未归还借款本金及利息，被告张某冬、张某岳亦未履行保证责任。

原告合作银行向法院提出诉讼请求：被告张某法返还原告合作银行借款 220 000 元，并支付按合同约定利率计算的利息、罚息等；被告张某冬、张某岳负

连带责任。

被告张某法答辩称：贷款是被告张某岳借去用的，所以应由其还款。虽然保证借款合同、审批表等是借款人张某法签字的，但银行只是让借款人签字，未向借款人实际放款。

法院审理认为，原、被告之间订立的《保证借款合同》应合法有效。被告张某法抗辩被告张某岳系该借款实际借款人，但原告已向张某法指定的账户放款，已履行发放贷款义务，被告张某法应按约承担的偿还贷款本息的义务。被告张某冬、张某岳亦应对涉案债务承担连带责任。判决：被告张某法返还原告合作银行借款本金 220 000 元，并支付按合同约定利率计算的利息、罚息等；被告张某冬、张某岳负连带责任。

分析：借款人自愿在金融借款合同中签名，并向出借人指定放贷账户。则出借人向借款人指定的账户发放贷款后，应视为按约履行了放贷义务。借款人抗辩称其未实际获得、使用贷款的，不能成立，也不应支持。

本案中，张某法作为具有完全民事行为能力的自然人，应清楚在小额贷款申请、调查、审批表、保证借款合同、借款借据上作为借款人签名、捺印的意思。其在清楚该意思后，仍自愿签名，应当认定其自愿订立借款合同。原告已按约向被告张某法发放了贷款，履行了合同义务。被告张某法借款后未按约归还借款本息，构成违约，应承担逾期还款的违约责任，支付按合同约定利率计算的利息、罚息、复息等。被告张某冬抗辩称其在不清楚合同权利义务的情况下签字，不符合常理，法院不予采信。被告张某法与张某岳之间的纠纷，应属另一法律关系调整，应由张某法向张某岳另行主张权利。

【风险提示】

借款人向出借人指定的账户发放贷款，是出借人履行放贷义务的约定方式。即使借款人未实际使用该借款，也不得以此为由对抗原告的债权。

问题 2：金融借款合同纠纷中，借款借据是否为借款合同的组成部分？借款合同与借款借据中约定的事项不一致时，应当以哪个约定为准？

【解答】

为了方便交易、简化借贷手续，部分金融借款合同中会载明，借贷的金额、期限、利率、用途等事项由借款借据具体约定。另外，在填写借款借据时，借贷双方也可能会变更之前合同约定的事项，经双方确认并记载于借款借据。在上述情形下，借款借据的内容应视为借款合同的组成部分。如果借据中载明的事项与之前借款合同载明的条款不一致的，应将借款借据视为对借款合同的变更。

【案例】

借款借据记载的事项为借款合同的组成部分
——农村合作银行诉余某金、余某米金融借款合同纠纷案

案情： 2014年4月29日，原告农村合作银行因被告余某金的申请，并由被告余某米提供连带责任担保，双方签订了一份《个人循环保证借款合同》，约定借款额度为90 000元，自2014年4月29日起至2016年4月20日止的期限内，借款人可以循环使用上述借款额度，具体每笔借款金额和期限由借款借据另行约定；并约定罚息、复息、保证事项等内容。2015年4月21日，原告向被告余某金发放借款90 000元，借据约定借款期限为2015年4月21日至2016年4月20日，借款月利率为10.2534‰。借款到期后，被告余某金未归还本金及利息，被告余某米也未履行保证义务。

原告农村合作银行向法院提出诉讼请求：被告余某金归还本金及利息，被告余某米承担连带责任。

法院审理认为，原告农村合作银行与被告余某金、余某米之间签订的《个人循环保证借款合同》合法有效。原告按约向被告余某金提供了贷款，已履行了合同约定的义务。借款借据中载明的金额、期限、利率应作为借款双方的具体约定，对双方具有约束力。被告余某米作为连带责任保证人，依法应对全部债务承担连带责任。

分析： 借款合同中约定，具体每笔借款的金额和期限由借款借据另行约定内容的，应视为在借款借据中约定的事项是对借款合同的补充。此时，借款借据中记载的相关内容是借款合同的组成部分，对双方具有约束力。

本案借贷关系中，因出借人农村合作银行与借款人之间约定的是循环借贷，即借款人可根据实际需要灵活借款、还款付息等。因此，借款合同中无法对借款具体事项作明确约定。此时，借款合同明确重要借贷事项，如金额、时限、利率等，由借款借据补充另行约定。故借据中的相关内容应当作为借款合同的重要组

成部分。借贷当事人都应受此借据记载内容的约束。被告余某金在 2016 年 4 月 20 日未偿还借款，构成违约，应按照合同约定承担违约责任。

【风险提示】

借款借据中记载的内容往往是对借款合同条款的细化。当事人应充分重视借款借据中载明的重要事项，尤其是借款期限、借款利率等。

问题 3：金融借款合同中，出借人以借款人出现重大风险或出现其他约定事由为由，主张提前收回贷款的，是否应当支持?

【解答】

金融借款合同对提前收回贷款事由作出明确约定的，应当对合同当事人均具有约束力。出借人以出现重大风险或其他约定事由要求提前收回贷款的，应当支持。

【案例】

银行有权按约提前收回贷款

——农村合作银行诉高某明、叶某勇金融借款合同纠纷案

案情： 2016 年 2 月 4 日，原告农村合作银行因被告高某明的申请，并由被告叶某勇提供连带责任担保签订了一份《个人保证借款合同》，约定借款金额为 98 000 元，借款期限自 2016 年 2 月 4 日起至 2017 年 2 月 3 日止；借款人未按期向贷款人清偿其他到期债务的，贷款人有权提前收回未到期贷款；并约定了借款利率、逾期罚息、复利利率、利息支付期间以及保证方式、保证期间等内容。2016 年 2 月 4 日，原告依约向被告高某明发放贷款 98 000 元。截至 2016 年 7 月 29 日，被告高某明尚欠原告借款本金 98 000 元以及按合同约定利率计算的利息。被告叶某勇也未履行保证义务。

另查明，被告高某明另案尚有未按期归还原告于 2015 年 1 月 13 日向其发放的金额为 130 000 元、借期为 2015 年 1 月 13 日至 2016 年 1 月 12 日的贷款本金及利息。

原告农村合作银行向法院提出诉讼请求：被告高某明返还原告农村合作银行

借款 98 000 元，并支付利息、罚息、复利等；被告叶某勇承担连带责任。

法院审理认为，原、被告订立的《保证借款合同》应为合法有效。被告高某明在借款后应当按约履行义务。现被告高某明借款后未按约按季支付利息，并且涉及其他民事案件，信用状况发生恶化，构成违约。原告依照合同约定有权提前收回贷款。判决：被告高某明返还原告农村合作银行借款 98 000 元，并支付利息、罚息、复利等；被告叶某勇承担连带责任。

分析：在金融借款合同中，作为出借人的银行始终以自身出借资金的安全为借贷交易的基础。因此，在金融借款合同中，出借人拟定的合同条款往往包含提前收回贷款条款，即当债务人出现重大信用风险或其他约定事由时，作为出借人的银行有权根据合同约定提前收回贷款。此类条款并未违反法律、行政法规的禁止性规定，应为合法有效。

具体到本案，原告农村合作银行与被告高某明、叶某勇之间签订的《个人保证借款合同》明确约定“借款人未按期向贷款人清偿其他到期债务的，贷款人有权提前收回未到期贷款”。因此，尽管该案涉及的借款在诉讼时未到期，但是被告高某明在另案中已有到期的 130 000 元的贷款本金及利息未偿还。此时，借款人已出现合同约定的重大信用风险情形。作为债权人的原告有权按照合同约定，主张借款人高某明提前偿还未到期的贷款本息，并要求保证人叶某勇按约承担保证责任。

【风险提示】

当借款人出现约定的重大信用风险情形时，出借人提前收回贷款往往会加速恶化借款人的信用状况，导致借款人的资金断裂。因此，处理此类纠纷时应正确判断借款人信用风险的种类。如果是暂时性风险，则应通过调解、和解等方式促成银行与借款人达成和解，努力平衡好借贷当事人各方的合法权益。

问题 4：金融借款保证合同中，保证人以重大误解、被欺骗而签名为由，拒绝承担保证责任的，是否应当支持？

【解答】

重大误解与被欺骗均是《合同法》规定的合同可撤销的情形（《民法典》第 147 条至第 149 条）。保证人是否能够以上述两事由对抗债权人，取决于在订立合同过程中是否存在上述情形。根据《民事诉讼法》第 64 条，该举证责任应由主张存在该情形的抗辩人承担。换言之，如果保证人无法举证证明其基于重大误解或被欺骗而签订合同的，则其主张将不被认定。在此情形下，保证人也不得以此为由拒绝承担保证责任。

【案例】

保证人主张保证合同中存在重大误解或被欺骗的，应承担举证责任

——农村银行诉林某华、潘某凤金融借款合同纠纷案

案情：2015 年 9 月 1 日，原告农村银行与被告借款人林某华、保证人潘某凤签订了一份《个人循环保证借款合同》，约定借款额度为 100 000 元，自 2015 年 9 月 1 日起至 2017 年 8 月 31 日止的期限内。2015 年 9 月 1 日，原告向被告林某华发放借款 100 000 元，借据约定借款期限为 2015 年 9 月 1 日至 2016 年 8 月 1 日，借款月利率为 10.119999‰。借款后，被告林某华仅支付利息 8419.83 元，借款本金及剩余利息至今未偿还，被告潘某凤也未履行保证义务。

原告农村银行向法院提出诉讼请求：被告林某华返还原告合作银行借款 100 000 元，并支付按合同约定利率计算的罚息、复息；被告潘某凤负连带责任。

被告潘某凤抗辩称本案合同存在欺诈的情形，涉案的保证合同应为无效。

一审法院审理认为，原告合作银行与被告林某华、潘某凤之间签订的《个人循环保证借款合同》合法有效。被告潘某凤抗辩称本案合同存在欺诈的情形，其未提供证据证明原告存在欺诈情形，故对其抗辩主张不予支持。被告林某华借款后未按约归还本金和利息，应承担逾期还款的违约责任。被告潘某凤应对全部债务承担连带责任。判决：被告林某华返还原告合作银行借款 100 000 元，并支付按合同约定利率计算的罚息、复息；被告潘某凤负连带责任。该判决已生效。

分析：《最高人民法院关于民事诉讼证据的若干规定》（法释〔2001〕33 号）第 2 条规定："当事人对自己提出的诉讼请求所依据的事实或者反驳对方诉讼请求所依据的事实有责任提供证据加以证明。没有证据或者证据不足以证明当事人的事实主张的，由负有举证责任的当事人承担不利后果。"据此，保证合同是否有效，取决于保证人签订保证合同时是否存在重大误解、被欺骗等可撤销情形。

本案庭审中，当被告潘某凤被问及为什么在保证合同中签名时，其回答是应借款人作保的请求而签字的。由此可知，潘某凤在签署合同时已知晓自身的保证

款 100 000 元。借款到期后，被告谢某军未还款，被告黄某国也未履行保证义务。

原告某州银行向法院提出诉讼请求：被告谢某军偿还原告借款 100 000 元，并支付按约定利率计算的利息；被告黄某国负连带责任。

一审法院判决：被告谢某军偿还原告某州银行股份有限公司借款 100 000 元，并支付按约定利率计算的利息；被告黄某国负连带责任。该判决已生效。

【案例 2】

最高限额的限额应根据合同意思进行解释
——农村合作银行诉卢某江、郑某恩金融借款合同纠纷案

案情： 2014 年 7 月 31 日，被告郑某恩与原告农村合作银行签订一份保证函，同意为原告向被告卢某江在 2014 年 7 月 31 日至 2016 年 7 月 20 日期间内最高融资限额人民币 150 000 元的所有融资债权提供连带责任保证。同日，原告因被告卢某江的借款申请，签订了一份《借款合同》。双方约定：借款金额为 100 000 元，并约定了借款期限、借款利率、违约责任等。同日，原告向被告卢某江发放贷款。借款到期后，被告卢某江未能还款，被告郑某恩亦未按约承担连带保证责任。

原告向法院提出诉讼请求：被告卢某江返还给原告借款 100 000 元，并支付利息、罚息、复息；被告郑某恩对上述债务在最高额 150 000 元内承担连带责任。

一审法院判决：被告卢某江返还给原告农村合作银行借款本金 100 000 元，并支付利息、罚息、复息；被告郑某恩对上述债务在最高额 150 000 元内承担连带责任。该判决已生效。

分析： 在处理合同纠纷中应当遵守意思自愿的原则。最高额保证合同的限额是限制借款本金额还是限制债权总额，应当遵循最高额保证合同的约定。如果最高额保证合同中约定的最高额是限制借款本金数额的，则保证人应当在限制的借款本金数额内形成的债权承担保证责任。如果上述合同约定的最高额是限制债权总额，则保证人应当在该债权总额范围内承担保证责任。

案例 1 中，最高额保证合同约定条款为：保证人自愿为债务人自 2017 年 9 月 27 日起至 2020 年 9 月 27 日止的期间内，在债权人处办理的以人民币 150 000 元为最高本金 / 敞口限额的业务所形成的债权（包括本金及其产生的利息、逾期利息等）提供连带责任保证。从以上约定可以得知最高额是限制借款本金，保证人

黄某国应在该最高额借款本金，即以人民币 150 000 元为最高本金限额的业务所形成的债权提供连带责任保证，包括借款本金、利息及实现债权费用。

案例 2 的最高额保证合同约定，保证人郑某恩同意为原告向被告卢某江在 2014 年 7 月 31 日至 2016 年 7 月 20 日期间内最高融资限额人民币 150 000 元的所有融资债权提供连带责任保证。其中，对于 150 000 元限额有两种意思：一种为限额借款本金，另一种为限额债权总额。此为格式合同，应作不利于格式条款提供人的理解，即第二种理解。故法院判决保证人郑某恩对主债务在最高额 150 000 元内承担保证责任。

【风险提示】

作为强势地位的金融机构，在提供格式合同时往往会作最有利于债权人的约定。当其提供的最高额保证合同条款有两种或两种以上意思时，应对相关条款作最不利于条款提供人的解释。

问题 8：金融借款合同中，如果约定并登记了担保物权的，出借人是否有权在主张主债权的同时又主张实现担保物权？

【解答】

在金融借款合同中，若合同中约定了担保物权，并且担保物权已经在不动产登记部门进行了登记的，则该担保物权已经生效。此时，债权人在不违反双方约定顺序的前提下，有权请求在主张主债权未及时清偿的情况下实现担保物权。

【案例】

出借人有权在主张主债权的同时主张实现担保物权
——农业银行诉项某良、王某频金融借款合同纠纷案

案情： 2013 年 11 月 21 日，原告农业银行与被告项某良、王某频签订了《个人担保借款合同》1 份，约定：被告项某良作为借款人向原告借款 250 000 元，借款期限自 2013 年 11 月 21 日起至 2018 年 11 月 21 日止，并约定了还款方式、违约责任等。同时双方还约定，被告项某良、王某频同意以其共有的坐落在台州市某某街某号的房产为借款本息提供抵押担保等内容。2013 年 11 月 26 日，农业银行与两被告办理了该房产的抵押登记手续，取得了房屋他项权证。同日，农业银

行依约发放给被告项某良借款本金 250 000 元，借款凭证载明借款年利率、逾期利率、借款期限等。后被告项某良未按约定期限偿还借款本息。

原告农业银行向法院提出诉讼请求：被告项某良返还原告中国农业银行借款 217 673.14 元，并支付按合同约定利率计算的利息、罚息、复息；原告有权以被告项某良、王某频共有的坐落在台州市某某街某号的房产折价或者拍卖、变卖该抵押财产的价款中优先受偿。

生效法院判决：被告项某良返还原告中国农业银行借款本金 217 673.14 元，并支付按合同约定利率计算的利息、罚息、复息；原告中国农业银行股份有限公司有权以被告项某良、王某频共有的坐落在台州市某某街某号的房产折价或者拍卖、变卖该抵押财产的价款中优先受偿。

分析：借款合同是主合同，抵押合同是从合同，旨在保障主合同目的的实现。当债权人在债权未受偿时要求行使抵押权，符合抵押合同的订立目的。因此，在债权人未违反合同约定的情形下，其有权在主张主债权的同时主张实现担保物权。

具体到本案，原告农业银行与被告项某良、王某频签订的《个人担保借款合同》合法有效。原告在未违反约定的情形下要求实现担保物权，法院应予受理。被告项某良、王某频以其所有的坐落在台州市某某街某号房屋为上述借款向原告提供抵押，并向有关部门办理了房屋的抵押登记手续，故抵押权依法生效。因在房屋他项权证上载明担保范围，若被告项某良、王某频未能履行还款、保证义务，则原告农业银行对被告项某良所有的上述房屋折价或拍卖、变卖所得价款在上述抵押合同担保范围内享有优先受偿权。因此，法院在支持原告主债权的同时，一并支持了原告申请实现担保物权的请求。

【风险提示】

建筑物的抵押权自登记时设立。因此，对房屋的抵押必须进行登记，否则即使合同中约定了相关抵押事项，也没有法律效力。

问题 *9*：金融借款合同中，同时存在物的担保和人的担保，应当如何实现债权？

【解答】

《物权法》第 176 条规定，被担保的债权既有物的担保又有人的担保的，债务人不履行到期债务或者发生当事人约定的实现担保物权的情形，债权人应当按照约定实现债权；没有约定或者约定不明确，债务人自己提供物的担保的，债权人应当先就该物的担保实现债权；第三人提供物的担保的，债权人可以就物的担保实现债权，也可以要求保证人承担保证责任。提供担保的第三人承担担保责任后，有权向债务人追偿（《民法典》第392条）。因此，当既有物的担保又有人的担保的，优先按照双方约定实现债权；没有约定或约定不明的，当债务人提供物的担保时，应优先实现物的担保；第三人提供物的担保时，债权人对物的担保和人的担保有选择权。

【案例】

主债务人的物的担保优先于人的担保
——农业银行诉宁某工贸公司金融借款合同纠纷案

案情：2014年10月28日，原告农业银行与被告宁某工贸公司签订最高额抵押合同一份，约定：被告宁某工贸公司自愿以其所有的坐落在台州市某某大街的房地产为抵押权人农业银行与债务人黄岩宁某工贸公司自2014年10月28日起至2016年10月27日止办理约定的各类业务所形成的债权，提供最高余额7 240 000元的担保等内容。次日，农业银行与被告宁某工贸公司双方到台州市房地产管理处办理了该房地产的抵押登记手续。2016年4月28日，原告农业银行与被告王某1、王某2、王某3、詹某签订一份最高额保证合同，约定：保证人王某1、王某2、王某3、詹某自愿为债权人农业银行与债务人宁某工贸公司自2016年4月28日起至2018年4月27日止办理贷款业务所形成的债权及其相应的利息、罚息、复利、费用等债权提供担保等内容。2015年11月5日，被告宁某工贸公司与原告签订借款合同各一份，借款合同约定：借款金额4 500 000元，并约定借款利率、逾期利率、违约责任等内容。上述借款合同签订后，原告按约向被告宁某工贸公司发放了贷款。借款到期后，借款人未按约偿还借款本息。被告王某3、詹某、王某1、王某2也未履行保证责任。

原告向法院提出诉讼请求：被告宁某工贸实业有限公司偿付原告中国农业银行借款本金4 500 000元，并支付利息、罚息、复息。原告有权就抵押物实现抵押权。被告王某3、詹某、王某1、王某2对上述债务在最高限额6 750 000元范围内承担连带责任。

生效法院判决：被告宁某工贸实业有限公司偿付原告中国农业银行借款本金

4 500 000 元，并支付利息、罚息、复息。原告农业银行有权以被告宁某工贸实业有限公司所有的坐落在浙江省台州市某某大街的房地产在折价或者拍卖、变卖所得价款在最高限额 7 240 000 元范围内优先受偿。被告王某 3、詹某、王某 1、王某 2 对上述债务在最高限额 6 750 000 元范围内承担连带责任。

分析：当既有物的担保又有人的担保时，按双方约定的顺序优先进行清偿；债务人提供的物的担保次之。

本案中，原、被告之间未约定债权的实现顺序，因此不适用约定的担保顺序。宁某工贸公司是借款人，也是主债务人，台州市某某大街的房产也是宁某工贸公司所有。并且借款合同签订后，农业银行与被告宁某工贸公司到台州市房地产管理处办理了该不动产的抵押登记手续。由此可见，债务人宁某工贸公司提供的物的担保已经依法设立。在主债务人自己已提供物的担保的情形下，债权人农业银行应当先就该物的担保实现债权。不足清偿部分，再向担保人王某 3、詹某、王某 1、王某 2 主张担保权利。

【风险提示】

当既有物的担保，又有人的担保时，要正确区分物的担保的提供人，以便正确适用法律。

【法律规定速查】

◎ 民法典新规

第三百九十二条　被担保的债权既有物的担保又有人的担保的，债务人不履行到期债务或者发生当事人约定的实现担保物权的情形，债权人应当按照约定实现债权；没有约定或者约定不明确，债务人自己提供物的担保的，债权人应当先就该物的担保实现债权；第三人提供物的担保的，债权人可以就物的担保实现债权，也可以请求保证人承担保证责任。提供担保的第三人承担担保责任后，有权向债务人追偿。

第三节 信用卡纠纷

问题 1：信用卡关系中，信用卡持卡人与发卡行之间是否订立了合同？

【解答】

信用卡在申请办理过程中，信用卡申请人必须在信用卡申请表中表示同意遵守信用卡章程，并自愿履行信用卡领用合约。因此，当信用卡持卡人已经表示同意相关章程及领用合约时，发卡行与持卡人即达成合同。该章程及领用合约也成为信用卡合同条款。

【案例】

信用卡持卡人在办理信用卡的过程中已和发卡行订立了相关的信用卡合同
——工商银行诉蔡某统信用卡纠纷案

案情： 2011 年 3 月 21 日，被告蔡某统向工商银行申请办理了牡丹贷记卡，并同意遵守《牡丹卡章程》，履行《牡丹卡领用合约》。《牡丹贷记卡章程》和《牡丹卡领用合约》规定了贷款利息、最低还款额、复利、滞纳金、超限费、追索费等各项费用。截至 2012 年 4 月 1 日，被告使用牡丹信用卡消费 10 000 元，因透支产生的利息 1734.47 元、滞纳金 2438.91 元，合计 14 173.38 元。该款被告至今未偿还。

原告工商银行向法院提出诉讼请求：被告蔡某统偿还原告信用卡透支款及利息、滞纳金。

生效法院判决确定：被告蔡某统偿还原告中国工商银行透支款 14 173.38 元及按牡丹卡领用合约计算的利息、滞纳金。

分析： 信用卡合同的形式较为特殊。它不是以合同书的形式固定信用卡发卡人与信用卡持卡人之间的权利义务。它是以持卡人承诺自愿遵守发卡人制定的章程、合约等规定的方式固定双方之间的权利义务。

以本案为例，2011年3月21日，被告蔡某统向工商银行申请办理牡丹贷记卡时表示同意遵守《牡丹卡章程》《牡丹卡领用合约》。此时双方之间就订立了牡丹卡领用合约。该合约内容合法有效，双方均应按照牡丹卡章程和牡丹卡领用合约中的约定履行自己的义务。原告工商银行依约履行了为被告蔡某统办理牡丹贷记卡并提供相应服务的义务，被告蔡某统亦应该在进行信用卡消费后清偿信用卡债务，并按约给付后期利息。

【风险提示】

信用卡申请人在申请办理信用卡过程中，应当仔细阅读信用卡章程及领用合约，尤其是对自身权利义务具有重要影响的条款。否则，违反相关条款规定将可能被视为违约。

问题2：信用卡纠纷中，持卡人以信用卡消费非本人操作为由要求银行及特约商户承担赔偿责任，如何处理？

【解答】

信用卡持卡人以非其本人消费为由所主张的损失，应当根据过错责任原则归责。具体而言，如果银行及特约商户已履行核对审查义务的，其对信用卡损失并不存在过错，则不应当对持卡人损失承担责任。如果银行及特约商户在信用卡消费过程中未履行合理审查义务的，其对此存在过错，应当对持卡人损失承担赔偿责任。其中，如果持卡人自身有过错的，应当减轻银行及特约商户的赔偿责任。

【案例1】

信用卡发卡行对信用卡消费已尽审查义务的不应承担赔偿责任

——虞某一诉工商银行宁波分行信用卡消费合同纠纷案

案情： 2010年11月12日，原告虞某一向被告工商银行宁波分行申领中国工商银行发行的万事达卡，卡种为牡丹白金卡，并保证遵守《中国工商银行牡丹信用卡章程》，知悉了《牡丹信用卡领用合约》。同年11月28日，原告领取了该牡丹白金卡。2011年3月22日，原告通过电话，设置了该牡丹白金卡免密支付，被告工商银行宁波分行的客服人员在业务办理中，告知了原告设置不输密码存在的风险。原告所办的该牡丹白金卡由签名为“虞某一”的持卡人于2011年6月3日15时22分、15时37分、15时40分在被告宁波二百商店处购物消费三次，金额分别为88 552元、31 237.90元、38 804元。上述三次消费的中国银联POS凭证上除持卡人所签的“虞某一”签名外，还登记了原告的有效身份证件号码。2011年6月3日16时左右，原告以该牡丹白金卡被盗为由向被告工商银行宁波分行申请挂失。同日，原告发了一份《非本人交易附加说明》给被告工商银行宁波分行，说明2011年6月3日在被告宁波二百商店处的三次刷卡消费，并非其本人交易，要求对此进行调查。2011年6月4日9时左右，原告以其信用卡被盗刷为由向公安机关报案。嗣后，原告向被告工商银行宁波分行归还了上述透支款，但于2011年8月23日发律师函给两被告，要求赔偿损失。

原告虞某一向法院提出诉讼请求：被告工商银行宁波分行赔偿原告因信用卡被透支产生的经济损失。

一审法院经审理认为：发卡行委托特约商户按照合同约定办理相关的信用卡业务，特约商户则有在受理信用卡支付过程中，审核刷卡消费签账单上的签名是否为持卡人本人签名等义务。根据涉案的三份POS凭证单（电脑小票），说明被告宁波二百商店已审查了信用卡的有效性和完整性，成功生成了刷卡交易的POS单；另根据该三份POS凭证单上持卡人签名处“虞某一”字样与原告的姓名完全相同，故被告宁波二百商店的收银员已尽到了签名的核对审查合理注意义务，对原告的信用卡被盗用遭受的损失不存在过错，不应当对原告的损失承担责任。判决：驳回原告的诉讼请求。

二审法院审理后判决：驳回上诉，维持原判。

分析：根据中国人民银行印发的《银行卡联网联合业务规范》对持卡人在特约商户的交易流程作的规范，特约商户除了应当认真核对信用卡的有效性和完整性，交易凭证上打印的卡号、发卡行信息是否与卡面一致，交易金额是否正确之外，特约商户的收银员还应审核信用卡密码是否能被系统接收，核对持卡人的签名是否与卡背面签名一致。由此可见，特约商户的审核义务既不能等同于普通人的注意义务，但也不能苛求为专业鉴定人员的严格注意义务，而应为形式上的一般审查核对义务。

收银员对“签名一致”的审核应比常人更为谨慎，主要包含以下三个方面：首先审核持卡人签名的拼音与信用卡正面的拼音是否一致，其次审核持卡人所签汉字与卡背面的签名汉字是否一致，最后审查持卡人签名与卡背面签名的字形书写形态是否有显而易见的重大差异。

就本案而言，原告从被告工商银行宁波分行处申领了牡丹白金卡后，设置了该牡丹白金卡免密支付，只需持卡人在POS凭证签购单上签署与卡片背面签名栏相同的签名，消费交易即告完成。因此，在被告宁波二百商店的收银员只需对持卡人在POS凭证签购单“持卡人签名”一栏上的签名与该卡卡片背面签名栏内的签名是否相符负有核对审查义务。由于原告的涉案信用卡已丢失，原告也未向法院提供其在该信用卡背面留有的签名样本。根据涉案的三份POS凭证单，被告宁波二百商店已审查了信用卡的有效性和完整性，该三份POS凭证单上持卡人签名处“虞某一”字样与原告的姓名完全相同，故被告宁波二百商店的收银员已尽到了签名的核对审查合理注意义务，对原告主张的信用卡损失不存在过错，不应承担赔偿责任。

被告工商银行宁波分行在接到原告的挂失申请后，立即为其办理了该卡挂失手续，避免了原告经济损失进一步扩大，尽到了发卡行的应尽义务，不存在过错，故不应当对原告信用卡挂失前的损失承担责任。

【案例2】

信用卡特约商户对信用卡消费未尽审查义务的，应当承担赔偿责任

——蔡某辉诉金某来信用卡消费合同纠纷案

案情： 2009年5月16日晚22时30分许，原告蔡某辉驾车在邱隘镇方庄社区路边停车时，被汪某楠等4人劫持。汪某楠等人通过搜身，劫得原告身上信用卡六张，并用威胁手段获取这些信用卡的密码。随后，汪某楠等继续控制住原告，先后在几家银行的ATM机上取得现金49 200元。次日8时许，汪某楠到被告个体经营的宁波市鄞州邱隘金凤珠宝店，以劫得的鄞州银行、中国银行两张信用卡及密码刷卡购得价值78 670元的黄金项链3条、黄金手链2条和黄金戒指2枚，并以“刘明”的名义在两份POS签购单上持卡人签名处签名。此后，原告被弃于他处。原告报案后公安机关陆续将汪某楠等人抓获。另查明，除追回的现金和实物外，其余现金和实物，或被挥霍或已遗失，汪某楠等人以抢劫罪被判刑后，至今未继续退赔原告的经济损失。

原告蔡某辉向法院提出诉讼请求：被告金某来赔偿原告蔡某辉经济损失78 670元。

一审法院经审理认为：被告作为银联卡的特约商户，负有核对持卡人在交易凭证上的签字与信用卡签名条上的签字、信用卡正面的拼音姓名是否一致的合理审查义务。持卡人在POS签购单上的签名与信用卡背面的预留签名以及卡正面的姓名拼音明显不符，应认定被告未尽到合理审查义务，对于原告因此而造成的损失，被告应当承担责任。原告被抢信用卡在被告处刷卡消费的金额为78 670元，但后追回并发还原告的金饰价值合计42 693元应当在损失中扣除，罪犯自愿退赔的黄金项链，可按8013元评估价以刷卡消费额占全部损失的比例予以折算扣减。对于原告信用卡消费损失的金额，确定为31 810元。结合被告的过错和原告披露密码的因素，本院认定被告对原告的损失承担60%的赔偿责任即19 086元。据此判决：被告金某来赔偿原告蔡某辉经济损失19 086元，于本判决生效后七日内履行完毕。一审宣判后，各方当事人均未提起上诉，一审判决已经发生法律效力。

分析：被告作为银联卡的特约商户，按照中国人民银行《支付结算办法》以及银联公司与特约商户的受理协议书的规定、约定，在受理银联信用卡时，负有核对持卡人在交易凭证上的签字与信用卡签名条上的签字、信用卡正面的拼音姓名是否一致的合理审查义务。

本案中，罪犯持抢劫所得的信用卡至被告处刷卡购买黄金饰品，消费金额及消费时间均异于普通人。并且持卡人在POS签购单上的签名与信用卡背面的预留签名以及卡正面的姓名拼音明显不符，被告邱隘金凤珠宝店未尽到合理审查义务。对于原告因此而造成的损失，被告应当承担赔偿责任。

但是原告被抢的信用卡均属凭密码消费，且其在罪犯的威胁下告知了消费密码。被告基于密码一致而信赖此次信用卡消费，具有一定的正当理由，故可适当减轻被告的赔偿责任。结合被告的过错和原告披露密码的因素，法院酌定被告对原告的损失承担60%的赔偿责任即19 086元。

【风险提示】

信用卡持卡人、信用卡发卡人及信用卡特约商户在办理信用卡业务时，必须履行审慎的注意义务。疏于履行，则会被认为在此程序中存在过错，可能必须为此承担法律责任。

问题 3：信用卡纠纷中，出借人能否要求部分保证人对全部债权承担保证责任？

【解答】

信用卡当事人应当遵守《担保法》第 12 条的规定（《民法典》第 699 条），即信用卡发卡人有两个以上的保证人的，且约定有保证份额的，保证人应当按照保证合同约定的保证份额承担保证责任。如果没有约定保证份额，发卡人可以要求任何一个保证人承担全部保证责任，保证人都负有担保全部债权实现的义务。

【案例】

信用卡发卡行有权按照信用卡保证合同的约定要求部分保证人承担全部的保证责任
——某州银行诉谢某军、芦某兵信用卡纠纷案

案情：2011 年 5 月 26 日，被告谢某军向原告某州银行申请办理信用额度为 20 000 元的大唐信用卡，并同意遵守《大唐贷记卡领用合约》，该合约约定了免息还款期、利率、滞纳金等内容。同日，原告某州银行与被告芦某兵签订了一份大唐信用卡保证合同，约定：被告芦某兵对被告谢某军所持大唐信用卡在 20 000 元的申请授信额度及超过此申请授信额度 10% 的超限额度内使用该卡所发生的透支本金、透支利息及费用（超限费、滞纳金、年费、手续费、追索费等各项费用）提供连带责任保证担保，保证期间自被告谢某军大唐信用卡项下透支期限届满之日起两年等内容。截至 2016 年 12 月 15 日，被告谢某军尚欠原告信用卡透支款本金 17 770.08 元，因透支产生的利息 3874.94 元。

原告某州银行向法院提出诉讼请求：被告谢某军偿还原告信用卡透支款及利息、滞纳金，被告芦某兵负连带责任。

庭审中，被告芦某兵答辩称，涉案信用卡还有其他保证人，原告不应当唯独向其一名保证人主张权利。

生效法院判决：被告谢某军给付原告某州银行股份有限公司截至 2016 年 12 月 15 日的信用卡透支款本金 17 770.08 元、利息 3874.94 元，并支付按某州银行大唐信用卡领用合约约定计算的利息、违约金，且以年利率 24% 为限；被告芦某兵负连带责任。

分析：对于信用卡债务而言，信用卡纠纷中的保证人属于人的担保。因此，也应当遵守《担保法》第12条的规定，即“同一债务有两个以上的保证人的，保证人应当按照保证合同约定的保证份额，承担保证责任。没有约定保证份额的，保证人承担连带责任，债权人可以要求任何一个保证人承担全部保证责任，保证人都负有担保全部债权实现的义务”（《民法典》第699条）。

本案中，信用卡合同中尽管可能存在两名以上的保证人对涉案信用卡债务提供担保，但是由于信用卡发卡人与各保证人之间均是分别签订大唐信用卡保证合同。因此，各方当事人之间对保证份额未作约定。依照法律规定，债权人某州银行有权要求任何一个保证人承担全部保证责任。任何一个保证人，如被告芦某兵在被主张担保权时，均有承担全部保证责任的义务。

【风险提示】

信用卡的保证人应当对信用卡的全部债务承担担保责任，除非其在保证合同中另有约定。

【法律规定速查】

◎ 民法典新规

第六百九十九条 同一债务有两个以上保证人的，保证人应当按照保证合同约定的保证份额，承担保证责任；没有约定保证份额的，债权人可以请求任何一个保证人在其保证范围内承担保证责任。

问题 4：信用卡纠纷中，信用卡章程及信用卡领用协议中约定的透支利率、复利、滞纳金及其他费用是否有效？是否有上限规定？

【解答】

尽管有别于民间借贷纠纷，但是信用卡发卡人仍然应当遵守《最高人民法院关于审理民间借贷案件适用法律若干问题的规定》（法释〔2020〕6号）第30条规定，即信用卡透支利率、复利、滞纳金及其他费用总计不得超出银行同类贷款利率的四倍。超出部分，法院不予支持。

【案例】

信用卡章程及领用协议中约定的利率、复利、滞纳金及其他费用总计不得超出法律规定的上限

——建行西湖分行诉楼晓某信用卡纠纷案

案情： 2015 年 5 月 7 日，楼晓某向建行西湖支行申请中国建设银行钻石信用卡，并签署了《中国建设银行钻石信用卡领用协议》，约定楼晓某在到期还款日之前未能偿还当期对账单列明的最低还款额，楼晓某除按照规定利率支付透支利息外，还应按最低还款额未还款部分的 5% 支付滞纳金；对不符合免息条件的全部欠款（包括透支取现及转账交易，不包括滞纳金等相关费用）按月计收复利，日利率万分之五；信用卡使用年费为每年 4800 元。合同签订后，建行西湖支行依约发放了透支信用卡。截至 2018 年 7 月 31 日，楼晓某尚欠建行西湖支行本金 321 295. 17 元、利息 18 348. 71 元、违约金 34 458. 26 元。

原告建行西湖支行向法院提出诉讼请求：楼晓某归还中国建设银行股份有限公司本金 321 295. 17 元，支付利息 18 348. 71 元、违约金 34 458. 26 元等。

一审法院认为，建行西湖支行依约提供了信用卡，楼晓某透支使用了该信用卡。关于利息，合约中约定的利率未超过年利率 24%，合法有效，故建行西湖支行按照约定的日万分之五的利率主张利息的诉讼请求，予以支持。关于违约金，合约约定的滞纳金即为违约金，按照约定，楼晓某应支付的违约金为 34 458. 26 元。判决：楼晓某归还中国建设银行股份有限公司本金 321 295. 17 元，支付利息 18 348. 71 元、违约金 34 458. 26 元等。

二审法院认为，经核算，建行西湖支行主张的透支利息利率为日万分之五，滞纳金为最低还款额未还部分的 5%，确实超过了年利率 24% 的标准，参照《最高人民法院关于审理民间借贷案件适用法律若干问题的规定》（2015 年施行版）第 30 条规定，应当予以调低。鉴于楼晓某对一审法院确定的利息金额无异议，而利息系按照日万分之五即年利率 18. 25% 计算，故利息与违约金之和按年利率 24% 折算后应为 24 130 元，即暂计至 2018 年 7 月 31 日的违约金金额应调整为 5781. 29 元。判决：楼晓某归还中国建设银行股份有限公司本金 32 1295. 17 元，支付利息 18 348. 71 元、违约金 5781. 29 元等。

分析： 根据 2015 年公布的《最高人民法院关于审理民间借贷案件适用法律若干问题的规定》（法释〔2015〕18 号）第 30 条规定，出借人与借款人既约定了逾

期利率，又约定了违约金或者其他费用，出借人可以选择主张逾期利息、违约金或者其他费用，也可以一并主张，但总计超过年利率24%的部分，人民法院不予支持。

本案参照适用上述规定，信用卡章程及领用合约系当事人真实意思表示，内容合法，应依法确认有效。建行西湖支行依约提供了信用卡，楼晓某透支使用了该信用卡。双方争议焦点在于原告主张的透支利率、滞纳金总和是否超出了法定的借款利率上限。建行西湖支行主张的透支利息利率为日万分之五，折合成月利率为1.5%。滞纳金为最低还款额未还部分的5%。两者利率之和超出法律规定的上限。依照法律规定，对超出部分不予支持。故二审法院对违约金金额予以下调。

【风险提示】

2020年最高人民法院已对上述司法解释作出修正，根据现行规定，信用卡纠纷中，发卡人对信用卡利率、逾期违约金及其他费用的约定不得超出银行同类贷款利率（即贷款市场报价利率）的四倍。否则，超出部分不予保护。

第四节 民间借贷纠纷

问题 *1*：借款借据包含哪些主要内容?

【解答】

根据《合同法》第197条（《民法典》第668条），借款借据包含以下内容：借贷双方的姓名、借款用途、借款币种、借款金额、借款利率、借款期限、逾期责任等。有保证内容的借据还包含担保人姓名、担保范围、担保方式、保证期限等。就必要内容而言，借款借据中应包含借贷的意思表示、借款金额、借款已交付的意思表示，并由借款人签名。

【案例】

借款借据的主要内容
——王某连诉刘某、蔡某友民间借贷纠纷案

案情： 2015 年 5 月 12 日，被告刘某因资金周转需要向原告王某连借款 10 000 元，同时出具借条一份，载明“今向王某连借到人民币壹万元，（小写）10 000 元，该款借款人已全额收到。借款期限为 2015 年 5 月 12 日至 2016 年 5 月 11 日。月息按 2% 计算。借款人应每月 12 日前支付利息。借款人逾期支付本息，应加倍支付利息作为违约金，并承担出借人实现债权的诉讼费、差旅费、代理费等所有费用。保证人自愿对上述债务提供担保，保证方式为连带责任保证，保证范围为借款本息、违约金及实现债权的诉讼费、差旅费、代理费等所有的费用，保证期限为借款期限届满后二年”。被告刘某、蔡某友分别在该借条的借款人、保证人栏中签名。

分析： 借款借据是借贷双方借款合意的体现。借据中载明的内容交由借款人、保证人签名，往往代表借款人与保证人作出或接受借据内容的意思。出借人以行动接受借据，并且未提出异议，也应当视为接受了借款人与保证人作出的相关意思表示。因此，借款借据约定得越详细，越有利于明确借贷双方的权利义务，防止争议的产生。

本案中，借据中载明了出借人姓名，被告刘某在借款人栏签名，被告蔡某友在保证人栏签名。借据已经载明了各方身份。借据中“因资金转周需要”即为借款用途，“借到”即为双方借贷的意思表示，“该款借款人已全额收到”表明相关借款已交付。借据中又分别载明了借款期限、借款利率、逾期责任、保证方式、保证范围、保证期限等内容。由此，这份借据构成了内容较为完备的借款借据。

【风险提示】

并不是每份借据都必须载明上述全部内容。当事人应当根据借贷实际情况选择记载重要内容。其中，部分内容为构成借据的必要条件，如借贷意思、借款金额及落款签名。

【法律规定速查】

◎ 民法典新规

第六百六十八条 借款合同应当采用书面形式，但是自然人之间借款另有约定的除外。

借款合同的内容一般包括借款种类、币种、用途、数额、利率、期限和还款方式等条款。

问题 2：仅凭借据就代表借款已出借了吗？

【解答】

借款合同是一种实践性合同。也就是说，只有借款交付了，借款合同才能成立。因此，借款交付成为借款合同成立的必备条件。就交易习惯而言，借据中往往会载明“借到”“收到”等表明交付意思的文字。此时，符合交易习惯的此类借据会被推定为借款已交付或借款已出借。但是，如果借款金额违背常理或双方交易习惯的，则不能由此推定借款已出借。例如，大额借款的交付。

【案例】

未实际交付的借款凭证不具有法律效力
——屠某毅诉俞某民间借贷纠纷案

案情：2008 年 6 月 2 日，中某公司向原告屠某毅借款 200 万元，先由被告俞某以其本人的名义出具借条一份。同日，原告屠某毅与中某公司签订了借款协议，约定中某公司向原告借款 263 万元，其中包括了被告俞某出具的上述借条中的 200 万元，并约定交付时间为借款协议签订的当日。但原告此后一直未将被告出具的借条销毁。2008 年 9 月 12 日，原告就本案向本院起诉，同月 25 日，原告又向本院起诉中某公司，要求其清偿借款 200 万元及借款利息。

原告屠某毅诉称，该笔借款有被告亲笔出具的借条为证，被告应立即归还借款 200 万元。

被告俞某辩称，被告出具借条后，原告并未将借款交付给被告，而是将借款直接交付给了中某公司，并且还与该公司另行签订了借款协议，因此该借款不应由其归还。

一审法院审理认为：被告俞某虽然向原告屠某毅出具了借条，但原、被告之间的借款合同并未实际履行，故被告俞某无须向原告偿还200万元借款。原告屠某毅的诉讼请求证据不足，不予支持。判决：驳回原告屠某毅的诉讼请求。宣判后，双方当事人均未提出上诉，该判决已发生法律效力。

分析：在民间借贷纠纷中，原告方提供借条作为借款法律关系成立的证据，主张借款已出借。被告方否认双方之间的借款曾实际交付，并提供相应的证据或作出了合理说明。对此，不应简单地将借条作为完全排斥其他证据证明效力的唯一债权凭证，而应要求原告方就借款实际交付的事实进一步举证。如果综合双方提供的证据和诉辩主张进行分析后，认为原告所主张的借款资金来源和交付过程不符合日常经验法则和高度盖然性标准，存在明显不合理性的，则应认定借款并未实际交付。

具体到本案，原告屠某毅虽然向法院提供了被告俞某出具的借条，但借条并非唯一的债权凭证，原告屠某毅还应向法院提供其已经向被告俞某交付了借条中约定的借款的证据，但原告屠某毅无法提供上述证据。被告俞某提供的录音资料，能够证明原告屠某毅并非向被告俞某交付借款，而是向中某公司交付。

另外，从借款的资金来源和支付方式分析，原告在庭审中称其为向俞某交付借款，共向银行借款600万元，其中200多万元用于偿还其此前尚欠俞某的借款，200万元出借给俞某，其余100多万元作为自有资金使用，出借给俞某的200万元是通过银行汇款的方式支付；而其同时又称出借给中某公司的263万元同日以现金的方式一次性支付，但不能说明该263万元的资金来源，如此巨额的资金一次性以现金交付显然不具有合理性。因此，原告在本案关于相关借款已交付的主张明显违背常理和逻辑法则，不应认定相关借款已实际交付。

【风险提示】

在实际借贷关系中，借款人往往会先打借条后取得借款。此时，借据中应当载明借款交付方式。如果现金交付的，不应将借据提前转交给出借人。否则，存在被推定为借款已交付的风险。

问题 3：未载明出借人的借据是否有效？是否能够转让？

【解答】

未载明出借人的借据，并不违反法律、行政法规的规定，应为有效。借据的持有人应被推定为借款的债权人，享有债权人的权利。

《合同法》第 79 条规定："债权人可以将合同的权利全部或者部分转让给第三人，但有下列情形之一的除外：（一）根据合同性质不得转让；（二）按照当事人约定不得转让；（三）依照法律规定不得转让。"（《民法典》第 545 条）因此，不管借据是否载明出借人姓名，借款债权人在未违反法律规定或双方约定的情况下有权转让债权。但债权人应当通知债务人。

【案例】

未载明出借人的借据，持有人应被推定为债权人
——戴某诉李某良民间借贷纠纷案

案情：2016 年 3 月 14 日，被告李某良通过案外人朱某福，向原告戴某借款 50 000 元，并于当日向原告出具借条一份，载明"今借到人民币伍万元正，借款（人）李某良"。截至 2017 年 4 月 5 日，被告李某良尚欠原告借款 47 200 元。该款被告至今未归还。

原告戴某向法院提出诉讼请求：被告李某良偿还原告借款 47 200 元，并赔偿利息损失。

被告李某良答辩称：本案借款是被告李某良向案外人朱某福所借，借条也是向朱出具的，被告李某良与原告不认识；被告李某良曾向朱某福归还借款 2800 元。

一审法院审理认为，被告李某良向原告戴某借款，虽借据未载明出借人，但原告持有该借据并主张权利，应当推定原告为该借款的债权人。双方间的借贷关系应为合法有效。原告有权随时要求被告归还全部借款。原告自愿减少诉讼请求，系对自身权益的处分，未损害被告合法权利，予以准许。判决：被告李某良返还原告戴某借款 47 200 元，并赔偿利息损失。一审宣判后，双方当事人均未上诉。该判决已生效。

分析：在借款借据中，出借人不是借据的必备内容。借款人出具未记录出借人姓名的借据，并在借款时交付给出借人。此时，借款借据作为债权凭证应为合法有效。出借人有权凭借据主张债权。

本案中，被告李某良通过案外人朱某福向原告戴某借款，虽借据未载明出借人，但原告持有该借据并主张权利，应当推定原告为该借款的债权人。双方间的借贷关系有借条为凭，事实清楚，应为合法有效。被告李某良抗辩称，其未向原

告戴某借款，也不应向原告还款。但被告李某良对外借款50 000元属实，其尚欠债务50 000元也属实。原告在获得涉案借据后有权向被告主张债权。

即使被告陈述的属实，出借人确实是案外人朱某福。但是涉案债权根据债权性质或者双方约定，不属于不得转让的情形。出借人朱某福也有转让债权的权利。依照法律规定，其在通知债务人后债权转让即为有效。借款人李某良在接到债权转让通知前，向朱某福归还的款项应当抵充涉案债务。因此，原告戴某经法院释明后自愿扣减了借款人李某良向朱某福归还的款项。

【风险提示】

借款人出具借款借据时，应载明出借人姓名，以防出借人通过转让借款借据的方式否认已清偿的款项。

问题4：未在借据中签名的借款人配偶是否应当承担偿还责任?

【解答】

在涉及夫妻债务的借贷案件中，对于在夫妻关系存续期间，未超出家庭生活日常需要所负的债务，即使借款人配偶未签名，也应承担清偿责任。对于超出家庭生活日常需要所负的债务，债权人应当举证证明该债务用于夫妻共同生活、共同生产经营或者基于夫妻双方的共同意思表示，否则该债务将被推定为债务人个人债务。

【案例】

对超出家庭日常生活需要所负的债务，债权人应就夫妻共同债务主张承担举证责任
——戴某明诉黄某富、李某连民间借贷纠纷案

案情：被告黄某富、李某连于2002年6月5日办理了结婚登记手续，于2015年9月17日办理了离婚登记手续。2014年11月9日、2014年12月12日，被告黄某富分别出具借条一份，两份借条分别载明“今向×××借人民币30 000元整”“今向×××借人民币肆万元整”。后该两份借条的出借人处被涂改，且原告戴某明取得了该两份借条。上述借款被告黄某富至今未偿还。

原告戴某明主张该债务系夫妻共同债务，二被告应当共同偿还。原告向法院

提出诉讼请求：二被告偿还原告借款 70 000 元。

被告黄某富、李某连均称该债务为个人债务。

一审法院审理认为，因本案借款明显超出家庭日常生活需要，且原告提供的证据无法证明该笔债务用于被告夫妻共同生活、共同生产经营或基于夫妻二人的共同意思表示。原告主张本案债务为夫妻共同债务，依法不予支持。判决：被告黄某富归还原告戴某明借款 70 000 元。一审宣判后，当事人未上诉。该判决已生效。

分析：《最高人民法院关于审理涉及夫妻债务纠纷案件适用法律有关问题的解释》第 2 条规定："夫妻一方在婚姻关系存续期间以个人名义为家庭日常生活需要所负的债务，债权人以属于夫妻共同债务为由主张权利的，人民法院应予支持。"第 3 条规定："夫妻一方在婚姻关系存续期间以个人名义超出家庭日常生活需要所负的债务，债权人以属于夫妻共同债务为由主张权利的，人民法院不予支持，但债权人能够证明该债务用于夫妻共同生活、共同生产经营或者基于夫妻双方共同意思表示的除外。"（《民法典》第 1064 条）

本案审理过程中，《最高人民法院关于审理涉及夫妻债务纠纷案件适用法律有关问题的解释》刚生效不久。出借人还难以认同相关夫妻债务的理念。

根据该司法解释的断定标准，本案借款金额为 70 000 元，明显超出了夫妻家庭生活日常需要。原告主张涉案借款是二被告的夫妻债务，但却未能举证证明二被告夫妻共同生活、共同生产经营或基于夫妻二人的共同意思表示。对此，原告应承担举证不能的不利后果。法院据此认定涉案借款为借款人个人债务，并判决由借款人个人承担。

【风险提示】

为了保护自身的合法债权，防止债务人通过改变婚姻关系的方式恶意转移财产，出借人或债权人应当在借款时要求借款人配偶共同签名确认借款。否则，对于超出家庭生活日常需要的借款，除非举证证明，将不被认定为夫妻共同债务。

【法律规定速查】

◎ 民法典新规

第一千零六十四条　夫妻双方共同签字或者夫妻一方事后追认等共同意思表示所负的债务，以及夫妻一方在婚姻关系存续期间以个人名义为家庭日常生活需要所负的债务，属于夫妻共同债务。

夫妻一方在婚姻关系存续期间以个人名义超出家庭日常生活需要所负的债务，不属于夫妻共同债务；但是，债权人能够证明该债务用于夫妻共同生活、共同生产经营或者基于夫妻双方共同意思表示的除外。

问题 5：多人共同借款的应当如何承担还款责任？

【解答】

多人共同借款，各借款人应共同承担还款责任。换言之，每个借款人都应对借贷债务承担全部的还款责任。还款人在清偿债务后，有权根据约定或者法律规定要求其他借款人承担相应的债务份额。

【案例】

多个共同借款的借款人应共同承担还款责任
——陈某泉诉高某青、高某建民间借贷纠纷案

案情：2015 年 5 月 8 日，被告高某青、高某建向原告陈某泉借款，二被告与原告于同日签订借款合同一份，书面载明“借款金额为 30 000 元，月利率为 1.8%”。同日，原告向二被告交付了上述借款。借款后，被告高某青、高某建仅按约支付利息至 2016 年 7 月 7 日，借款本金及剩余利息至今未返还。

原告陈某泉向法院提出诉讼请求：被告高某青、高某建返还原告陈某泉借款 30 000 元，并支付利息。

一审法院判决：被告高某青、高某建返还原告陈某泉借款 30 000 元，并支付利息。一审宣判后，当事人未上诉。该判决已生效。

分析：共同借款人对于共同所借的债务应当承担共同还款责任。出借人向双方约定的人员出借借款即视为交付借款。而每名借款人对共同借款形成的债务均有清偿的义务。

本案二被告作为共同借款人向原告借款。原告依约向二被告交付了借款，已经完成出借借款的义务。借款到期后，二被告应共同向原告承担偿还责任。据此，法院判决被告高某青、高某建共同偿还原告借款 30 000 元本息。案件生效后，原告申请强制执行。执行程序中，原告有权对任何一名被告要求全额偿还本案债务，

而任何一名共同借款人也有责任对此先予清偿。至于清偿之后，二被告内部之间的责任承担，如果双方对此有约定的，应当依照双方约定。双方没有约定的，依照法律规定，应当均等分担涉案债务。

【风险提示】

共同借款人不得以其内部对债务的约定对抗出借人的债权主张。关于债务分担的内部约定，只能对约定当事人产生拘束力。

问题 6：借据中，未表明身份的签名人是否为保证人？

【解答】

权利主张人应就其享有保证权提供证据证明。未提供证据的或者提供的证据不足以证明其权利主张的，应当依法承担举证不能的不利后果。因此，在借款借据中签名、但未表明其为保证人的，通过其他证据、案情也不能推定其身份的，不得推定其为保证人。

【法律规定速查】

《最高人民法院关于审理民间借贷案件适用法律若干问题的规定》（法释〔2020〕6号 2020年8月19日）

第二十一条 他人在借据、收据、欠条等债权凭证或者借款合同上签字或者盖章，但未表明其保证人身份或者承担保证责任，或者通过其他事实不能推定其为保证人，出借人请求其承担保证责任的，人民法院不予支持。

问题 7：民间借贷纠纷，在借款本金中预先扣除的利息或者借款出借时立即支付利息的，应当如何处理？

【解答】

在民间借贷关系中，应当以实际出借的资金金额作为借款本金。如果出借人在出借借款时预先在本金中扣除借款利息或者在借款时借款人应出借人要求立即支付借款利息的，该扣除的或返还的金额应当从借款本金中予以扣减，双方的借贷关系应当以实际出借的金额为借款本金。

【案例】

在借款同时立即支付的借款利息应抵充借款本金
——王某诉杨某民间借贷纠纷案

案情: 2015 年 8 月 19 日，王某、杨某、吴某、某酒店签订《借款合同》，约定杨某向王某借款 20 万元，借款期限 3 个月，如杨某不按期归还借款，应按未还款项的 10% 计算资金占用费和违约金。吴某、某酒店作为保证人，为杨某借款提供连带责任保证。当日，王某将借款 20 万元转账支付给杨某，杨某立即向王某支付 2 万元，且出具收条一份，确认收到王某 20 万元。借款到期后，杨某未按约定向王某偿还借款 20 万元。

王某于 2017 年 6 月向人民法院起诉，要求杨某偿还借款 20 万元并按 10% 支付违约金 2 万元，吴某、某酒店承担连带清偿责任。案件审理过程中，杨某对借款本金 20 万元不予认可，认为借款本金应为 18 万元。

一审法院认为，王某主张借款本金为 20 万元，并提供借款合同、转款凭证、收条等佐证，而杨某辩称借款当日按月利率 10% 扣除当月利息 2 万元，实际借款本金应为 18 万元。但王某不予认可，且杨某未提供证据予以证明，故双方的借款本金应为 20 万元。据此判决：杨某在判决生效之日起十日内偿还王某借款本金 20 万元，并支付资金占用费、违约金 2 万元。

二审过程中，王某认可杨某在收到借款 20 万元后随即支付 2 万元一事。

二审法院认为，虽王某转账支付 20 万元给杨某，但杨某收款后当即支付 2 万元，杨某实际收款只有 18 万元，故借款本金应为 18 万元。据此改判：杨某在判决生效之日起十日内偿还王某借款本金 18 万元，并支付资金占用费、违约金 1.8 万元。

分析: 出借人先将借款合同中约定的借款金额支付给借款人，再立即要求借款人支付利息，出借人在提供借款时并未直接扣除利息，而是将书面本金全部支付给借款人。此种情况下，借款人所付利息，是否属于出借人预先扣除的利息；借款本金是书面本金，还是书面本金在扣除借款人所付利息后的余下部分。

对该争议焦点，有两种不同意见。一种意见认为，此种情况不同于出借人在借款本金预先扣除利息，而是借款人自愿向出借人给付利息，给付的金额不应在借款本金中予以扣除，而应将给付的金额抵充借款利息。另一种意见认为，虽然此种情形下，借款人自愿给付出借人利息，但是实质上出借人利用其在出借时的优势地位，变相扣除借款利息，规避法律的明文规定，因此此时应视为出借人在借款时预先扣除借款利息。

我们认为，出借人是否存在预先在本金中扣除利息的行为，不应简单从借贷双方交易形式上判断，还应从合同目的、公平原则、立法目的等综合分析。就本案而言，出借人要求借款人收到借款后立即支付利息的行为，目的是通过正常的交易表象，规避《合同法》第200条（《民法典》第670条）的强制性规定，这属于变相预先扣除利息，与预先在本金中扣除利息的实质相同。借款人在收到全部借款后，立即按出借人的要求支付利息，其并未完全支配全部约定借款，不应承担偿还全部约定款项的义务。出借人的这种做法，实则是利用自身优势地位变相预先扣除利息，损害借款人的合法利益，故借款本金为全部借款减去借款后立即支付的利息的余额。

本案中，王某将借款20万元转账支付给杨某，杨某立即向王某支付2万元，且出具收条一份，确认收到王某20万元。在此过程中，虽然杨某自愿预先给付2万元利息，但是杨某实际只收到借款18万元，并未享受到其余2万元的权利。此种情形应视为预先支付利息，故二审法院在审明事实的基础上支持了原告18万元的诉讼请求。

【风险提示】

在出借人否认的情形下，通过现金支付利息、又无收款凭证的借款人往往没有证据证明其在借款当日支付过利息的事实主张。此时，还款人应当提供证据证明其还款的事实。

【法律规定速查】

《最高人民法院关于审理民间借贷案件适用法律若干问题的规定》（法释〔2020〕6号　2020年8月19日）

第二十七条　借据、收据、欠条等债权凭证载明的借款金额，一般认定为本金。预先在本金中扣除利息的，人民法院应当将实际出借的金额认定为本金。

◎ 民法典新规

第六百七十条　借款的利息不得预先在本金中扣除。利息预先在本金中扣除的，应当按照实际借款数额返还借款并计算利息。

问题 8：民间借贷的债权应当如何继承？

【解答】

合法的债权是《继承法》第 3 条第（7）项规定的“公民的其他合法财产”，属于公民遗产的范畴。依照《继承法》的规定，继承人有权继承被继承人生前享有的民间借贷债权。

根据《继承法》第 10 条（《民法典》第 1127 条）的规定，继承民间借贷的合法债权依法应当先由第一顺序继承人继承，第二顺序继承人不继承，没有第一顺序继承人继承的，由第二顺序继承人继承。

【法律规定速查】

《中华人民共和国继承法》（1985 年 4 月 10 日）

第三条　遗产是公民死亡时遗留的个人合法财产，包括：

（一）公民的收入；

（二）公民的房屋、储蓄和生活用品；

（三）公民的林木、牲畜和家禽；

（四）公民的文物、图书资料；

（五）法律允许公民所有的生产资料；

（六）公民的著作权、专利权中的财产权利；

（七）公民的其他合法财产。

第十条　遗产按照下列顺序继承：

第一顺序：配偶、子女、父母。

第二顺序：兄弟姐妹、祖父母、外祖父母。

继承开始后，由第一顺序继承人继承，第二顺序继承人不继承。没有第一顺序继承人继承的，由第二顺序继承人继承。

◎ 民法典新规

第一千一百二十二条　遗产是自然人死亡时遗留的个人合法财产，但是依照法律规定或者根据其性质不得继承的除外。

第一千一百二十七条　遗产按照下列顺序继承：

（一）第一顺序：配偶、子女、父母；

（二）第二顺序：兄弟姐妹、祖父母、外祖父母。

继承开始后，由第一顺序继承人继承，第二顺序继承人不继承。没有第一顺序继承人继承的，由第二顺序继承人继承。

本编所称子女，包括婚生子女、非婚生子女、养子女和有扶养关系的继子女。

本编所称父母，包括生父母、养父母和有扶养关系的继父母。

本编所称兄弟姐妹，包括同父母的兄弟姐妹、同父异母或者同母异父的兄弟姐妹、养兄弟姐妹、有扶养关系的继兄弟姐妹。

问题 9：在未作约定或约定不明的情形下，已还款项应当抵充利息还是本金?

【解答】

债务人给付的款项不足以清偿全部债务，且双方对抵充顺序未作约定或者约定不明的，应当优先抵充借款利息，后抵充借款本金。

【案例】

已偿还的款项在无约定的情况下应先抵充借款利息
——黄某钦诉黄某英民间借贷纠纷案

案情：被告黄某英曾陆续向黄某钦借款。2000 年 12 月 2 日（农历 1999 年 11 月 7 日），被告向黄某钦出具借条一份，载明“今向黄某钦借到人民币壹拾陆万柒仟元整，月利率半年付息为 1.50%，壹年以上为 1.60%”。借款后，被告还款情况如下：2008 年 2 月 5 日 5000 元，2008 年 2 月 24 日 3000 元，2009 年 1 月 18 日 8000 元，2010 年 1 月 25 日 5000 元，2010 年 2 月 14 日 4000 元，2010 年 9 月 21 日 4000 元，2011 年 2 月 2 日 6000 元，2012 年 1 月 21 日 6000 元，2013 年 2 月 10 日 1500 元，合计 42 500 元。

另查明，黄某钦已亡故；黄某芳、黄某野、黄某平、黄新某系其第一顺位的法定继承人。其中，黄某野、黄某平、黄新某系曾承诺、自愿放弃本案债权的法定继承权。

原告黄某芳向法院提出诉讼请求：被告黄某英偿还原告借款 42 500 元。

被告黄某英答辩称：被告已经陆续归还了 42 500 元，应当抵充本金。

分析：第一，关于借贷债权如何继承的问题。遗产是指公民死亡时遗留的个人合法财产。其中包括合法形成的债权。因民间借贷形成的合法债权属于遗产继承的范畴，继承人有权依照遗嘱或法律规定继承债权。

本案中，被告黄某英向黄某钦借款形成的债权，未违反法律规定，应为合法有效。继承人有权依照规定继承。本案被继承人黄某钦对该债权未作遗嘱。因此，黄某钦的法定继承人有权依照继承法规定继承债权。黄某芳、黄某野、黄某平、黄新某系黄某钦第一顺位的法定继承人。因此，上述四人有权继承本案债权。因黄某野、黄某平、黄新某自愿放弃继承本案债权，剩余继承人黄某芳有权继承本案全部债权。故黄某芳起诉借款人黄某英，诉讼主体适格。

第二，关于已付款项抵充利息还是抵充本金的问题。本案争议焦点为已支付的 42 500 元应当抵充利息还是抵充本金。被告主张抵充本金；原告主张抵充利息。涉案借据载明"今向黄某钦借到人民币壹拾陆万柒仟元整，月利率半年付息为 1.50%，壹年以上为 1.60%"，证明涉案债权中既有利息，又有本金。但借据中并未约定利息的支付期限，因此，无法依照借贷双方的约定处理该款。

《最高人民法院关于适用〈中华人民共和国合同法〉若干问题的解释（二）》第 21 条规定："债务人除主债务之外还应当支付利息和费用，当其给付不足以清偿全部债务时，并且当事人没有约定的，人民法院应当按照下列顺序抵充：（一）实现债权的有关费用；（二）利息；（三）主债务。"（《民法典》第 561 条）本案已付款项不足以清偿全部债务，因此，按照上述规定，应当按先利息后本金的顺序予以抵充。

【风险提示】

在继承民间借贷债权的过程中，继承人应当提供证据证明其继承人身份。此外，在存在多个第一顺序继承人的情况下，未放弃继承债权的所有第一顺序继承人应当作为原告共同参加诉讼。

【法律规定速查】

◎ 民法典新规

第五百六十一条 债务人在履行主债务外还应当支付利息和实现债权的有关费用，其给付不足以清偿全部债务的，除当事人另有约定外，应当按照下列顺序履行：

（一）实现债权的有关费用；

（二）利息；

（三）主债务。

问题 *10*：借据中没有约定借款期限或约定不明的，借款人应当何时还款？诉讼时效应当从何时起算？

【解答】

没有约定借款期限或者约定不明的，借款人可以随时返还借款。贷款人可以要求借款人在合理期限内返还。

没有约定还款期限的民间借贷，债权人可以随时要求债务人履行债务，但是必须给债务人必要的宽限期。宽限期届满后，债务人应当还款。此时视为债权人应当知道权利受到侵害。诉讼时效由此开始计算。

【案例】

未约定还款期限的债务，诉讼时效从宽限期届满之日起算
——嘉善新某橡塑厂诉张某荣民间借贷纠纷案

案情：被告张某荣因生产经营需要与原告嘉善新某橡塑厂素有业务往来。2004年，被告因资金短缺向原告借款70 000元，原告以现金方式将70 000元出借给被告，当时没有出具借条。2012年1月13日，双方进行了对账并形成结账单，该结账单载明，截至2012年1月13日，被告结欠原告借款70 000元。被告对以上数据核实无误，并当面签字确认。近期，原告向被告催讨所欠借款70 000元，被告至今未清偿。

原告向法院提出诉讼请求：被告张某荣偿还原告借款70 000元。

被告答辩称：本案已超出诉讼时效。

一审法院认为，借款人应当按照约定的期限返还借款。对借款期限没有约定，贷款人可以催告借款人在合理期限内返还。本案未约定还款期限，诉讼时效期间应从原告要求被告履行义务的宽限期届满之日起计算，因此对于被告提出的诉讼时效抗辩，不予采纳。判决：被告张某荣返还原告嘉善新某橡塑厂借款70 000元。一审宣判后，各当事人均未提起上诉，判决已发生法律效力。

分析：未约定还款期限的借款，债权人有权随时要求债务人偿还。但是应当给债务必要的宽限期。债务人在债权人催讨时应当偿还借款。

本案中，被告于2004年向原告借款70 000元，原告以现金方式将70 000元出借给被告，该借款已交付。虽然被告未向原告出具借据，但该借款合同仍然成

立。之后，原、被告双方对借款进行了对账，被告在对账的基础上签字确认。由此，原告完成了举证责任，证明了借贷的事实。至于涉案借款的还款期限，双方对此未作约定。依照《合同法》第206条（《民法典》第675条），被告应当在原告给予的宽限期届满后偿还借款。此时，如果被告未偿还，则原告应当知道此时权利受到侵害。涉案借款的诉讼时效也应从此时开始计算。

【风险提示】

债权人应当及时主张借贷债权。当债务人出现应当偿还而未偿还的情形时，民间借贷的诉讼时效期间开始计算，债权人应当在法定诉讼时效内行使诉权。

【法律规定速查】

《中华人民共和国合同法》（1999年3月15日）

第六十一条　合同生效后，当事人就质量、价款或者报酬、履行地点等内容没有约定或者约定不明确的，可以协议补充；不能达成补充协议的，按照合同有关条款或者交易习惯确定。

第二百零六条　借款人应当按照约定的期限返还借款。对借款期限没有约定或者约定不明确，依照本法第六十一条的规定仍不能确定的，借款人可以随时返还；贷款人可以催告借款人在合理期限内返还。

◎ 民法典新规

第一百八十八条　向人民法院请求保护民事权利的诉讼时效期间为三年。法律另有规定的，依照其规定。

诉讼时效期间自权利人知道或者应当知道权利受到损害以及义务人之日起计算。法律另有规定的，依照其规定。但是，自权利受到损害之日起超过二十年的，人民法院不予保护；有特殊情况的，人民法院可以根据权利人的申请决定延长。

问题 *11*：借据中是否应当载明借款利率？没有载明借款利率或借款利率约定不明的，如何处理？

【解答】

借款利率不是借款借据中的必要记载事项。自然人之间借贷对利息约定不明的，出借人主张支付利息的，人民法院不予支持。自然人之间的借贷之外，是否支持利息主张，应当根据案件具体情况确定。

【案例】

自然人之间的借款对利息约定不明的，视为没有利息
——周某英诉张某忠、蔡某军民间借贷纠纷案

案情：被告张某忠、蔡某军分两次向原告周某英借款，借款之时以被告蔡某军的名义出具借条，载明借款金额合计 45 000 元。后被告张某忠在两份借条上备注认可其亦为借款人，并约定于 2016 年年底还款。两份借条上均未约定借款利息。借款 3 万元之时，原告周某英实际交付给被告蔡某军的现金为 29 100 元。

原告提出诉讼请求：被告张某忠、蔡某军共同归还原告周某英借款 44 100 元，并支付自 2017 年 4 月 7 日起至实际履行之日止按月利率 1% 计算的利息。

一审法院审理认为，原告和两被告之间的借贷关系合法有效，受法律保护。借款本金，以原告实际出借的金额 44 100 元予以认定。借款利息，因原告未能就其主张的月利率 1% 提交证据，且被告张某忠在借条上备注的连本带息亦未载明利率，故对原告的利率主张不予采纳。就利息约定不明的视为不支付利息。就起诉后的利息损失，可按年利率 6% 予以支付。判决：被告张某忠、蔡某军共同归还原告周某英借款 44 100 元，并自 2017 年 4 月 7 日起按年利率 6% 支付利息至本判决确定的履行日止。一审宣判后，各当事人均未提起上诉，判决已发生法律效力。

分析：《最高人民法院关于审理民间借贷案件适用法律若干问题的规定》（法释〔2015〕18 号）第 25 条规定："借贷双方没有约定利息，出借人主张支付借期内利息的，人民法院不予支持。自然人之间借贷对利息约定不明，出借人主张支付利息的，人民法院不予支持。除自然人之间借贷的外，借贷双方对借贷利息约定不明，出借人主张利息的，人民法院应当结合民间借贷合同的内容，并根据当地或者当事人的交易方式、交易习惯、市场利率等因素确定利息。"

因此，在自然人之间的借贷关系中，如果没有约定借贷利率或者约定不明的，认定为无利息，对出借人起诉前的利息主张，人民法院不予支持。本案借款人张某忠、蔡某军与出借人周某英都是自然人。并且在借款中双方对利息约定不明。因此，依照最高人民法院的上述规定，本案借款不应支持利息主张。一审法院也根据规定作出了相应的判决。

值得注意的是，如果借贷主体中一方不是自然人，则不适用自然人间借贷的规定。而应根据借贷双方的交易习惯、交易方式、市场利率等因素综合确定借贷利率。

【风险提示】

自然人之间的借贷利息约定不明，对起诉前的利息主张，人民法院不予支持；但对起诉后的利息主张，法院应予支持。

【法律规定速查】

《最高人民法院关于审理民间借贷案件适用法律若干问题的规定》（法释〔2020〕6号　2020年8月19日修正）

第二十五条　借贷双方没有约定利息，出借人主张支付利息的，人民法院不予支持。

自然人之间借贷对利息约定不明，出借人主张支付利息的，人民法院不予支持。除自然人之间借贷的外，借贷双方对借贷利息约定不明，出借人主张利息的，人民法院应当结合民间借贷合同的内容，并根据当地或者当事人的交易方式、交易习惯、市场报价利率等因素确定利息。

◎ 民法典新规

第六百八十条　禁止高利放贷，借款的利率不得违反国家有关规定。

借款合同对支付利息没有约定的，视为没有利息。

借款合同对支付利息约定不明确，当事人不能达成补充协议的，按照当地或者当事人的交易方式、交易习惯、市场利率等因素确定利息；自然人之间借款的，视为没有利息。

问题 *12*：民间借贷关系中，借贷的最高利率是否有上限限制？如何处理民间借贷关系中的高利贷？

【解答】

对于在2020年8月20日前受理的民间借贷纠纷案件，人民法院适用旧《最高人民法院关于审理民间借贷案件适用法律问题的规定》（法释〔2015〕18号）。在这种情况下，借贷利率的上限应当区分已付利息与未付利息。对于尚未支付的利息，出借人请求支持的年利率不得超过24%；对于已经支付的利息，借款人有权请求返还的主张为年利率36%。

对于自2020年8月20日起受理的民间借贷纠纷案件，人民法院适用新《最高人民法院关于审理民间借贷案件适用法律若干问题的规定》（法释〔2020〕6号）。在这种情况下，借款利率不得超过合同成立时一年期贷款市场报价利率的四倍。

对于民间借贷关系中的高利贷，出借人请求返还本金及未超出利率上限的利息的，应当支持。借款人请求返还超出利率上限部分的利息的，也应支持。

【案例】

民间借贷的利率不得高于国家关于借款利率的上限
——朱某诉刘某民间借贷纠纷案

案情：2014 年 9 月 21 日，朱某与刘某之间签订借款合同，约定朱某向刘某出借 160 万元，借期从 2014 年 9 月 21 日起至 2015 年 9 月 20 日止，月息为 6%。次日，朱某在扣除利息后向刘某汇款 150.4 万元。借款人刘某从 2014 年 11 月 20 日开始向朱某陆续还款，至借款期满时即 2015 年 9 月 21 日前先后还款 5 次 114 万元，2015 年 9 月 21 日至 2017 年 6 月 26 日刘某还款 15 次 58.29 万元，此后再无还款。2017 年 9 月 12 日朱某起诉至法院要求刘某偿还剩余借款本金 793 901 元及利息 377 420.46 元。

原告朱某向法院提出诉讼请求：被告刘某偿还原告借款本金 358 324.11 元，支付利息 22 546.85 元，以及 2017 年 9 月 12 日之后的利息按年利率 24% 计算至借款全部付清之日止。

一审法院审理认为，对于利息数额的计算方式，如果是借期内所还利息，则视为已经偿还的利息，依照《最高人民法院关于审理民间借贷案件适用法律若干问题的规定》(法释〔2015〕18 号）第 26 条的规定最高保护额度年利率 36% 计算数额；如果是借期外所还利息，则视为逾期偿还的利息，依照民间借贷司法解释第 29 条第 1 款的规定最高年利率 24% 计算数额。判决：刘某向朱某偿还借款本金 358 324.11 元，支付利息 22 546.85 元，2017 年 9 月 12 日之后的利息按年利率 24% 计算至借款全部付清之日止。一审宣判后，各当事人均未提起上诉，判决已发生法律效力。

分析：借贷关系中，借款人为了及时获取借款解决自身资金周转的问题，在订立合同时往往自愿承担高额利息，而出借人为了获取高额利息收入，常常对借款人的还款能力缺乏了解从而需要承担较大风险。因此，法律对双方利益的兼顾保护应成为首选。既不能因为利息保护过高致使借款人陷入高利贷中不能自拔，也不能因为保护过低致使出借人提供借款的积极性不够。

本案中，朱某与刘某在借款合同中约定月利率 6%，换算成年利率为 72%。远远高出了国家关于贷款利率上限的规定。

如何处理涉案高利息借贷成为争议焦点，也成为处理本案的关键。依照《最高人民法院关于审理民间借贷案件适用法律若干问题的规定》(法释〔2015〕18

号）第 26 条，贷款利率的上限应当区分已付利息与未付利息。已付利息以年利率 36% 为限，未付利息以年利率 24% 为限。一审法院以此为标准，将涉案朱某支付的利息逐一抵充后，认定朱某尚欠刘某借款本金 793 901 元及前期利息 377 420.46 元。对于尚欠的借款本金及未超出国家关于借款利率上限的利息，借款人朱某应当予以偿还。

【风险提示】

关于民间借贷的最高利率，2020 年最高人民法院对《关于审理民间借贷案件适用法律若干问题的规定》进行了修正，需引起注意。高利息借贷虽然违反法律规定，但是对于已经出借的借款及未超出国家规定的利率上限的利息，债务人应当返还。部分债务人误认为，只要法院认定双方借贷关系为高利息借贷，相关借款的本息则因无效而无须返还。

【法律规定速查】

《最高人民法院关于审理民间借贷案件适用法律若干问题的规定》（法释〔2020〕6 号　2020 年 8 月 19 日修正）

第二十六条　出借人请求借款人按照合同约定利率支付利息的，人民法院应予支持，但是双方约定的利率超过合同成立时一年期贷款市场报价利率四倍的除外。

前款所称“一年期贷款市场报价利率”，是指中国人民银行授权全国银行间同业拆借中心自 2019 年 8 月 20 日起每月发布的一年期贷款市场报价利率。

◎ 民法典新规

第六百八十条第一款　禁止高利放贷，借款的利率不得违反国家有关规定。

问题 *13*：民间借贷的诉讼时效是多少时间？超出诉讼时效的法律后果是什么？

【解答】

自 2017 年 10 月 1 日起，民间借贷的诉讼时效是 3 年。诉讼时效期间自权利人知道或者应当知道权利受到损害以及义务人之日起计算。

2017 年 10 月 1 日之前，民间借贷的诉讼时效是 2 年。在此之前，民间借贷的诉讼时效尚未届满的，应当适用 3 年诉讼的规定；此前已届满的民间借贷，应当适用两年诉讼时效的规定。

【案例】

已超出诉讼时效的债权丧失胜诉权
——陈某连诉周某文民间借贷纠纷案

案情：2014 年 7 月 29 日，被告周某文因资金周转需要向原告陈某连借款 10 000 元，约定三个月后还款。但是借款期限届满后，被告拒绝归还借款。2017 年 11 月 1 日，原告再向被告催讨。2018 年 10 月 17 日，原告向法院起诉，要求被告归还上述借款。

一审法院审理认为，被告向原告借款 10 000 元，事实清楚。但原告应及时主张自己的权益，其向人民法院请求保护民事权利的诉讼时效期间为二年。原告于 2018 年 10 月 17 日起诉，已超出诉讼时效期间。故对原告的诉讼请求，不予支持。一审宣判后，当事人未上诉。该判决已生效。

分析：诉讼时效的目的在于督促权利人及时行使权利，以尽早确定并维护社会秩序。诉讼时效的后果不是否定权利人的合法权利，而是使超出时效的权利人丧失胜诉权。本案是出借人未及时行使诉权产生的超出诉讼时效的法律后果。

本案中周某文向陈某连借款 10 000 元，并约定三个月后还款。因此，借款人应当在三个月借款期限届满后返还借款。如果未返还，陈某连的合法债权便开始受到损害。并且，当还款期限到期后，被告已明确拒绝了原告的还款请求。原告应当知道其债权受到损害。此时在 2014 年 10 月底，依照法律规定，应当适用两年的诉讼时效。因此，其诉讼时效在 2016 年 10 月底届满。届满前，新的诉讼时效规定尚不适用。原告于 2018 年 10 月向法院起诉，远远超出了诉讼时效，丧失了该债权的胜诉权。

【风险提示】

对于超出诉讼时效的借贷债权，法官不得主动援引诉讼时效制度对抗债权人。换言之，如果债务人对超出诉讼时效的债权未提出诉讼时效抗辩的，法官对民间借贷的诉讼时效问题不应主动审查。

【法律规定速查】

《最高人民法院关于适用〈中华人民共和国民法总则〉诉讼时效制度若干问题的解释》（法释〔2018〕12号　2018年7月18日）

第二条　民法总则施行之日，诉讼时效期间尚未满民法通则规定的二年或者一年，当事人主张适用民法总则关于三年诉讼时效期间规定的，人民法院应予支持。

第三条　民法总则施行前，民法通则规定的二年或者一年诉讼时效期间已经届满，当事人主张适用民法总则关于三年诉讼时效期间规定的，人民法院不予支持。

第四条　民法总则施行之日，中止时效的原因尚未消除的，应当适用民法总则关于诉讼时效中止的规定。

《中华人民共和国民法总则》（2017年3月15日）

第二百零六条　本法自2017年10月1日起施行。

◎ 民法典新规

第一百八十八条　向人民法院请求保护民事权利的诉讼时效期间为三年。法律另有规定的，依照其规定。

诉讼时效期间自权利人知道或者应当知道权利受到损害以及义务人之日起计算。法律另有规定的，依照其规定。但是，自权利受到损害之日起超过二十年的，人民法院不予保护，有特殊情况的，人民法院可以根据权利人的申请决定延长。

问题14：民间借贷中发生的转借关系应当如何处理？

【解答】

转借关系是指借款人在借到借款后，又将该借款转借给他人。从法律关系角度看，转借关系分为两次借贷关系。两个借贷关系的当事人可称为出借人、转借人、借款人。前一借贷关系的合同当事人为出借人与转借人，后一借贷关系的合同当事人为转借人与借款人。

对于出借人而言，其应向转借人主张债权。转借人也负有向出借人还款的义务，其不得以借款不是其使用或者借款人未向其还款为由，推卸还款责任。转借人应当在向出借人承担还款责任的同时，另行向借款人主张债权。

【案例】

借款人借款后转借给第三人的，应另行主张债权
——阮某云诉陈某冰民间借贷纠纷案

案情：2015 年 8 月 5 日，被告陈某冰因资金周转需要由第三人方某文提供担保，向原告阮某云借款 50 000 元，被告陈某冰出具借条一份，载明“今向阮某云借到现金人民币伍万元整（50 000 元），借款人：陈某冰”。同日，原告向被告陈某冰指定账户汇款 50 000 元。后第三人方某文以担保人身份在上述借条中签名、捺印。借款后，被告陈某冰陆续归还借款 30 000 元，剩余借款 20 000 元经原告催讨，被告陈某冰至今未归还，第三人方某文亦未承担保证责任。

原告阮某云向法院提出诉讼请求：被告陈某冰返还原告阮某云借款 20 000 元，并赔偿利息损失。

被告陈某冰抗辩称，借款人借款后将借款交给第三人方某文，应由方某文还款。

一审法院审理认为，双方之间的借贷、保证关系应为合法有效。被告陈某冰抗辩称剩余借款应由第三人方某文共同偿还，因方某文在本案系担保人，而非共同借款人，且被告陈某冰向方某文的转借行为属另一法律关系，被告有权以第三人向其出具的借条另行主张债权。判决：被告陈某冰于判决发生法律效力之日起十日内返还原告阮某云借款 20 000 元，并赔偿利息损失。一审宣判后，当事人未上诉。该判决已生效。

分析：民间借贷关系是当事人合同关系的一类，应当遵循合同法的原则与规定。根据合同法的合同相对性理论，合同项下的权利义务只能约束合同当事人，不能对合同外的当事人产生拘束力。因此，合同的债权人只能向其合同相对方主张债权。合同债务人不得以案外人为由，拒绝承担其合同债务。

本案借贷关系中存在两个法律关系，阮某云向陈某冰的借贷关系以及陈某冰向第三人方某文的转借关系。对于阮某云而言，其有权向借款人主张全部债权，尽管第三人方某文是本案保证人。对于陈某冰而言，其自愿在借款后将借款转借给方某文，应当属于其与方某文之间的另一借贷关系。其也应另行向方某文主张债权，而不得以此为由拒绝偿还本案债务。

【风险提示】

转借人在转借过程中，应当固定、保存能够证明转借关系的证据。否则，其在向出借人承担债务后，向借款人主张债权时难以获得支持。

问题 15：民间借贷、保证关系中未约定保证期限的，如何计算保证期限？

【解答】

不管是一般保证还是连带保证，在民间借贷、保证法律关系中，未约定保证期限的，保证期限均为主债务履行期限届满之日起 6 个月。

【案例】

保证期限的法律意义
——林某忠诉潘某东、黄某安、广某公司民间借贷纠纷案

案情： 2011 年 5 月 5 日，被告潘某东、黄某安向原告林某忠借款 61 万元并出具借条，载明由被告广某公司为黄某安担保，由该公司负责人刘庆某作为担保人签字。同年 6 月 15 日，黄某安、潘某东又一次向林某忠借款 39 万元并出具借条，载明由广某公司为黄某安担保本金。同年 8 月 20 日，黄某安、潘某东向原告支付利息 45 750 元，2012 年 12 月 8 日，广某公司偿还原告林某忠 100 万元，二被告共计支付款项 1 045 750 元。

原告林某忠向法院提出诉讼请求：被告潘某东、黄某安偿还原告 610 000 元的借款本息；被告广某公司承担连带责任等。

一审法院审理认为，被告黄某安向原告林某忠借款，被告广某公司为其担保，保证期限虽然有约定，但对被告黄某安的借款金额的担保方式没有约定。原告林某忠要求广某公司对被告黄某安的借款承担保证责任的诉讼请求，符合法律规定，予以支持。

二审法院审理认为，原审法院认定广某公司偿还借款时间以及广某公司承担连带清偿责任范围有误。广某公司对 61 万元借款本息不承担连带保证责任。

分析： 第一，关于广某公司对 61 万元借款的保证责任是否已消灭。本案两张借条均未约定保证期间，广某公司应承担连带保证责任，其承担保证责任的期

间为主债务履行期届满之日起6个月。保证期间届满，债权人未依法向保证人主张保证责任的，保证责任消灭。第一笔借款的最后还款时间为2011年11月5日，广某公司承担保证责任期间为2011年11月6日至2012年5月5日。林某忠未提交证据证明其在上述保证期间内要求广某公司承担保证责任，因此应免除广某公司对61万元借款的连带保证责任。

第二，保证责任消灭后，保证人自愿履行部分债务的，其对剩余债务是否应当承担保证责任。《最高人民法院关于人民法院应当如何认定保证人在保证期间届满后又在催款通知书上签字问题的批复》规定："根据《中华人民共和国担保法》的规定，保证期间届满债权人未依法向保证人主张保证责任的，保证责任消灭。保证责任消灭后，债权人书面通知保证人要求承担保证责任或者清偿债务，保证人在催款通知书上签字的，人民法院不得认定保证人继续承担保证责任。但是，该催款通知书内容符合合同法和担保法有关担保合同成立的规定，并经保证人签字认可，能够认定成立新的保证合同的，人民法院应当认定保证人按照新保证合同承担责任。"据此，保证人在保证责任消灭后自愿履行部分债务的，不得认为其已提供新的保证。

本案中，在第一笔借款保证期间届满后，广某公司偿还100万元，其偿还借款的行为是自愿履行债务，应该予以确认。广某公司自愿履行债务，并非以明示方式同意为债务提供新的担保，因此广某公司对61万元借款本息不承担连带保证责任。

【风险提示】

保证责任消灭后，债权人书面通知保证人要求承担保证责任或者清偿债务，保证人仅在催款通知书上签字、未作出意思表示的，人民法院不得认定保证人继续承担保证责任。

【法律规定速查】

《中华人民共和国担保法》（1995年6月30日）

第二十五条第一款 一般保证的保证人与债权人未约定保证期间的，保证期间为主债务履行期届满之日起六个月。

第二十六条第一款 连带责任保证的保证人与债权人未约定保证期间的，债权人有权自主债务履行期届满之日起六个月内要求保证人承担保证责任。

◎ 民法典新规

第六百九十二条 保证期间是确定保证人承担保证责任的期间，不发生中止、中断和延长。

债权人与保证人可以约定保证期间，但是约定的保证期间早于主债务履行期限或者与主债务履行期限同时届满的，视为没有约定；没有约定或者约定不明确的，保证期间为主债务履行期限届满之日起六个月。

债权人与债务人对主债务履行期限没有约定或者约定不明确的，保证期间自债权人请求债务人履行债务的宽限期届满之日起计算。

第五节 小额借款合同纠纷

问题 1：小额借款合同是什么？其与民间借贷、金融借款合同有何区别？

【解答】

小额借款合同是指小额贷款公司与借款人签订的贷款金额一般在 1 万元以上、20 万元以下的借款合同。该类合同特点有三：（1）贷款主体为小额贷款公司；（2）贷款金额较小；（3）贷款方式为信用贷款。

与民间借贷、金融借款合同相比，其特点也集中在三个方面：（1）贷款主体为小额贷款公司，属于准金融机构，经营范围只限于小额贷款，以自有资金贷款，且不得吸收存款。民间借贷的贷款人为非金融机构的自然人、企业或其他组织。金融借款合同的贷款人为金融机构。（2）贷款金额限于小额。民间借贷、金融借款合同的贷款金额不限于此范围。（3）贷款方式有限。贷款方式限于信用贷款，采取担保贷款，不采用抵押贷款。而民间借贷与金融借款合同的放贷方式未受到限制。

【案例】

小额借款合同的特点

——某小额贷款公司诉钱某明、王某杰、沈某顺小额借款合同纠纷案

案情：2013年9月18日，被告钱某明由被告王某杰、沈某顺担保向原告某小额贷款公司借款人民币80 000元，双方签订了一份《保证借款合同》，合同约定借款金额为人民币80 000元，借款期限自2013年9月18日起至2014年3月15日止；月利率为18.66‰；保证方式为连带责任保证；保证期间自借款期限届满之日起二年；保证担保的范围包括贷款本金、利息（包括罚息、复息等）、违约金、损害赔偿金、实现债权的费用等。合同签订当日，原告依约向被告钱某明发放贷款80 000元。但被告钱某明借款之后仅支付截至2014年8月20日的利息，借款本金及剩余利息至今未还，被告王某杰、沈某顺亦未承担保证责任。

原告向法院提出诉讼请求：被告钱某明返还原告借款80 000元，并支付利息；被告王某杰、沈某顺负连带责任。

一审法院判决：被告钱某明于判决发生法律效力之日起十日内返还原告某小额贷款股份有限公司借款本金80 000元，并支付利息（按月利率1.866%自2014年8月21日起计算至生效法律文书指定的履行期限届满之日止）；被告王某杰、沈某顺负连带责任。一审宣判后，原、被告均未上诉。该判决已生效。

分析：从上述案例，可以看出小额借款合同纠纷的特点：

第一，小额借款合同的出借人是小额贷款机构。原告是中某小额贷款公司，经营小额借贷业务。借款人的主体资格不限，可以是自然人、企业法人或者其他组织。

第二，小额借款合同的借贷金额相对较小。相对于其他金融借款合同而言，小额借款合同借贷金额较小。但这也不是绝对的。在很大程度上，小额借款的金额取决于借款人用款需求和贷款人放贷意愿。

第三，小额借款合同的借贷方式是信用贷款，而不是抵押贷款。小额借款合同的贷款方式是信用贷款，而不是以动产、不动产抵押的方式贷款。因此，出借人为了保证其出借资金，一般会要求借款人提供保证人担保。

【风险提示】

经营贷款业务的小额贷款公司不得对外吸收存款。其贷款资金必须是其自有资金。否则就会超经营许可的范围。

问题 2：小额借款合同中约定的罚息、复息、其他费用、律师代理费是否被支持？

【解答】

小额借款合同中约定的罚息、复息、其他费用、律师代理费，会根据合同约定依法予以支持，但是上述各项费用之和不得超出合同成立时一年期贷款市场报价利率（2019 年 8 月 20 日前该利率指银行同类贷款利率）的四倍。

【案例】

小额借款合同中约定的罚息、复息、其他费用及律师代理费是否能被支持

——民间融资中心有限公司诉林某金、朱某小额借款合同纠纷案

案情：2019 年 2 月 21 日，被告林某金、朱某与原告民间融资中心有限公司签订了《最高额保证合同》一份，约定：被告林某金、朱某自愿为被告朱某国自 2019 年 2 月 21 日起至 2020 年 2 月 20 日止，在原告处办理约定的各类业务实际形成的债务的最高余额 200 000 元及利息、服务费、逾期利息、复利、罚息、违约金、损害赔偿金及诉讼费、律师代理费、差旅费等债权人实现债权的一切费用提供担保等内容。2019 年 2 月 26 日，被告朱某国与原告民间融资公司签订《委托借款合同》一份，约定：借款金额为 150 000 元，借款期限自 2019 年 2 月 26 日起至 2019 年 8 月 27 日止，借款月利率为 5.85‰，逾期期间的罚息利率按月利率 2% 计算，并承担律师代理费等内容。2019 年 2 月 26 日，原告依约发放借款 150 000 元，约定借款到期日为 2019 年 8 月 27 日，月综合费率为 5.85‰。后被告朱某国未能按约还本付息，截至 2019 年 8 月 30 日，尚欠原告借款本金 140 000 元、利息 482.8 元；被告林某金、朱某亦未履行保证义务。另，原告为实现债权支付了律师代理费 3200 元。

原告向法院提出诉讼请求：被告朱某国返还原告借款 140 000 元及利息、罚息、律师代理费，被告林某金、朱某负连带责任。

一审法院判决：被告朱某国于判决发生法律效力之日起十日内返还原告民间融资服务中心有限公司借款本金 140 000 元，并支付前期利息 482.8 元及从 2019 年 8 月 31 日起至判决履行完毕之日止按月利率 2% 计算的罚息和律师代理费 3200

元（罚息、律师代理费总额以年利率 24% 为限）；被告林某金、朱某负连带责任。一审宣判后，当事人未上诉。该判决已生效。

分析：小额借款合同中约定的罚息、复息、其他费用及律师代理费均属于违约责任。不管使用哪种名称，贷款人在其提供的借款合同中约定的利率不得超出国家关于借款利率上限的规定。其中包括逾期罚息、复息、其他费用、律师代理费等。贷款人不得利用其在贷款时的优势地位以任何名义超出利率上限。否则，不管何种名目、以何种费用的理由，法院对超出利率上限部分都不予支持。

本案原、被告双方订立的委托借款合同、最高额保证合同应为合法有效。被告朱某国在借款后未按约归还借款及利息，应当依法承担违约责任，即支付按照逾期利率计算的罚息、律师代理费。但逾期利率与律师代理费总和以年利率 24% 为限。虽然法院既支持了原告主张的逾期罚息，又支持了原告主张的律师代理费，但是对两项之和作出限制——不得超出年利率 24%，对超出部分不予支持。

【风险提示】

2020 年最高人民法院对《关于审理民间借贷案件适用法律若干问题的规定》进行了修正，该司法解释于 2020 年 8 月 20 日施行后，对于未付的利息、罚息、复息及其他费用，不管民间借贷纠纷，还是金融借款合同纠纷，或是信用卡纠纷，均不得超出合同成立时一年期贷款市场报价利率的四倍。法律对各类市场主体都平等对待。

问题 3：小额借款合同纠纷中，未签名的借款人配偶是否应当承担偿还责任？

【解答】

未签名的借款人配偶是否应当对其未签名的小额借款承担共同偿还责任，取决于该借款是否属于家庭生活日常需要、是否用于共同生产、生活。不能仅凭其是小额借款合同纠纷就认定相关借款为家庭生活日常需要，应当根据案件的借款金额，以及与家庭生活、共同生产的关系来确定。

【法律规定速查】

◎ 民法典新规

第一千零六十四条 夫妻双方共同签名或者夫妻一方事后追认等共同意思表示所负的债

务，以及夫妻一方在婚姻关系存续期间以个人名义为家庭日常生活需要所负的债务，属于夫妻共同债务。

夫妻一方在婚姻关系存续期间以个人名义超出家庭日常生活需要所负的债务，不属于夫妻共同债务；但是，债权人能够证明该债务用于夫妻共同生活、共同生产经营或者基于夫妻双方共同意思表示的除外。

问题4：小额借款合同纠纷中，债权人是否在保证期间内对担保人行使保证权利的举证责任应当由哪方承担？

【解答】

由于贷款方式为信用贷款，因此在小额借款合同纠纷中大多存在担保人。担保人只在保证期间内对债权人负有保证责任，超出该期间担保人的保证责任即消灭。债权人在超出保证期间后起诉主张债权的，应当就其已在保证期间内行使过保证权利承担举证责任。否则，人民法院将依法推定其未行使，并对其相应的诉讼请求不予支持。

【案例】

债权人应当就其已在保证期间内行使过保证权利承担举证责任

——聚某小额贷款有限公司诉赵某红、赵某、骆某霞小额借款合同纠纷案

案情：2010年4月2日，被告赵某红、赵某、骆某霞与原告聚某小额贷款有限责任公司（以下简称聚某公司）签订保证担保借款合同，约定：赵某红向聚某公司借款200 000元用于进货；借款期限为2010年4月2日至2010年10月2日；借款利率（月利率）30‰；赵某、骆某霞为该笔借款提供担保，保证方式为连带责任保证；保证期间为借款到期日两年，保证期间为展期到期日起两年及保证范围、展期等内容。合同签订后，原告聚某公司向被告赵某红提供借款200 000元。被告赵某红借款后，向原告聚某公司支付利息至2014年3月2日，借款本金200 000元及其他利息未予偿还。

另，中国人民银行2008年12月23日发布的人民币贷款基准月利率为

4.05‰，此利率的4倍为16.2‰。

原告聚某公司请求判令：被告赵某红偿还原告借款本金200 000元及利息，被告赵某、骆某霞承担连带偿还责任。

被告赵某红、赵某、骆某霞未作答辩。

一审法院审理认为，原告聚某公司与被告赵某红、赵某、骆某霞签订的保证担保借款合同，系有效合同。被告赵某红应当按照中国人民银行发布的贷款基准利率的4倍，即月利率16.2‰给付原告聚某公司利息。原告聚某公司未提供证据证实其在保证期间内向被告赵某、骆某霞主张了保证权利，故被告赵某、骆某霞不承担保证责任，原告聚某公司应当对此承担举证不能的法律后果。判决：一、被告赵某红于本判决生效之日起十日内，偿还原告聚某小额贷款有限责任公司借款本金200 000元及利息（从2014年3月3日起至实际付款之日止，按照月利率16.2‰计算）。二、被告赵某、骆某霞不承担责任。现该判决已生效。

分析：第一，关于贷款利率过高的问题。我国法律规定，借贷的利率最高不得超过中国人民银行公布的同类贷款利率的4倍，超出此限度的，对超出部分的利息不予保护。

据一审法院审明查明，中国人民银行2008年12月23日发布的金融机构人民币贷款基准利率6个月内的年利率为4.86%，经换算后月利率为4.05‰，此利率的4倍为16.2‰。原、被告约定的月息30‰显然超出了法律关于民间借贷利率不得超过银行同类贷款利率4倍的规定。因此，一审法院支持了原告16.2‰的利息主张，对于超出该上限的利息不予支持。

第二，关于保证人责任的问题。本案的保证方式为连带责任保证。《担保法》第26条第2款规定："在合同约定的保证期间和前款规定的保证期间，债权人未要求保证人承担保证责任的，保证人免除保证责任。"（《民法典》第693条第2款）

本案的担保保证借款合同约定，保证期间为展期到期日起两年，即2010年10月2日至2012年10月2日。债权人聚某公司应当在该期间内对保证人行使保证权利。但原告聚某公司未提供证据证实其在保证期间内向被告赵某、骆某霞主张了保证权利。依照民事诉讼证据的相关规定，该举证不能的不利后果应由聚某公司承担。故法院推定聚某公司未在保证期间内对担保人赵某、骆某霞行使保证权利，担保人赵某、骆某霞得以免除保证责任。

【风险提示】

不同于诉讼时效制度，保证期间问题即使纠纷当事人未作抗辩，人民法院也应对此主动依法审查，并在查明事实的基础上对保证责任作出依法裁判。因此，本案一审法院在担保人未作抗辩的情况下，仍然审查了涉案的保证期间问题。

【法律规定速查】

◎ 民法典新规

第六百九十三条 一般保证的债权人未在保证期间对债务人提起诉讼或者申请仲裁的，保证人不再承担保证责任。

连带责任保证的债权人未在保证期间请求保证人承担保证责任的，保证人不再承担保证责任。

第六百九十四条 一般保证的债权人在保证期间届满前对债务人提起诉讼或者申请仲裁的，从保证人拒绝承担保证责任的权利消灭之日起，开始计算保证债务的诉讼时效。

连带责任保证的债权人在保证期间届满前请求保证人承担保证责任的，从债权人请求保证人承担保证责任之日起，开始计算保证债务的诉讼时效。

第四章 农村房屋法律纠纷

第一节 导 读

一、农村房屋法律纠纷的概念与基本原则

农村房屋法律纠纷是指农村居民因农村房屋的所有、占有、使用、收益及处分而产生的法律纠纷。农村房产是村民的重要财产，因农村房产产生的纠纷也属于农村法律纠纷的重要方面。

处理农村房屋法律纠纷时，必须遵循以下原则：

（一）物权法定原则

农村房产属于不动产物权，因而农村房产必须受到物权法定原则的调整。即房产物权的种类和内容必须由法律规定。当事人不得随意设立房产的物权种类和内容。此外，在农村房产进行物权变动时也必须遵循法定程序。

（二）专属管辖原则

农村房产属于不动产，因不动产物权的权利确认、分割、相邻关系产生的物权纠纷，以及涉及农村房屋的租赁合同纠纷、建设工程施工合同纠纷、房屋买卖合同纠纷均属于不动产专属管辖的范围。

二、农村房屋法律纠纷的类型

在司法实践中，农村房屋法律纠纷往往集中在以下三大类型：

（一）农村房屋共有纠纷

农村房屋共有纠纷指两个以上的村民、法人或其他组织对同一处房产共同享有所有权、用益物权或者担保物权。共有体现在权利主体上的多元性，以及权利客体上的单一性。将农村房屋共有纠纷细分，可分为：农村房屋共有权确认纠纷、农村房屋共有物分割纠纷、农村房屋的共有人优先购买权纠纷。

（二）农村建房施工合同纠纷

农村建房施工合同是指农村建房人与施工人为了建设农村房屋而订立的关于建房人与施工人各自权利义务的合同。农村建房施工合同纠纷就是指在上述合同履行过程中建房人与施工人产生的法律纠纷。在各地的司法实践中，一种观点将农村建房合同纠纷归类于建设工程合同纠纷，另外一种观点将其归类于承揽合同纠纷。事实上，农村建房施工合同纠纷是关于建设工程合同的承揽纠纷。因此，当法律没有对建设工程合同特别规定的，就应当适用承揽合同的法律规定。

（三）农村房屋租赁合同纠纷

农村房屋租赁合同是指由出租人将农村房屋交付承租人使用、收益，承租人定期支付房屋租金，并于合同终止时将所租的房屋完好地归还出租人的合同。农村房屋租赁合同纠纷是指在订立、履行、变更、终止上述合同过程中产生的法律纠纷。

三、相关法律规定

1.《中华人民共和国民法典》（2020 年 5 月 28 日）；

2.《中华人民共和国物权法》（2007 年 3 月 16 日）；

3.《中华人民共和国婚姻法》（2001 年 4 月 28 日）；

4.《中华人民共和国合同法》（1999 年 3 月 15 日）；

5.《最高人民法院关于适用〈中华人民共和国物权法〉若干问题的解释（一）》（法释〔2016〕5 号　2016 年 2 月 22 日）。

第二节　共有权确认纠纷

问题 1：子女对父母建房出资出力的，能否对该房屋主张共有权？

【解答】

子女对家庭建房的出资出力均视为对父母的帮助行为；子女赡养父母系子女

应尽的义务，其赡养父母时给父母的赡养费不能作为对建房的出资。子女不得据此对该房屋主张共有权。

【案例】

子女对父母建房的出资出力不能作为对建房的出资

——白某琴等五原告诉白某海等七被告共有权确认纠纷案[①]

案情：白某元与李某珍系夫妻关系，婚后生有子女七人。白某元于1988年10月死亡，1990年3月13日被注销户籍，李某珍于2006年11月10日死亡。

位于北京市丰台区长辛店镇某家峪村某号院系白某元祖辈留下的宅基地。后由白某元和李某珍及子女共同居住。该院落后形成三个院落，北部分为东西两院，经勘验：东院有北房5间、西房4间、东房4间、北房与东西房之间走道东西侧各1间、院外北侧南房2间；西院有北房8间、南房4间、院东侧东房3间、院东侧西房3间；南部为1个院落，原告不要求处理。

五原告请求判令：确认五原告对讼争房产具有共有权，并析出其份额。

一审法院判决：驳回原告的诉讼请求。

二审法院认为，不动产或者动产可以由两个以上单位、个人共有。共有包括按份共有和共同共有。位于北京市丰台区长辛店镇某家峪村某宅基地东院及中院的原使用权人为白某元的七个子女参加工作后结婚前，其七个子女对家庭建房的出资出力均视为对父母的帮助行为；其七个子女婚后赡养父母系子女应尽的义务，子女给父母的赡养费不能作为对建房的出资。故五原告主张其对建房有出资，应当析出其份额，一审法院不予支持，是正确的。判决：驳回上诉，维持原判。

分析：在父母建房时，子女都会出资出力。所建房屋是否属于父母与子女共同共有？这要分析子女出资出力的性质。父母建房，子女出资出力的目的和初衷是为了赡养父母、帮助父母。其在出资出力时的意思并非以共同共有的意思出资出力的。

本案中，白某元与李某珍在北京市丰台区长辛店镇某家峪村祖辈留下的宅基地上建房。七个子女在建房过程中出资出力协助建房。但是七原告在协助过程中的意思并非要与父母共享房屋所有权。其意思应为赡养、帮助、协助父母建造房

---

① 参见北京市丰台区人民法院民事判决书，（2019）京0106民初8335号。

屋。换言之，子女并非以共有人的身份出资出力的，而是以协助、赡养父母的意思建造。因此，七原告不得据此对上述房屋主张共有权。

【风险提示】

如果子女与父母合资买房的，此时子女具有共同共有的意思，所买房屋应推定为共同购买，子女享有共有权。

问题 2：集体土地房屋建造人能否以讼争房屋系其一人建造为由，否认户内家庭其他成员的共有权？

【解答】

集体土地房屋在建房用地申请、审批时，申请审批手续会载明户内人员名字。换言之，建房用地审批并非仅为个人单独审批，而系以户进行审批。即使建房用地是以旧换新，即使建房是建造人一人所造，但户内其他成员依然有权对该房屋主张共有权。在确认共有权份额时，应考虑建造人的贡献，酌情提高其份额比例。

【案例】

集体土地房屋建造人不能否认户内家庭其他成员的共有权
——林某诉李某、陈某 1 共有权确认纠纷案[①]

案情：原告林某与陈某 2 于 2000 年登记结婚，被告李某、陈某 1 系陈某 2 的父母。2000 年，被告李某户以其为户主，以家庭在册人口 3 人的名义申请建房，后被告于 2003 年建成案涉房屋。被告李某以其个人名义办理了案涉房屋的不动产权属登记。原告林某与陈某 2 于 2004 年 5 月 10 日登记离婚。2012 年 2 月 22 日，陈某 2 死亡。

原告林某请求判令：确认林某对讼争房产享有共有权。

一审法院经审理后判决：一、坐落于莲都区的房屋由原告林某享有 1/6 的产权份额；二、驳回原告林某的其他诉讼请求。

二审法院认为，案涉房屋的土地性质是集体土地，房屋申请审批时在《私人建房用地呈报表》和《城关镇个人建房申请报告单》上明确载明户内人员为李某、

① 参见浙江省丽水市莲都区人民法院民事判决书，（2018）浙 1102 民初 3718 号。

陈某2和林某，在册农业人口为3人，且在案涉建房用地审批时李某并非仅为个人单独审批，而系以户进行审批。且案涉房屋系2003年建成，被上诉人林某已依法取得案涉房屋的共有权，现上诉人李某主张案涉房屋系其一人所有，依据不足，法院不予支持。一审法院考虑被上诉人林某对案涉房屋未出资、出力的情况，酌定其享有案涉房屋1/6份额，并无不当，予以维持。判决：驳回上诉，维持原判。

分析：一人建造的房屋并不等于一人拥有。判断集体土地上的房屋所有权还应考量建房审批时核准的户内人员。本案讼争房屋的土地性质是集体土地。集体土地在建房时需要申报、核准户内居住人口。经批准的宅基地是供户内人员共有使用的。

本案讼争房屋申请审批时在《私人建房用地呈报表》和《城关镇个人建房申请报告单》上明确载明户内人员为李某、陈某2和林某，在册农业人口为3人。且在涉案建房用地审批时李某并非仅为个人单独审批，而系以户进行审批。此外，本案讼争房屋在2003年建成。此时是林某与陈某2夫妻关系存续期间。该房产的部分产权份额应归林某与陈某2共有。因此，林某是本案讼争房屋所有人已确定。建造人李某不得以房屋为其一人所建否认其他户内人员的共有权。

【风险提示】

当农村宅基地上的房屋在权利主张人婚前审批与建造。此时，权利主张人并非宅基地建房申请户的户内人员，不得对所建房屋主张共有权。

问题3：房产确权协议约定的所有权人与不动产登记簿登记的所有权人不一致的，房产所有权应当如何确认？

【解答】

房屋虽然登记在一方当事人名下，但该不动产登记簿只具有推定的证据效力。其他当事人按房产确权协议主张房产所有权约定的份额，应当确认其对不动产所有权份额。

【案例】

不动产登记簿中的房屋所有人不得否认其他房产共有人的共有份额

——李某 1 诉刘某 1、刘某 2 共有权确认纠纷案①

案情：原告李某 1 与被告刘某 1 系母子关系，二被告原系夫妻关系，于 2014 年 2 月 24 日离婚。2008 年 11 月 28 日，二被告在婚姻关系存续期间向原告借款 16 万元购买了位于某市的 ×× 号房屋。之后，因二被告未偿还借款，原告于 2009 年 10 月向某市法院起诉要求二被告予以偿还。后因双方和解撤诉。双方于 2009 年 11 月 12 日达成协议，二被告用房屋 50% 的产权抵偿所欠原告 16 万元的债务。2011 年 10 月 15 日，原、被告双方再次签订《补充协议书》，约定原告对房屋享有 50% 的产权，二被告占 50% 的产权，并同时约定待房屋按揭款支付完毕后，即办理产权变更手续。之后，原告共计支付 40 余万元。

原告请求判令：位于 ×× 号房屋由原告李某 1 享有 50% 的产权，被告刘某 1、刘某 2 享有 50% 的产权。

一审法院认为，原、被告签订的两份协议，均系双方真实意思表示，且不违背法律禁止性规定，合法有效，且原告在签订补充协议之后，积极履行自己的房款支付义务，并已履行完毕。判决：位于某市的 ×× 号房屋由原告李某 1 享有 50% 的产权，被告刘某 1、刘某 2 享有 50% 的产权。

二审法院认为，上诉人刘某 2、被上诉人刘某 1 与被上诉人李某 1 在 2009 年 11 月 12 日签订的协议中明确了刘某 1 和刘某 2 用房屋 50% 的产权抵偿所欠李某 16 万元的债务。在 2011 年 10 月 15 日补充协议中又明确约定："该房屋实际由甲方和乙方按所占的比例按份共有。"可见，涉案房屋虽尚登记在刘某 2 和刘某 1 名下，但该不动产登记簿只具有推定的证据效力，在《补充协议》中双方已经对房屋产权按份共有和办理产权登记事项进行了明确约定。一审判决认定事实清楚，适用法律正确，予以维持。判决：驳回上诉，维持原判。

分析：不动产登记簿只是具有推定的效力，该簿登记的所有权人只是推定的所有权人。不动产的实际产权可能与不动产登记簿所登记的不一致。

本案中，原、被告于 2009 年 11 月 12 日达成协议：二被告用房屋 50% 的产

① 参见重庆市九龙坡区人民法院民事判决书，（2014）九法民初字第 06617 号。

权抵偿所欠原告16万元的债务。2011年10月15日，双方再次签订《补充协议书》，约定原告对房屋享有50%的产权，二被告占50%的产权。两份协议均是双方的真实意思表示，对双方具有约束力。原、被告对讼争房屋的实际产权已作了约定、划分。虽然该产权比例未经登记，但是上述约定对双方均有约束力，双方亦应按此协议享有讼争房屋的产权。法院据此确认原告以讼争房屋享有50%的产权，未违反物权法的规定。

【风险提示】

未登记在不动产登记簿中的实际产权人应当积极办理不动产登记。未办理不动产登记的，不得对抗善意第三人。

问题4：共有人否认不动产登记簿登记的共有权份额，但未能提供证据证明，该登记的份额是否具有推定效力？

【解答】

当共有人否认不动产登记簿登记的共有权份额、却未能提供证据证明时，不动产登记簿登记的共有权份额具有推定效力。即应推定不动产登记簿登记的共有权份额为当事人的真实意思表示。

【案例】

不动产登记簿登记的共有权份额具有推定的法律效力

——李某1诉魏某、李某2共有权确认纠纷案[①]

案情：李某1与魏某于1989年11月登记结婚，婚后育有一子李某2，现已成年。2013年5月，魏某与李某1离婚。2009年7月5日，魏某、李某2作为买受人与某房地产开发有限公司作为出卖人签订了《商品房现房买卖合同》，约定魏某、李某2购买某号房屋，买受人应以商业按揭贷款方式支付部分房款。2009年6月14日，魏某、李某2作为债务人，某银行作为债权人签订了《购房抵押（保证）借款合同》，约定主债务人（抵押人）为魏某、李某2，共同债务人为李某1，抵押物共有人（抵押人）李某1。合同末页，李某2、魏某在主债务人（抵

① 参见北京市第三中级人民法院民事判决书，(2019)京03民初243号。

押人）处签字，李某1在共同债务人及抵押物共有人（抵押人）处签字。2010年2月1日，某号房屋在某市房屋管理局办理所有权登记，房屋所有权人为李某2、魏某，共有情况为按份共有，李某2共有份额为90%，魏某共有份额为10%。房屋交付后，由李某2实际居住使用。

原告李某1请求判令：确认李某1对讼争房产享有共有权，并析出其份额。

一审法院认为，李某1对于购买涉案房屋及签订《个人购房抵押（保证）借款合同》的情况均知情，其对于后续所有权登记情况理应知情，但其在离婚诉讼之前从未对房屋所有权登记情况提出异议，应视为对登记情况的认可。结合1901号房屋的购买情况、登记情况及实际使用情况，讼争房屋的所有权登记情况系各方的真实意思表示，可依该登记确认某号房屋的真实权利状态。登记在魏某名下10%的所有权份额应为夫妻共同财产。判决：确认某市某处某号房屋，李某1享有5%的所有权份额，魏某享有5%的所有权份额，李某2享有90%的所有权份额。二审法院维持了一审判决。

分析：不动产登记簿登记的内容具有推定的效力。在当事人均无法提供证据证明不动产登记簿登记的内容非不动产权人真实意思表示时，人民法院应当依法推定不动产登记簿登记的该内容意思表示真实。其中登记的不动产份额对各方具有推定效力。

具体到本案，涉案房屋购买于李某1、魏某婚姻关系存续期间，其中90%所有权份额登记在李某2名下，10%份额登记在魏某名下。虽然李某1主张仅赠与李某2的10%的份额，魏某、李某2主张赠与李某2全部的份额。但是对上述主张，双方均未能提交有效证据予以证明。李某1对于购买涉案房屋及签订《个人购房抵押（保证）借款合同》的情况均知情，其对于后续所有权登记情况理应知情，但其在离婚诉讼之前从未对房屋所有权登记情况提出异议，应视为对登记情况的认可。在此基础上，涉案房屋的所有权登记情况应推定为各方的真实意思表示，可依该登记确认某号房屋的真实权利状态。

另外，现无证据表明双方对于该房屋存在夫妻财产约定，根据夫妻财产法定共同制的原则，登记在魏某名下10%的所有权份额应推定为夫妻共同财产。

【风险提示】

不动产的共有人如对共有份额与不动产登记簿登记的份额不一致时，应以书面形式或其他可靠形式予以固定。否则，不动产登记簿登记的内容具有推定效力。

第三节 房产分割纠纷

问题 1：房产分割有几种方式？分割过程应遵循哪些原则？

【解答】

房产分割有三种方式：实物分割、折价分割及拍卖、变卖分割。一般而言，房产分割应按照下列顺序选择：（1）共有人能够协商一致的，按共有人协商的方式分割；（2）在不减损房产价值的前提下，可进行实物分割；（3）由部分共有人将其所有权份额折价给其他共有人，从而折价分割房产；（4）拍卖、变卖分割，即将房产拍卖、变卖，各共有人对所得价款进行分割。

【案例】

不动产共有权可通过拍卖、变卖的方式进行分割
——孙某 1 诉孙某 2 共有纠纷案①

案情：广州市 ×× 号《不动产权证书》记载：×× 号 ×× 房产由孙某 1 与孙某 2 各占有 1/2 产权份额；建筑面积 ××× 平方米；孙某 2 占有的 1/2 产权份额为房改售房，房款付清。涉案房屋现由孙某 2 居住。

原告孙某 1 请求判令：对孙某 1 与孙某 2 共有的广州市 ×× 街 ×× 号房屋进行分割。

根据孙某 1 的申请，原审法院委托了某房地产测绘院对涉案房屋进行了测绘。之后，孙某 2 表示：孙某 1 占有东边部分，孙某 2 占有西边部分。孙某 1 不同意孙某 2 的分割方案。

鉴于孙某 1、孙某 2 对涉案房屋进行实物分割无法达成一致意见，孙某 1 表示可通过购买孙某 2 的产权份额进行析产，但孙某 2 表示不同意出售其产权份额。

鉴于孙某 2 表示不同意出售其产权份额，孙某 1 表示可将涉案房屋进行拍卖、

① 参见广东省广州市越秀区人民法院民事判决书，（2016）粤 0104 民初 42077 号。

变卖，双方分割取得的价款，但孙某2表示涉案房屋是其唯一居住用房，拍卖、变卖涉案房屋后其没有房屋居住。孙某1表示：孙某2是香港特别行政区居民，不存在涉案房屋是其唯一住房的问题。

一审法院认为：共有物分割方式有三种，一为实物分割，二为折价分割，三为对共有物拍卖、变卖取得的价款予以分割。关于实物分割方式，因孙某1、孙某2对具体取得涉案房屋的哪一部分未能达成一致意见，故无法对涉案房屋作实物分割。至于折价分割方式，因孙某2表示不同意出售其产权份额，如强令孙某1购买孙某2的产权份额，难免会激化双方之间的矛盾，不利于纠纷的解决。综合比较后以第三种方式对涉案房屋进行析产分割最为适宜。判决：孙某1与孙某2共同将共有的广州市××街××号房屋予以拍卖或变卖，所得价款由孙某1与孙某2各占有1/2。二审法院判决：驳回上诉，维持原判。

分析：根据《物权法》第100条第1款（《民法典》第304条第1款）的规定，共有物分割有三种方式：实物分割、折价分割及拍卖、变卖分割。具体适用何种方式分割，应当结合具体案情而定。

具体到本案，法院在房产分割时，亦穷尽了其他各种方式，最后在无其他更优方式的情况下，采取了拍卖、变卖分割。（1）实物分割，即对房屋进行分割。孙某2提议：孙某1占有东边部分，孙某2占有西边部分。但孙某1不同意孙某2的分割方案。（2）折价分割，通过将共有人份额折价的办法进行分割。孙某1表示，可通过购买孙某2的产权份额进行析产，但孙某2表示不同意出售其产权份额。（3）拍卖、变卖分割，即将房产拍卖、变卖，共有人对所得价款进行分割。孙某1表示，可将涉案房屋进行拍卖、变卖，双方分割取得的价款。但孙某2表示涉案房屋是其唯一居住用房，拍卖、变卖涉案房屋后其没有房屋居住。在原、被告双方协商不成的情况下，一审法院不得已采取了拍卖、变卖分割方式。这种方式是兜底性分割方式，在无其他更好方式的情况下可采取该种方式。即将讼争的孙某1与孙某2共同共有的涉案房屋予以拍卖或变卖，所得价款由孙某1与孙某2各占有1/2。

【风险提示】

当事人不得以讼争房屋系其唯一住房抗拒房产分割。因为拍卖、变卖分割共有权后，房产所得价款能够保障当事人居住的权利。

问题 2：房产分割协议中约定卖房后再支付共有份额折价款的，但房产一直未出卖，相对方是否能主张其支付折价款？

【解答】

对履行期限约定为“卖房后归还”，应视为对合同的履行期限约定不明，根据《合同法》第 62 条第 4 项（《民法典》第 511 条第 4 项）的规定，履行期限不明确的，债务人可以随时履行，债权人也可以随时要求履行，但应当给对方必要的准备时间。

【案例】

房产分割协议中约定的“卖房后归还”应视为对履行期限约定不明

——惠某诉宋某共有物分割纠纷案①

案情：原、被告原系情侣关系，二人为结婚共同购买了位于原胶南市大连路 ×× 号楼 ×× 号房产。该房产总价款为 410 000 元。在办理购买房产事宜及商业贷款时均以被告宋某的名义办理。二人分手后，原、被告双方共同签订一份协议，内容为“惠某与宋某合买一处房，地址：×× 路 ×× 帝邦帝海 ×× 楼 ×× 号房产，惠某付首付 15 万元，卖房后女方付男方 15 万元”。后原告向被告发出催款律师函。上述房产被告仍未卖出。

原告惠某请求判令：被告宋某偿还原告房屋分割折价款 150 000 元及利息。

一审法院判决：一、被告宋某偿还原告 141 957. 39 元及利息；二、驳回原告的其他诉讼请求。

二审法院认为，本案的纠纷并非民间借贷纠纷，而是共有物（房产）分割纠纷。双方当事人协议对共有房产进行了分割，应当遵守该协议的约定。关于协议的履行问题。双方签订的协议约定由上诉人给付被上诉人款项，但对履行期限约定为“卖房后归还”，应视为对合同的履行期限约定不明，根据《合同法》第 62 条第 4 项的规定，履行期限不明确的，债务人可以随时履行，债权人也可以随时要求履行。原审判决认定事实清楚，判决结果正确，应予维持。判决：驳回上诉，维持原判。

---

① 参见山东省青岛市黄岛区人民法院民事判决书，（2016）鲁 0211 民初 5221 号。

分析：本案基础法律关系是共有权（房产）分割关系。当事人为此签订了分割协议。该协议系双方的真实意思表示，应为有效。双方争执的焦点在于何时偿还所欠的价款。

按照分割协议，被告应在“卖房后归还”。但是分割协议签订两年后，被告宋某仍未卖房。不排除被告并无卖房意思的可能。若其以此抗辩支付欠原告的价款，那么原告的债权将无法实现。这样显然违背了诚信原则与公平原则。从所附条件来看，该条件并不客观、自然，是受债务人意志支配的条件；从所附期限看，该履行期限并未约定具体日期。因此，该条款应视为对履行期限约定不明。依照《合同法》第62条规定，对履行期限约定不明的，债权人可随时要求履行。宋某在房产分割后，本着诚信原则，尽早偿还惠某房产折价款。一审、二审均支持了上述观点。

【风险提示】

在折价分割房产时，应将折价款的付款期限约定明确。附条件支付的，所附条件应具有客观性，不易受到债务人主观因素的干扰。

【法律规定速查】

《中华人民共和国合同法》（1999年3月15日）

第六十二条 当事人就有关合同内容约定不明确，依照本法第六十一条的规定仍不能确定的，适用下列规定：

（一）质量要求不明确的，按照国家标准、行业标准履行；没有国家标准、行业标准的，按照通常标准或者符合合同目的的特定标准履行。

（二）价款或者报酬不明确的，按照订立合同时履行地的市场价格履行；依法应当执行政府定价或者政府指导价的，按照规定履行。

（三）履行地点不明确，给付货币的，在接受货币一方所在地履行；交付不动产的，在不动产所在地履行；其他标的，在履行义务一方所在地履行。

（四）履行期限不明确的，债务人可以随时履行，债权人也可以随时要求履行，但应当给对方必要的准备时间。

（五）履行方式不明确的，按照有利于实现合同目的的方式履行。

（六）履行费用的负担不明确的，由履行义务一方负担。

◎ 民法典新规

第五百一十一条　当事人就有关合同内容约定不明确，依据前条规定仍不能确定的，适用下列规定：

（一）质量要求不明确的，按照强制性国家标准履行；没有强制性国家标准的，按照推荐性国家标准履行；没有推荐性国家标准的，按照行业标准履行；没有国家标准、行业标准的，按照通常标准或者符合合同目的的特定标准履行。

（二）价款或者报酬不明确的，按照订立合同时履行地的市场价格履行；依法应当执行政府定价或者政府指导价的，依照规定履行。

（三）履行地点不明确，给付货币的，在接受货币一方所在地履行；交付不动产的，在不动产所在地履行；其他标的，在履行义务一方所在地履行。

（四）履行期限不明确的，债务人可以随时履行，债权人也可以随时请求履行，但是应当给对方必要的准备时间。

（五）履行方式不明确的，按照有利于实现合同目的的方式履行。

（六）履行费用的负担不明确的，由履行义务一方负担；因债权人原因增加的履行费用，由债权人负担。

问题 3：原房产共有人能否以其未签名否认其长期履行的房产分割协议的效力？

【解答】

原房产共有人在房产分割协议中未签名，不等于其对房产协议不知情、不认可。如果原房产共有人虽在房产分割协议中未签名，但其明知房产分割协议内容，且长期遵守该分割协议，应视为其以实际行动认可并履行该分割协议。因此，原房产共有人不得以此为由否认房产分割协议的效力。

【案例】

共有人明知且长期遵守房产分割协议的，应视为以实际行动认可并履行了该协议

——刘某诉袁某1、袁某2、袁某3继承纠纷案[①]

案情：2003年，袁某某与刘某将涉案两套房产通过分家的形式赠与袁某3、袁某1，且实际也一直按照该房产分割协议书履行。2004年，袁某某与刘某起诉袁某3索要赡养费，其民事起诉状中载明：经全家协商订立了房产分割协议等。后刘某代表其与袁某某撤回该起诉。

2018年，再审申请人刘某因与被申请人袁某1、袁某2、袁某3继承纠纷一案，不服河北省唐山市中级人民法院（2017）冀02民终××号民事判决，向河北省高级人民法院申请再审，主张该房产分割协议书无效。

再审法院认为，袁某某与刘某于2004年起诉袁某3索要赡养费时诉状中明确写明经全家协商订立了房产分割协议，且在该案中是刘某代表其与袁某某撤诉，故刘某主张其不知情原审法院不予采信并无不妥。因袁某某与刘某在2003年已经将涉案两套房产通过分家的形式赠与袁某3、袁某1，且实际也一直按照该房产分割协议书履行，故刘某主张该房产分割协议书无效且要求继承涉案房产的1/4份额理据不足，原审法院不予支持并无不当。裁定：驳回刘某的再审申请。

分析：房产分割协议属于合同，应当是合同当事人的真实意思表示。各方当事人意思表示一致时便订立了合同。有效的合同对合同当事人均有约束力，各方均应遵守和履行，不得随意变更、终止或反悔。

本案中，虽然申请人刘某在涉案房产分割协议上未签名，但是这并不等于其对该协议不知情。袁某某与刘某于2004年起诉袁某3索要赡养费时诉状中明确写明经全家协商订立了房产分割协议，且在该案中是刘某代表其与袁某某撤诉的。这充分证明刘某明知涉案房产分割协议的内容。在此基础上，刘某实际上一直按照该房产分割协议书履行协议内容，表明刘某以实际行动认可了涉案的房产分割协议，这也是刘某真实意思表示的方式之一。因此，虽然房产分割协议中刘某未签名，但是涉案协议当事人均表示了认可意思，涉案协议已达成。涉案房产分割协议未违反法律、行政法规的禁止性规定，为合法有效。涉案房产已分割。再审

---

① 参见河北省唐山市中级人民法院民事判决书，（2017）冀02民终7520号。

申请人刘某不得主张涉案房产分割协议无效。

【风险提示】

房产分割协议属于涉及重要财产的合同。此类合同应以书面形式订立，并交各方当事人签名确认。确实无法签名的当事人可在合同落款处通过捺印确认，以此避免日后因合同成立产生争议。

第四节　共有人优先购买权纠纷

问题 1：共有关系解除后能否对未划分的同一块宅基地主张优先购买权？

【解答】

优先购买权行使的前提条件是存在共有关系和租赁关系，如果不存在上述法律关系，即使优先权主张人与讼争土地原属同一块宅基地，也不得就此主张优先购买权。

【案例】

共有关系解除后原共有人无权主张优先购买权
——冯某生诉冯某碧共有人优先购买权纠纷案[1]

案情：冯某生、冯某碧系兄弟关系。1979 年 1 月 1 日，冯某生、冯其碧两兄弟进行分家析产，分家时签订有分单。2017 年 8 月 14 日，冯某碧（甲方）与石某岭（乙方）签订农村宅基地买卖合同，约定："甲方自愿将坐落在凤泉区耿黄乡 ×× 宅基地出售给乙方。成交价为人民币 28 000 元。" 2017 年 8 月 16 日，冯某碧（甲方）与石某平（乙方）、石某岭（丙方）签订协议书，约定："甲方自愿将自己所拥有的坐落在新乡市凤泉区耿黄乡 ×× 宅基地及其上面的房屋、树木等所

① 参见河南省新乡市凤泉区人民法院民事判决书，(2018) 豫 0704 民初 905 号。

有财产性权益一并转让给乙方；甲乙双方议定总价款为人民币叁万元。”

原告冯某生请求判令：原告对凤泉区耿黄乡 ×× 宅基地享有优先购买权。

一审法院判决：驳回冯某生的诉讼请求。

二审法院认为，冯某生与冯某碧对其家庭共有的宅基地使用权已于 1979 年以分家协议的形式进行了分割，双方对此均无异议。冯某碧据此享有对案涉宅基地及其上财产性权益的处分权，冯某生在双方对宅基地使用权进行分割后，对冯某碧所使用的宅基地不再享有共有权，故其主张优先购买权无法律依据，不予支持。一审判决认定事实清楚，适用法律正确，应予维持。判决：驳回上诉，维持原判。

分析： 优先购买权，是指特定人依照法律规定或合同约定，在出卖人出卖标的物于第三人时，享有的在同等条件下优先于第三人购买的权利。优先购买权行使的前提条件是存在共有关系和租赁关系，如果不存在上述法律关系，就不存在优先购买权的问题。

1979 年 1 月 1 日，冯某生、冯某碧两兄弟进行分家析产，分家时签订有分单。上述事实表明，双方在签订分家协议后数十年间，也均按照协议分割的方式对各自划分的宅基地进行了占有并使用，虽然双方并未对宅基地使用权的流转情况在村集体进行登记，但鉴于案涉宅基地使用权至今并未进行权属登记。冯某生、冯某碧两兄弟对未划分的同一块宅基地事实上进行了分割。由此，双方对彼此的房屋及宅基地并不存在共有关系。

基于此，原告主张的优先购买权丧失了共有权这一根本性的基石。双方对彼此不动产不存在优先购买权。原告也不得以共有物优先购买权为由主张同等条件下优先购买讼争的宅基地。

【风险提示】

事实上已分割的同一块宅基地，即使未办理权属登记，也属于共有关系已解除。原共有权人不得对分割出的财产再主张优先购买权。

问题 2：部分共有人将财产整体出售时，其他共有人是否能主张优先购买权？

【解答】

共有人是对买卖共有物的财产份额享有优先购买权，而非对买卖共有财产享有优先购买权。当占三分之二以上按份共有人依照物权法规定的多数份额买卖整体出售共有物时，属于《物权法》第 97 条（《民法典》第 301 条）规定的按份共有人的处分权，其他共有人不得妨碍。

【法律规定速查】

《中华人民共和国物权法》（2007 年 3 月 16 日）

第一百零一条　按份共有人可以转让其享有的共有的不动产或者动产份额。其他共有人在同等条件下享有优先购买的权利。

◎ 民法典新规

第三百零五条　按份共有人可以转让其享有的共有的不动产或者动产份额。其他共有人在同等条件下享有优先购买的权利。

问题 3：共有人优先购买权的行使期间是多长时间？

【解答】

《最高人民法院关于适用〈中华人民共和国物权法〉若干问题的解释（一）》第 11 条规定："优先购买权的行使期间，按份共有人之间有约定的，按照约定处理；没有约定或者约定不明的，按照下列情形确定：（一）转让人向其他按份共有人发出的包含同等条件内容的通知中载明行使期间的，以该期间为准；（二）通知中未载明行使期间，或者载明的期间短于通知送达之日起十五日的，为十五日；（三）转让人未通知的，为其他按份共有人知道或者应当知道最终确定的同等条件之日起十五日；（四）转让人未通知，且无法确定其他按份共有人知道或者应当知道最终确定的同等条件的，为共有份额权属转移之日起六个月。"

【案例】

共有人优先购买权的对象及行使期限
——温某英、杜某 2 诉杜某 1、李某、杜某 3 共有人优先购买权纠纷案①

案情：张家口市下花园区花园乡戴家营村 ×× 号房屋及院落原由杜某苍及院某枝所有，因二人已去世，经张家口市下花园区人民法院于 2017 年 5 月 22 日作出的（2017）冀 0706 民初 83 号民事判决确定，由杜某 1 继承该房屋八分之五的

① 参见河北省张家口市中级人民法院民事判决书，（2018）冀 07 民终 1359 号。

份额，温某英、杜某 2、杜某 3 各继承该房屋八分之一的份额。2017 年 2 月 7 日，杜某 1 与李某签订《农村房屋买卖合同书》，双方约定杜某 1 将坐落于戴家营村（自建住宅）的房屋出售给李某，房屋成交价款为 18 万元。杜某 3 赞同杜某 1 将房屋出售给李某。合同签订后，双方履行了房屋交付及给付价款等合同义务，李某接收该房屋后已经在该院落内进行了翻修改建。

温某英、杜某 2 请求判令：二原告对讼争房屋享有优先购买权。

一审法院认为，共有人的优先购买权行使的前提是共有人出让其共有财产的份额，而本案中只存在共有人向李某出卖共有财产的事实，而不是出让抽象的财产份额。共有财产的出让在法律性质上不等同于共有财产份额的出让，《物权法》第 101 条只明确规定在出卖共有财产份额时才产生共有人的优先购买权。故，温某英、杜某 2 所主张的优先购买杜某 1、杜某 3 的 ×× 号房屋共有份额的请求缺乏事实依据，对该请求不予支持。判决：驳回原告温某英、杜某 2 对被告杜某 1、李某、杜某 3 的各项诉讼请求。

二审法院认为，上诉人主张优先购买权，《最高人民法院关于适用〈中华人民共和国物权法〉若干问题的解释（一）》第 11 条规定优先购买权的行使期间为 15 日，上诉人在排除妨碍一案中已于 2017 年 6 月 23 日知道杜某 1 处分涉案房屋事实，本案起诉时间为 2017 年 12 月 1 日，因此，上诉人主张优先购买权已过诉讼时效。一审判决正确，应予维持。判决如下：驳回上诉，维持原判。

分析：第一，关于优先购买权的对象。《物权法》第 101 条规定："按份共有人可以转让其享有的共有的不动产或者动产份额。其他共有人在同等条件下享有优先购买的权利。"（《民法典》第 305 条）依据上述法律规定，共有人是对转让的共有财产份额享有优先购买权。《物权法》第 97 条规定："处分共有的不动产或者动产以及对共有的不动产或者动产作重大修缮的，应当经占份额三分之二以上的按份共有人或者全体共同共有人同意，但共有人之间另有约定的除外。"（《民法典》第 301 条）当占份额三分之二以上的按份共有人将共有的财产出售的，属于《物权法》第 97 条规定的"处分"。这是按份共有权人的法定权利。其他按份共有人不得对共有财产主张优先购买权。

本案中，杜某 1 与李某的《农村房屋买卖合同书》在签订时尚未达到讼争房屋份额的三分之二。因为杜某 1 只占讼争房屋八分之五的份额。但合同签订后，该房屋买卖合同得到了占共有房屋八分之一的杜某 3 的赞同。至此，占份额三分之二以上的共有人已同意将讼争房屋出售给李某。并且李某也具有购买该宅基地房屋的资格。此时，涉案的房屋买卖合同并非买卖杜某 1 等的共有份额，而是对共有房屋的处分。温某英、杜某 2 作为讼争房屋的其他共有人不得主张优先购买权。

第二，关于优先购买权的行使期限。本案原告温某英、杜某 2 在 2017 年 6 月 23 日知道杜某 1 处分讼争房屋的，属于“知道最终确定的同等条件”。根据《最高人民法院关于适用〈中华人民共和国物权法〉若干问题的解释（一）》第 11 条规定，该二人提起优先购买权诉讼的时间为 2017 年 12 月 1 日，已远远超出了优先购买权的行使期限。因此，不管该二人是否享有讼争房屋的优先购买权，其都丧失了通过诉讼获得支持的胜诉权。据此，二审法院驳回了二人的上诉请求。

【风险提示】

按份共有人在主张优先购买权时，应当注意甄别共有人出售的是共有物份额，还是共有物。当出售的是前者时，其他共有人有权主张优先购买权。但当出售的是后者时，其他共有人不得主张优先购买权。

共有人在主张优先购买权时，应当尽早行使优先购买权，以免超出诉讼时效而丧失胜诉权。

【法律规定速查】

《中华人民共和国物权法》（2007 年 3 月 16 日）

第一百零一条 按份共有人可以转让其享有的共有的不动产或者动产份额。其他共有人在同等条件下享有优先购买的权利。

◎ 民法典新规

第三百零五条 按份共有人可以转让其享有的共有的不动产或者动产份额。其他共有人在同等条件下享有优先购买的权利。

问题 4：当不动产同时存在共有人优先购买权和承租人优先购买权时，哪个购买权优先?

【解答】

共有人优先购买权产生于共有人所有权关系之中，具有物权性质，而承租人优先购买权基于租赁关系产生，具有债权性质。根据物权优于债权的法理，共有人的优先购买权优于承租人的优先购买权。

【案例】

共有人优先购买权优先于承租人优先购买权

——殷某诉陈某1、陈某2承租人优先购买权纠纷案[1]

案情： × 号房屋原系余某所有。2013年9月，余某将该房屋50%份额赠与陈某1。2016年3月2日，陈某1作为陈某2的代理人与余某签订《房屋买卖合同》，约定余某将其名下的 × 号房屋50%产权转让给陈某2，转让价款为×××元。2016年3月4日，× 号房屋产权登记为陈某1、陈某2按份共有。

陈某1与陈某2系父女关系，上述余某将 × 号房屋50%产权份额售与陈某2的转让过户手续均由陈某1代为办理，购房款由陈某1实际出资。

2014年4月18日，张某代理陈某1（甲方）与殷某（乙方）签订《租房协议》，约定甲方将诉争房屋出租给乙方经营，租期三年，自2014年3月3日起至2017年4月17日止。

原告殷某请求判令：原告对讼争房产享有优先购买权。

一审法院认为，从有利于保护共有财产的角度出发，陈某1与陈某2父女共有 × 号房屋相较陈某1与原告共有该房屋，共有关系显然更加稳定，更有利于对陈某1财产的保护。而原告对诉争房屋使用的权利基于“买卖不破租赁”的原则完全可以实现，其使用诉争房屋的权利并未受损。判决：驳回殷某的诉讼请求。

二审法院认为，根据《最高人民法院关于审理城镇房屋租赁合同纠纷案件具体应用法律若干问题的解释》的规定，出租人将房屋出卖给近亲属或房屋共有人行使优先购买权，承租人主张优先购买房屋的，人民法院不予支持。本案中，诉争房屋转让前系被上诉人与陈某1按各占50%份额共有，双方未对各自享有的房屋份额进行物理分割，且被上诉人与陈某1均为出租人。现被上诉人将其占有的诉争房屋50%份额转让给另一共有人即出租人陈某1的女儿。上诉人对此主张优先购买房屋，一审法院不予支持，符合法律规定，并无不当。判决：驳回上诉，维持原判。

分析： 共有人优先购买权产生于共有人所有权关系之中，具有物权性质，而承租人优先购买权基于租赁关系产生，具有债权性质。根据物权优于债权的法理，共有人的优先购买权优于承租人的优先购买权。

---

① 参见江苏省南京市中级人民法院民事判决书，（2018）苏01民终7833号。

本案中，诉争房屋转让前系余某与陈某 1 按各占 50% 份额共有，双方未对各自享有的房屋份额进行物理分割，且余某与陈某 1 均为出租人。余某将其占有的诉争房屋 50% 份额转让给另一共有人即出租人陈某 1 的女儿陈某 2，但陈某 2 在购买房屋时系在校大学生，并无支付巨额购房款的能力，该产权份额实际由陈某 2 父亲陈某 1 出资购买。故陈某 1 出资买下房屋 50% 产权份额并登记于女儿陈某 2 名下并不侵犯殷某的承租人优先购买权。房屋处分的实际行为人为陈某 1 而非陈某 2，实质上是陈某 1 以房屋共有人的身份行使优先购买权。

根据《最高人民法院关于审理城镇房屋租赁合同纠纷案件具体应用法律若干问题的解释》的规定，出租人将房屋出卖给近亲属或房屋共有人行使优先购买权，承租人主张优先购买房屋的，人民法院不予支持。因此，法院不支持殷某优先购买涉案房屋的主张。

【风险提示】

租赁人优先购买权属于债权。当该优先权与物权优先权并存时，物权优先权优先，租赁人优先购买权不得与之抵触。

【法律规定速查】

《最高人民法院关于审理城镇房屋租赁合同纠纷案件具体应用法律若干问题的解释》

（法释〔2009〕11 号　2009 年 7 月 30 日）

第二十四条　具有下列情形之一，承租人主张优先购买房屋的，人民法院不予支持：

（一）房屋共有人行使优先购买权的；

（二）出租人将房屋出卖给近亲属，包括配偶、父母、子女、兄弟姐妹、祖父母、外祖父母、孙子女、外孙子女的；

（三）出租人履行通知义务后，承租人在十五日内未明确表示购买的；

（四）第三人善意购买租赁房屋并已经办理登记手续的。

◎ 民法典新规

第七百二十六条　出租人出卖租赁房屋的，应当在出卖之前的合理期限内通知承租人，承租人享有以同等条件优先购买的权利；但是，房屋按份共有人行使优先购买权或者出租人将房屋出卖给近亲属的除外。

出租人履行通知义务后，承租人在十五日内未明确表示购买的，视为承租人放弃优先购买权。

第五节　建房施工合同纠纷

问题 1：村民将二层住宅的建设工程发包给无建筑工程施工资质的个体工匠，该农村建房施工合同是否有效?

【解答】

村民自建的二层建筑，系农民自建低层住宅。农民将二层以下（含二层）的工程承包给个体工匠的，不受《建筑法》调整。个体工匠也不需要具备建筑工程施工资质，村民与个体工匠订立的建房施工合同未违反法律的禁止性规定，应为合法有效。

【案例】

村民与个体工匠就二层建筑订立的建房施工合同应为合法有效

——李某1诉曲某秀、杨某凤建房施工合同纠纷案①

案情： 曲某秀、杨某凤系夫妻，李某1无建筑施工资质。2010年5月9日，李某1与曲某秀、杨某凤签订建筑施工合同书一份，约定曲某秀、杨某凤将乳山市海阳所镇海阳所村东一体两户别墅楼1栋承包给李某1安装施工。

合同签订后，李某1施工至涉案房屋主体完工，但未全部装修完。曲某秀、杨某凤给付李某1共计18万元。

本诉原告李某1请求判令：本诉被告曲某秀、杨某凤给付工程款3万元。

反诉原告曲某秀、杨某凤请求判令：反诉被告李某1继续履行合同或赔偿经济损失。

一审法院判决：一、驳回李某1要求曲某秀、杨某凤给付工程款3万元的诉讼请求；二、驳回曲某秀、杨某凤反诉要求李某1继续履行合同或赔偿经济损失

① 参见山东省威海市中级人民法院民事判决书，（2019）鲁10民终2229号。

的诉讼请求。

二审法院认为，乳山市住房保障和房产管理局颁发的房产证显示涉案别墅为二层建筑，系农民自建低层住宅，不受《建筑法》调整，故原判决认定涉案房屋为三层建筑，并以施工方李某1不具备建筑工程施工资质为由，认定涉案农村建房施工合同无效，系认定事实及适用法律错误，予以纠正。涉案合同已失去继续履行基础和可能，应认定涉案合同已终止履行。合同终止后，就已经履行且不宜返还的部分应折价赔偿，并根据过错赔偿相关损失。判决：一、撤销乳山市人民法院（2019）鲁1083民初1001号民事判决；二、曲某秀、杨某凤于本判决生效后十日内支付李某1工程款15 000元；三、驳回曲某秀、杨某凤的反诉请求。

分析：《建筑法》第26条第1款规定："承包建筑工程的单位应当持有依法取得的资质证书，并在其资质等级许可的业务范围内承揽工程。"第83条第3款规定："抢险救灾及其他临时性房屋建筑和农民自建低层住宅的建筑活动，不适用本法。"农民自建低层住宅的建筑活动不受建筑法的调整。当承包人承包上述建筑工程时，不必具有资质证书。

如何确定农民自建低层住宅呢?《住宅设计规范》规定，低层住宅为一层至三层。结合《村镇建筑工匠从业资格管理办法》(因《行政许可法》实施而失效)第12条规定，建筑工匠承包的村镇建筑工程的范围限于村镇二层及二层以下房屋及设施的建设、修缮和维护。《村庄和集镇规划建设管理条例》第23条规定："承担村庄、集镇规划区内建筑工程施工任务的单位，必须具有相应的施工资质等级证书或者资质审查证书，并按照规定的经营范围承担施工任务。在村庄、集镇规划区内从事建筑施工的个体工匠，除承担房屋修缮外，须按有关规定办理施工资质审批手续。"因此，农民自建低层住宅应认定为二层及以下为宜。

本案中，李某1当属于个体工匠施工，不需要建筑资质。其与房东曲某秀、杨某凤订立的建筑施工合同，不因承包方建筑资质而无效。我国现行法律并未要求农村自建低层住宅必须具备建筑施工资质，故涉案农村建房合同并未违反国家法律、行政法规的强制性规定，应认定为合法有效。但涉案合同已失去继续履行基础和可能，应认定涉案合同已终止履行。合同终止后，就已经履行且不宜返还的部分应折价赔偿，并根据过错赔偿相关损失。

【风险提示】

当村民建设二层及以下房屋时，承包的个体工匠不需要相应的资质。但是当承包的是建筑施工企业时，不论建设几层的房屋，均需要相应资质。

问题 2：在农村建房施工合同中，施工方要求建房方支付剩余建房款时，建房方往往以房屋存在质量问题为由拒绝支付。此时，是否应当支持施工方的诉讼请求？

【解答】

建房方拖欠的剩余建房款往往具有质量保证金性质，发挥着保障房屋质量的功能。如房屋可能存在质量问题，而剩余建房款中的一部分是质量保证金，则建房方应就除质量保证金之外的剩余建房款予以支付。

【案例】

质量保证金之外的剩余建房款应在施工完成后支付
——王某诉力某建房施工合同纠纷案[①]

案情：王某在农村从事民宅建筑。2014 年，王某为力某建筑自住楼房一处。2014 年 2 月 4 日，力某向王某出具欠条一份，约定欠王某建房款 30 400 元。该款经王某催要，力某以房屋漏水等理由拒绝支付。另外，力某家中现场勘验，其二楼东面一间存在漏水，东墙面及部分顶面损坏，二层客厅北墙面部分损坏，二楼外与东户衔接处存在裂缝、墙面损坏，与力某提供的照片一致。

原告王某请求判令：被告力某支付原告建房款 30 400 元。

一审判决后，力某提起上诉。二审法院审理认为，一审期间王某主张力某欠其建房款 30 400 元，并提供力某出具的欠条一张，力某对欠王某 30 400 元建房款不持异议，只是认为房屋存在质量问题、修好后就给钱。鉴于力某所居住的房屋确实存在质量问题，一审期间王某对力某的委托代理人主张所欠尾款中有 10 000 元系质保金的事实也未予否认，在王某对力某房屋未进行维修前，力某对该 10 000 元质保金有权拒绝支付。力某应在扣留 10 000 元质保金后将剩余的建房款支付给王某，即 20 400 元。判决：力某应于判决生效后十日内支付王某建房款 20 400 元。

分析：在农村建房施工合同纠纷中，建房个体工匠主张支付剩余建房款时，

① 参见安徽省宿州市中级人民法院民事判决书，(2019) 皖 13 民终 2295 号。

房主往往以房屋存在质量问题为由拒绝支付。审理此类案件应正确分析剩余建房款的性质。

农村建房施工合同中的剩余建房款，俗称建房尾款，是房主对建房者所欠的剩余建房工程款。因此，在建房者履行农村建房施工合同义务后，包括建房、验收合格等，房主应当向建房者支付该建房款。但是，由于是建房尾款，往往该款项中又包含房屋质量保证金。对于房屋质量保证金，应当在房屋质量保证期间届满后支付。对于房屋质量保证金之外的建房款，房主应当在建房完成后支付。本案中，力某向王某出具欠条一份，约定欠王某建房款 30 400 元，表明王某已施工完成，并且经结算，力某认可欠王某剩余建房款 30 400 元。其中 10 000 元是房屋质量保证金。因为双方对房屋质量确实存在部分争议，因此，该款暂不支付。超出该金额的质量保证金力某应予以履行。

【风险提示】

房主主张其损失大于剩余建房款时，应当举证证明。并且即使其在支付完剩余建房款后，亦有权另行主张房屋质量的损害赔偿。

问题 3：在农村建房施工合同中，建房方以房屋存在质量问题为由拒绝支付剩余建房款，且实际装修入住。施工方是否有权主张支付剩余工程款？

【解答】

施工方将房屋交付给建房方，建房方装修入住，表明建房方接收并使用涉案房屋。此时，建房方应当支付相应的建房款。建房方就其所主张的质量问题提出抗辩的，可另行主张权利。

【案例】

建房方装修入住房屋的行为表明其接收房屋
——侯某诉杨某、张某农村建房施工合同纠纷案[①]

案情：杨某、张某系夫妻。2015 年 12 月 17 日，侯某与杨某签订《部分村民

① 参见安徽省蚌埠市中级人民法院民事判决书，（2019）皖 03 民终 1799 号。

联户建房合同书》一份，约定侯某为杨某建房，价格为148 000元。建成后，侯某将房屋交付给杨某等户装修入住。

原告侯某请求判令：被告杨某、张某支付原告剩余建房款。

一审法院认为，侯某为杨某建房，杨某理应支付建房款。杨某抗辩称房屋质量不合格，未提供相关证据予以证明，且杨某已经接收房屋，搬入居住。涉案房屋为家庭用房，本案欠款属于为家庭日常生活需要所负的债务，侯某要求张某承担共同还款责任的诉讼请求，予以支持。判决：一、杨某、张某于判决生效之日起十日内支付侯某建房款38 000元；二、驳回侯某的其他诉讼请求。

一审宣判后，杨某、张某提起上诉。

二审法院审理认为，杨某、张某对一审法院查明“侯某将房屋交付给杨某、张某，杨某、张某装修入住”的事实无异议，表明杨某、张某已经接收并使用案涉房屋，故杨某、张某应依法向侯某支付相应的建房款。杨某、张某上诉主张侯某建设的房屋存在严重的质量问题，因杨某、张某已实际占有案涉房屋并装修使用，且杨某、张某针对房屋质量问题并未提出反诉，故杨某、张某就其与侯某因房屋质量问题而产生的纠纷，可依法另行主张。故判决：驳回上诉，维持原判。

分析：此案是对于房主与施工方之间剩余建房款纠纷的另一种处理方式。当施工方已完成建房，将所建房屋交付给房主，且房主接收并装修入住时，表明施工方已履行建房义务。房主接收并入住，系其用行动表明其已接受对方的完成的义务。此时，若双方对质量保证金未作约定的，房主应当将剩余建房款先支付完毕。至于房主抗辩房屋质量问题，因双方对此未作明确约定，可由房主另行起诉主张权利。

本案中，侯某与杨某签订《部分村民联户建房合同书》后，侯某在房屋建成后将其交付给杨某等户。此时，杨某在接收时负有验收义务。杨某未验收即装修入住，可视为其已放弃验收权利，并接受侯某履行义务。双方对建房款支付时间未作明确约定的，房主应当在收房时同时履行支付建房款义务。杨某抗辩称房屋存在严重质量问题，与其装修入住的行为相违背，且未提供证据证明。在双方未约定质量保证金的情形下，为了使剩余建房款不至于久拖不决，法院可先处理剩余建房款纠纷。杨某提出的房屋质量问题可另行解决。

【风险提示】

在考量房屋质量问题时，应注意区分隐性问题与显性问题。如果房主抗辩的是显性问题，则其应在交房时发现。房主仍然接收入住则表明其已认可并接受。若抗辩的是隐性问题，则应保留房主的质量异议期。房主在异议期内有权要求施工方承担违约责任。

问题 4：农村建房施工合同因违反法律无效，且无法修复或修复后的建设工程经竣工验收不合格，建房人是否有权请求返还已支付的建房款？

【解答】

当农村建房施工合同因违反法律无效，建设工程不合格，且经修复后经再次竣工验收亦不合格的，建房人有权请求返还已支付的建房款。

【案例】

对农村建房验收不合格且无法修复的，无效合同的建房人有权请求返还已支付的建房款

——林某 1、杨某、林某 2 诉林某 3 农村建房施工合同纠纷案[①]

案情： 林某 1 与杨某系夫妻关系，林某 2 系林某 1、杨某之子，林某 3 系林某 1 妹夫。2005 年至 2006 年，林某 1、杨某、林某 2 将福建省惠安县洛阳镇某某的房屋交由林某 3 承建，双方未签订书面合同。施工过程中，林某 1 陆续支付给林某 3 工程款 230 万元。2007 年，案涉房产完工并交付林某 1 使用。林某 3 于 2008 年 2 月 16 日出具工程小结交林某 1 收执，对有关的工程量及工程款进行确认。后林某 1 发现案涉房屋出现质量问题，一审法院委托厦门检测中心鉴定，其中案涉厂房的鉴定结论为该幢建筑主体结构安全性的评级可定为 D 级，即该建筑物的安全性极不符合国家标准规范的安全性要求，已严重影响整体安全，必须立即采取措施；案涉宿舍楼的鉴定结论为案涉建筑主体结构鉴定单元安全性等级可定为 Dsu 级，即该建筑安全性严重不符合本标准对 Asu 级的要求，严重影响整体承载，必须立即采取措施。厦门检测中心同时确认上述质量问题主要系因施工造成。

---

① 参见最高人民法院民事裁定书，（2018）最高法民申 94 号。

再审申请人提出再审申请：请求撤销原生效判决，林某3不承担230万元工程款的返还义务。

最高人民法院经审查认为，本案农村建房施工合同因违反了法律的禁止性规定而应属无效，双方当事人对此亦不持异议。原审中，案涉工程经鉴定机构依法定程序鉴定后，认定工程主体严重不符合国家标准规范的安全性要求，且无法修复。故原审判决依据上述法律规定确认林某3应当返还已收取的230万元工程款给林某1、杨某、林某2，认定事实与适用法律并无不当。裁定：驳回林某3的再审申请。

分析：农村建房施工合同无效，因施工方的过错造成的损失，应由施工人（承包人）承担。发包人（建房人）有过错的，承担相应的民事责任。

具体到本案，林某1、杨某、林某2将农村建房工程交由林某3承建。虽然双方未订立书面的农村建房施工合同，但双方事实上已形成农村建房施工关系。施工方林某3虽施工完成，但建房人及时发现案涉房屋出现质量问题。一审法院委托厦门检测中心鉴定，鉴定意见为涉案建筑主体结构安全性的评级可定为D级，即该建筑物的安全性极不符合国家标准规范的安全性要求，已严重影响整体安全，且无法修复。该施工造成了工程款损失。该损失系因承包人的过错造成，也应由承包人承担。建房人因涉案纠纷支付的工程款230万元，也应由责任人林某3返还。

【风险提示】

在农村建房施工合同中，承包人在施工中应当严格执行安全标准，保障所建房屋的质量。因施工质量造成的损失，由施工方承担。已支付的工程款也应由施工人返还建房人。

【法律规定速查】

《最高人民法院关于审理建设工程施工合同纠纷案件适用法律问题的解释》（法释〔2004〕14号 2004年10月25日）

第三条 建设工程施工合同无效，且建设工程经竣工验收不合格的，按照以下情形分别处理：

（一）修复后的建设工程经竣工验收合格，发包人请求承包人承担修复费用的，应予支持；

（二）修复后的建设工程经竣工验收不合格，承包人请求支付工程价款的，不予支持。

因建设工程不合格造成的损失，发包人有过错的，也应承担相应的民事责任。

◎ 民法典新规

第七百九十三条 建设工程施工合同无效，但是建设工程经验收合格的，可以参照合同关于工程价款的约定折价补偿承包人。

建设工程施工合同无效，且建设工程经验收不合格的，按照以下情形处理：

（一）修复后的建设工程经验收合格的，发包人可以请求承包人承担修复费用；

（二）修复后的建设工程经验收不合格的，承包人无权请求参照合同关于工程价款的约定折价补偿。

发包人对因建设工程不合格造成的损失有过错的，应当承担相应的责任。

第六节 房屋租赁合同纠纷

问题 1：在农村房屋租赁合同纠纷中，出租人是否能够以翻建未征得其同意为由解除其与承租人之间的房屋租赁合同？

【解答】

在农村房屋租赁合同中，出租人与承租人对于出租房屋能否翻建以及是否需要经出租人同意，往往有明确约定。此时，出租人是否享有合同解除权应优先适用双方的约定。如果双方对此未作约定或约定不明的，则应当结合具体案情综合分析承租人翻建是否影响房屋的安全性及后续使用，并基于经济效率及社会效益作出适当裁判。

【案例】

庭外和解的出租人与承租人获得双赢

——杨某明诉新昌县镜岭镇溪某村村民委员会房屋租赁合同纠纷案[①]

案情： 被告新昌县镜岭镇溪某村村民委员会以创办民宿为由，向原告杨某明

① 参见浙江省新昌县人民法院民事裁定书，（2018）浙 0624 民初 3305 号。

租赁位于镜岭镇溪某村泗坑自然村前殿岭脚二层楼房两间，双方于2016年3月31日签订《房屋租赁合同》一份，约定：租赁期限二十年，第一年租金3500元，从第二年起均按前一年基数递增5%；付款方式为每年4月1日前一次性付清年租金，如有逾期，每天按年租金的1%向原告支付滞纳金；被告应按时付清房屋租金，如逾期三个月经原告催缴仍不付清的，原告有权单方中止合同，收回房屋使用权；被告提出房屋翻建，翻建方案应征得原告同意，原则上不得少于原房屋建筑面积等。在合同履行过程中，被告将其中一间泥墙楼房推倒重建，同时，将另外一间砖混结构楼房进行装修改建，拆除前方墙壁，将后方墙壁拆除二分之一改为出入大门。

为此，原告起诉要求解除房屋租赁合同，恢复住房原状，并支付所欠房屋租金及滞纳金。另外，该房屋已实际转租第三人开办民宿，第三人已按约支付房租。

案件审理过程中，经法院和原、被告所在乡镇政府主持，双方达成庭外和解。经原告申请，法院裁定准许原告撤诉。

分析：随着我国美丽乡村建设的推进，越来越多的农村资源被盘活、利用，越来越多的农村房屋用于生产、经营。由此，农村房屋租赁关系也越来越常见。其中，难免因此产生各种纠纷。以本案中的乡村民宿为例，其已成为农村经济的新业态，并且在国家层面得到了政策的支持和鼓励。但是，应当看到其在实践层面依然面临着诸多的法律风险：法律关系选择不够清晰明朗；合同内容约定尚欠规范谨慎；农户随意毁约缺乏制约；众筹投资易引发资金链风险；村集体未依法律程序流转出租房屋潜伏隐患等。因此，在处理此类案件时，应当从法律效果与社会效果两个维度妥善处理涉案纠纷。

本案中，对于出租人而言，应引导其树立守约意识。首先，应引导原告转变观念。劝解原告乡村民宿开发建设可以有效促进农村财产收益的发挥和农村经济的发展，对于原、被告来讲是双赢局面。其次，引导原告树立守约意识。明确告知原告在第三人民宿开发经营者已按约支付房租的情况下，随意解除合同不符合法律公平合理原则。最后，消除原告生活困惑。告知农户如果在出租房屋过程中遇到生活上的困难需要寻求帮助，可以与村委会、镇政府进行协商处理，将双方矛盾消灭在萌芽状态。

对于承租人而言，切实树立法治思维。法院在审理中明确对被告释明租赁合同中存在的问题：一是约定承租方对房屋进行翻建的，翻建方案应征得出租方同意。鉴于高端民宿需要通过专业设计打造，局部翻建的可能性较大，而农户对于设计理念不能深入理解和领会，如果翻建方案需征得其同意，则在一定程度上为出租方随意解除合同提供方便。二是约定房屋租赁期间，如遇国家建设需要征用所租赁房屋土地的，合同自然终止，所有补偿款归出租方所有。如果承租方因改建、装修投入较大资本，如此约定，在补偿权益大幅增加的情况下，承租人将由此蒙受利益损失。三是在村集体统一转租的情况下，约定租金由投资人交给村集体后再分发到各农户。如果村集体逾期交付或交付不适格，导致农户以此为由主张解除合同，对投资人显失公平。被告知晓合同风险和不利法律后果后，主动与原告进行庭外和解，并以积极的态度应对解决原告提出的相关诉求。在互谅互让的基础上原、被告双方达成一致意见，握手言和。

【风险提示】

在农村房屋租赁合同中，承租人租赁房屋往往为了生产经营所用。其也往往要装修、翻建承租房。为此，承租人必须树立法治意识，提前与出租人做好书面约定，避免由此带来的法律风险。

问题 2：宅基地使用权人将自有宅基地租赁给本村集体以外的人，承租人未经审批在宅基地上建造房屋，并与宅基地使用权人达成的房屋租赁协议是否有效？如果无效，承租人的建房款损失如何承担？

【解答】

宅基地使用权人将自有宅基地租赁给本村集体以外的人，承租方未经行政审批在宅基地上建造房屋，并与宅基地使用权人达成房屋租赁协议的，该租赁合同应属无效。宅基地使用权人仍需向承租方赔偿相关建筑材料损失。

【案例】

对宅基地上违章建筑出租的租赁合同无效

——李某芬诉李某和房屋租赁合同纠纷案[①]

案情：原告李某芬与被告李某和约定：将被告李某和享有的宅基地租赁给原

① 参见天津市滨海新区人民法院民事判决书，(2016) 津 0116 民初 24886 号。

告李某芬使用。原告李某芬在该宅基地上建房。双方就该房达成房屋租赁合同。2012年，原告李某芬建造涉案房屋。后该房屋被认定为违章建筑，并被拆除。且涉案的房屋租赁合同被认定为无效。

原告李某芬起诉要求被告李某和赔偿建房款，并返还租金。

法院生效判决认为，原告李某芬与被告李某和双方均明知涉诉地上物为违章建筑，未经任何行政审批手续而仍然达成建房租赁合同，双方对合同无效均存在过错。涉诉地上物系原告李某芬于2012年建造，虽为违章建筑，但李某芬对建房材料享有所有权。现涉诉地上物由被告李某和控制并转租，且被告李某和、李某亦同意其自行利用。被告应将建筑材料折价后对原告予以补偿。

分析：他人在宅基地上建房且与宅基地使用权人（户主）达成租赁协议，因建房未经行政审批，该协议无效。

本案中，原告李某芬与被告李某和双方均明知涉诉地上物为违章建筑，未经任何行政审批手续而仍然达成建房租赁合同，双方对合同无效均存在过错。

依据《合同法》第58条（《民法典》第157条）之规定，合同无效后，因该合同取得的财产，应当予以返还；不能返还或者没有必要返还的，应当折价补偿。有过错的一方应当赔偿对方因此所受到的损失，双方都有过错的，应当各自承担相应的责任。对于建房人的建房款损失，涉案地上物虽为违章建筑，但李某芬对建房材料享有所有权。现涉案地上物由被告李某和控制，且经法庭调查，被告李某和、李某亦同意其自行利用。被告应将建筑材料折价后对原告予以补偿。

【风险提示】

随着农村城市化越来越普遍，宅基地使用权人将自有宅基地租赁给本村集体以外的人的情形也越来越常见。在宅基地使用权人对宅基地流转、利用、处分的大趋势下，如何规范宅基地的租赁问题成为亟待研究的课题。

问题3：当租赁的标的物为未经法定“农转建”审批手续的农村房屋时，该租赁合同是否有效？如果合同无效，由此产生的经济损失如何承担？

【解答】

土地法等法律法规明确规定，农村耕地及宅基地未经法定审批手续，不得转为他用。未经法定“农转建”等审批程序，私自建设或订立出租合同等行为，依法应认定无效。由此产生的经济损失，不应超出缔约时应当预见的可能造成的合理程度，并根据过错程度由缔约双方予以分担。

【案例】

出租非法“农转建”房屋的租赁合同无效

——韩某诉房某房屋租赁合同纠纷案[①]

案情：韩某系天津市滨海新区大港太平镇某庄村村民，曾与被告房某要好。韩某在某庄村西南侧有七间砖结构平房院落一处。2008年12月18日，原、被告签订《租赁协议》一份，约定由房某承租该七间砖房院落用于开办加工生产企业，年租金4000元、租期20年。协议签订后，房某交纳租金、使用房屋，双方房屋租赁合同正常履行。在房屋租赁使用期间，房某确曾对房屋局部进行了改扩建。

2015年1月26日，韩某曾起诉房某解除合同。历经一审、二审、重审等程序，天津市第二中级人民法院于2016年4月29日作出（2016）津02民终1673号民事判决书，终审判决认定：涉案平房建在农村宅基地上，没有办理土地“农转建”审批亦未取得相应建房手续，原、被告之间就涉案平房签订的租赁合同违反《最高人民法院关于审理城镇房屋租赁合同纠纷案件具体应用法律问题的解释》第2条的规定，属于无效合同。

上述判决生效后，韩某提起诉讼，要求房某立即搬离天津市滨海新区大港太平镇某庄村西南的厂房及院落。房某反诉要求，韩某赔偿房某经济损失1 932 000元。

生效法院判决确定：房某腾空并返还天津市滨海新区大港太平镇某庄村西南平房及院落；韩某赔偿房某搬迁、腾房期间经济损失36 590元。

分析：第一，关于讼争房屋租赁合同是否有效。《最高人民法院关于审理城镇房屋租赁合同纠纷案件具体应用法律若干问题的解释》第2条规定：“出租人就未取得建设工程规划许可证或者未按照建设工程规划许可证的规定建设的房屋，与承租人订立的租赁合同无效。但在一审法庭辩论终结前取得建设工程规划许可证或者经主管部门批准建设的，人民法院应当认定有效。”

本案中，租赁的平房建在农村宅基地上，没有办理土地“农转建”审批亦未

① 参见天津市第二中级人民法院民事判决书，（2017）津02民终436号。

取得相应建房手续。原、被告之间就涉案平房签订的租赁合同违反《最高人民法院关于审理城镇房屋租赁合同纠纷案件具体应用法律问题的解释》第2条的规定，属于无效合同。

第二，租赁合同无效的法律后果。合同无效或者撤销后，因该合同取得的财产，应当予以返还；有过错的一方应当赔偿对方因此所受到的损失，双方都有过错的，应当各自承担相应的责任。

本案双方签订的房屋租赁合同已被生效判决确认无效，原告韩某据此起诉要求被告房某交还涉案房屋，应当予以支持。

关于被告房某反诉的剩余租期的租金差价及搬迁损失，应考虑双方过错程度及被告主张损失合理性两个方面因素判断是否成立以及具体标准。本案中，原、被告曾系多年好友，还曾合伙开办过工厂，被告对涉案房屋的性状应当知晓。双方签订涉案房屋租赁合同之时，被告有注意审查义务，但始终未进行审查或要求原告提供房屋相关土地手续。现该租赁合同被认定为无效，原、被告应当承担同等的过错责任。被告反诉损失没有事实根据和法律依据，且所提金额远远超出双方签订《租赁协议》时韩某应当预见到的可能造成的损失程度，不应予以支持。被告提前搬迁确将产生一定的经济损失，原告在对合同无效存有同等过错的情况下，应予以相应赔偿。法院酌情确定韩某赔偿房某经济损失36 590元。

【风险提示】

农村地区大量存在的私自在农村宅基地上改建、扩建生产用房的违法行为，在此基础上的房屋买卖合同、房屋租赁合同均因违反法律、行政法规的规定而无效。因此，当事人在进行上述改建、扩建时，必须履行法定的审批程序。

问题4：就未取得建设工程规划许可证或者未按照建设工程规划许可证的规定建设的房屋，出租人与承租人订立的租赁合同是否有效？如果合同无效，已履行的部分应当如何处理？

【解答】

出租人就未取得建设工程规划许可证或者未按照建设工程规划许可证的规定建设的房屋，与承租人订立的租赁合同无效。合同无效后，因合同取得的财产应予返还。

【案例】

就未获建设工程规划许可证房屋出租的租赁合同无效

——朝某服务站诉龙某建筑公司房屋租赁合同纠纷案①

案情：2013 年 6 月 24 日，朝某服务站作为甲方（出租方）与龙某建筑公司作为乙方（承租方）签订《房屋（资产）租赁合同》，约定租赁标的物为甲方位于北京市某某区某某街某号，总占地面积 4630 平方米，房屋建筑面积 2600 平方米。甲方同意将北京市某某区某某街某号内房屋所有的设施、设备包括但不限于水电等设备交由乙方使用，相关设施、设备维修、保养和使用中所产生的一切费用由乙方负担。乙方承租涉案房屋作为办公和经营使用，未经甲方许可，不得改变用途。租赁期限五年，自 2013 年 1 月 1 日起至 2017 年 12 月 31 日止。合同租赁期内，租金标准为每年 57 万元等内容。合同终止后，乙方的装修归甲方所有，乙方不得自行拆除。龙某建筑公司支付租金（使用费）至 2018 年 6 月 30 日。

2018 年 7 月 25 日，朝某服务站向龙某建筑公司送达《合同终止履行及限期腾退通知书》，主要内容为双方租赁合同已到期，但龙某建筑公司并未将涉案房屋清退并交还，故龙某建筑公司需按原租赁合同约定的租金标准支付占用使用费并限期腾退。

经查，朝某服务站称涉案房屋无规划许可手续。

原告朝某服务站请求判令：（1）确认涉案房产租赁合同无效；（2）被告龙某建筑公司腾退房屋，并支付实际占用期间的使用费。

生效法院判决确定：一、涉案《房屋（资产）租赁合同》无效；二、龙某建筑公司腾退涉案房屋，并交付朝某服务站；三、龙某建筑公司按年 57 万元的标准向朝某服务站支付的实际占用期间的使用费。

分析：出租人就未取得建设工程规划许可证或者未按照建设工程规划许可证的规定建设的房屋，与承租人订立的租赁合同无效。本案中，涉案房屋无规划许可手续，故朝某服务站与龙某建筑公司签订的《房屋（资产）租赁合同》应属无效合同。

合同无效后，因合同取得的财产应予返还。现双方约定的租赁期限也已届满，故朝某服务站要求龙某建筑公司腾退涉案房屋有事实根据和法律依据，应当予以

---

① 参见北京市朝阳区人民法院民事判决书，（2018）京 0105 民初 97251 号。

支持。租赁合同期满后，龙某建筑公司继续占用涉案房屋应支付占用费。至于占用费标准，因双方未达成补充协议，且事后亦无法达成一致，应参照合同约定的租赁费标准，由占用方龙某建筑公司予以支付。

【风险提示】

随着经济的发展，房屋租赁已经成为市场经济主体之间常见的经济行为。出租人与承租人在签订房屋租赁合同时，要切实审查租赁房屋的产权手续是否合法，尤其是建设工程规划许可证的有无对于合同效力的认定至关重要。

【法律规定速查】

《最高人民法院关于审理城镇房屋租赁合同纠纷案件具体应用法律问题的解释》（法释〔2009〕11号　2009年7月30日）

第二条　出租人就未取得建设工程规划许可证或者未按照建设工程规划许可证的规定建设的房屋，与承租人订立的租赁合同无效。但在一审法庭辩论终结前取得建设工程规划许可证或者经主管部门批准建设的，人民法院应当认定有效。

第五章
农村婚姻家庭法律纠纷

第一节　导　读

一、农村婚姻家庭纠纷概念与基本原则

作为人身关系的农村婚姻家庭关系，是指农村居民之间的身份权形成各项社会关系，主要包括亲属权关系、监护权关系、配偶权关系等。农村居民因婚姻家庭关系中产生的纠纷，被称为农村婚姻家庭纠纷。

在处理农村婚姻家庭纠纷中，应当遵循以下基本原则：（1）保障权利原则。在农村婚姻家庭关系中，各类民事主体的合法权益均应受到平等的保护。对侵犯家庭成员合法权益的不法行为，如家庭暴力、虐待等不法行为，应当依法予以禁止和制裁。（2）权益均衡原则。在处理农村婚姻家庭纠纷中，矛盾纠纷产生的根源往往在于各方权益关系的失衡。因此，在处理此类纠纷时应当注意从利益关系上平衡各方权益，从根源上化解矛盾纠纷。（3）遵循法定程序原则。在婚姻家庭关系中，许多关系的缔结、变更、终止都必须履行法定程序。否则将不产生法律效力。例如，结婚、离婚、变更抚养关系、收养、解除收养关系等。

二、农村婚姻家庭纠纷类型

根据权利属性，农村婚姻家庭纠纷可分为以下三大类：

（一）配偶权纠纷

农村居民在缔结、终止配偶关系过程中产生各类矛盾纠纷。婚姻关系法律纠纷与同居关系法律纠纷都属于此大类纠纷。进一步细化，婚姻关系法律纠纷又分为离婚纠纷、婚姻无效纠纷、撤销婚姻纠纷。同居关系纠纷是指具有同居关系的男女双方，因解除同居关系引发的纠纷。

（二）监护权纠纷

抚养人与被抚养人因监护权发生的法律纠纷，包括抚养纠纷和收养纠纷。抚养纠纷是指在长辈亲属对晚辈亲属的抚育教养过程中发生的法律纠纷，又可细分为抚养费纠纷和变更抚养关系纠纷。收养纠纷是指收养人根据法定条件和程序领养他人子女为自己子女的过程中产生的法律纠纷，又可细分为确认收养关系纠纷和解除收养关系纠纷。

（三）亲属权纠纷

农村居民基于亲属权产生的法律纠纷，分为扶养纠纷和赡养纠纷。赡养纠纷，是指赡养人与被赡养人因赡养义务产生的法律纠纷。扶养纠纷，是指平辈亲属之间因经济供养和生活扶助的权利义务关系产生的法律纠纷。在农村现实生活中，赡养纠纷占亲属权纠纷中的绝大多数。

三、相关法律规定

1.《中华人民共和国民法典》（2020 年 5 月 28 日）；

2.《中华人民共和国民法总则》（2017 年 3 月 15 日）；

3.《中华人民共和国婚姻法》（2001 年 4 月 28 日修正）；

4.《中华人民共和国老年人权益保障法》（2018 年 12 月 29 日修正）；

5.《中华人民共和国收养法》（1998 年 11 月 4 日修正）；

6.《中华人民共和国涉外民事关系法律适用法》（2010 年 10 月 28 日）；

7.《中华人民共和国反家庭暴力法》（2015 年 12 月 27 日）；

8.《最高人民法院关于适用〈中华人民共和国婚姻法〉若干问题的解释（一）》（法释〔2001〕30 号　2001 年 12 月 25 日）；

9.《最高人民法院关于适用〈中华人民共和国婚姻法〉若干问题的解释（二）》（法释〔2017〕6 号　2017 年 2 月 28 日修正）；

10.《最高人民法院关于适用〈中华人民共和国婚姻法〉若干问题的解释（三）》（法释〔2011〕18 号　2011 年 8 月 9 日）。

第二节 婚姻关系法律纠纷

问题 1：夫妻一方实施家庭暴力，人民法院是否应当准予离婚?

【解答】

夫妻一方实施家庭暴力，调解不成的，人民法院应当准予离婚。

【法律规定速查】

《中华人民共和国婚姻法》（2011 年 4 月 28 日修正）

第三十二条第三款 有下列情形之一，调解无效的，应准予离婚：

（一）重婚或有配偶者与他人同居的；

（二）实施家庭暴力或虐待、遗弃家庭成员的；

（三）有赌博、吸毒等恶习屡教不改的；

（四）因感情不和分居满二年的；

（五）其他导致夫妻感情破裂的情形。

◎ 民法典新规

第一千零七十九条 夫妻一方要求离婚的，可以由有关组织进行调解或者直接向人民法院提起离婚诉讼。

人民法院审理离婚案件，应当进行调解；如果感情确已破裂，调解无效的，应当准予离婚。

有下列情形之一，调解无效的，应当准予离婚：

（一）重婚或者与他人同居；

（二）实施家庭暴力或者虐待、遗弃家庭成员；

（三）有赌博、吸毒等恶习屡教不改；

（四）因感情不和分居满二年；

（五）其他导致夫妻感情破裂的情形。

一方被宣告失踪，另一方提起离婚诉讼的，应当准予离婚。

经人民法院判决不准离婚后，双方又分居满一年，一方再次提起离婚诉讼的，应当准予离婚。

问题 2：存在家庭暴力情形的，受害方起诉离婚时能否主张精神损害抚慰金？

【解答】

遭受家庭暴力的受害人起诉离婚时，有权主张加害方赔偿精神损害抚慰金。

【案例】

家庭暴力受害人起诉离婚时有权主张精神损害抚慰金

——崔某诉叶某甲离婚纠纷案[①]

案情：原、被告于 1997 年经人介绍相识恋爱后便同居生活，于 1998 年 6 月 28 日生育儿子叶某 1，于 2001 年 2 月 9 日双方到婚姻登记机关办理结婚登记手续并领取结婚证，于 2007 年 8 月 10 日生育男孩叶某 2。原、被告于 2012 年购买了位于龙川县老隆镇某某号四层房屋。原、被告经常因家庭生活琐事发生吵打，夫妻关系逐渐恶化，于 2013 年 6 月起双方开始分居分炊。2016 年 1 月 19 日，原、被告再次发生纠纷，造成原告右侧额部头皮血肿，经龙川县公安局损伤鉴定为轻微伤。原、被告婚姻存续期间无债权债务。原告于 2016 年 2 月诉至法院要求与被告离婚，并要求被告赔偿因家庭暴力造成的损害赔偿 30 000 元。

一审法院经审理认为，原告主张被告实施家庭暴力，提供了龙川县人民医院的诊断证明书、龙川县公安局的鉴定意见告知书、报警回执及公安机关的询问笔录等证据予以证明，认定被告对原告实施了家庭暴力。根据《婚姻法》第 32 条第 3 款规定，原告请求与被告离婚，理由充分，予以支持。根据《婚姻法》第 46 条规定，原告请求被告损害赔偿，予以支持，赔偿金额酌定为 3000 元。该判决已生效。

分析：《婚姻法》第 32 条第 3 款规定："有下列情形之一，调解无效的，应准予离婚：（一）重婚或有配偶者与他人同居的；（二）实施家庭暴力或虐待、遗弃家庭成员的；（三）有赌博、吸毒等恶习屡教不改的；（四）因感情不和分居满二年的；（五）其他导致夫妻感情破裂的情形。"（《民法典》第 1079 条）本案中，原告提供了龙川县人民医院的诊断证明书、龙川县公安局的鉴定意见告知书、报警回执及公安机关的询问笔录等证据，足以证明被告实施了家庭暴力。原告以此为

① 参见广东省龙川县人民法院民事判决书，（2016）粤 1622 民初 180 号。

由请求与被告离婚，理由充分，应当予以支持。

《婚姻法》第 46 条规定："有下列情形之一，导致离婚的，无过错方有权请求损害赔偿：（一）重婚的；（二）有配偶者与他人同居的；（三）实施家庭暴力的；（四）虐待、遗弃家庭成员的。"（《民法典》第 1091 条）因此，在被告实施了家庭暴力的情况下，原告有权请求被告赔偿精神损害抚慰金。

【风险提示】

当遭遇家庭暴力时，受害人在制止暴力行为的同时，应当注意保存证据。否则，所主张的家庭暴力可能无法被认定。受害人可及时向所在地居（村）委会、妇联等组织求助，也可选择报警，并及时就医，保留医疗记录、诊断证明。伤情较重的，还可以委托司法鉴定。

【法律规定速查】

《中华人民共和国婚姻法》（2001 年 4 月 28 日修正）

第四十六条 有下列情形之一，导致离婚的，无过错方有权请求损害赔偿：

（一）重婚的；

（二）有配偶者与他人同居的；

（三）实施家庭暴力的；

（四）虐待、遗弃家庭成员的。

◎ 民法典新规

第一千零五十二条 因胁迫结婚的，受胁迫的一方可以向人民法院请求撤销婚姻。

请求撤销婚姻的，应当自胁迫行为终止之日起一年内提出。

被非法限制人身自由的当事人请求撤销婚姻的，应当自恢复人身自由之日起一年内提出。

第一千零五十三条 一方患有重大疾病的，应当在结婚登记前如实告知另一方；不如实告知的，另一方可以向人民法院请求撤销婚姻。

请求撤销婚姻的，应当自知道或者应当知道撤销事由之日起一年内提出。

第一千零九十一条 有下列情形之一，导致离婚的，无过错方有权请求损害赔偿：

（一）重婚；

（二）与他人同居；

（三）实施家庭暴力；

（四）虐待、遗弃家庭成员；

（五）有其他重大过错。

问题 3：夫妻明知他人代其进行结婚登记而不持异议，并长期与另一方共同生活的，该婚姻是否无效？当事人以此为由提起诉讼的，如何处理？

【解答】

夫妻双方明知他人代理其进行结婚登记，且对此不持异议，虽未亲自到场办理结婚登记手续，但长期共同以配偶身份生活二十余年，表明缔结婚姻是双方的真实意思表示。只要查明当事人双方自愿结婚，并完成了结婚的形式要件，其法律登记中的瑕疵是不足以影响婚姻效力的。当事人以此为由起诉的，法院应当裁定驳回起诉。

【案例】

明知他人代其进行结婚登记而不持异议，并长期共同生活的，结婚登记中的瑕疵不足以影响婚姻效力

——秦某诉岳某婚姻无效纠纷案

案情： 1996 年 4 月，案外人代秦某与岳某到民政部门办理了结婚登记手续，领取了结婚证。从此，秦某与岳某开始以夫妻名义共有生活，直到 2018 年 11 月。其间，两人生育两子女，并以所领的结婚证申报了子女户口。后两人产生纠纷。

秦某起诉，要求确认秦某与岳某的婚姻无效。

一审法院经审理认为，秦某以他人代其办理结婚登记手续为由，请求确认婚姻无效。但秦某的行为表明双方缔结婚姻系其真实的意思表示。虽然双方在婚姻登记过程中存在瑕疵，但婚姻登记并不因此无效。裁定：驳回秦某的起诉。该裁判已生效。

分析： 程序具有瑕疵的结婚登记存在着不合法性，其法律效力自然会受到质疑。但仅有程序瑕疵的结婚登记的法律效力，缺乏明确的法律规定。结婚登记程序瑕疵，并不必然导致婚姻关系无效，不属于《婚姻法》第 10 条（《民法典》第 1051 条）规定的无效婚姻以及第 11 条（《民法典》第 1052 条）规定的可撤销婚姻情形。

本案中，双方明知他人代理其进行结婚登记，且对此不持异议，虽未亲自到场办理结婚登记手续，但有公开举行婚礼，共同以配偶身份生活二十余年，且生育两个孩子，凭借结婚证办理申报子女户口等行为，表明双方缔结婚姻是其真实的意思表示。

法律规定婚姻行为不得代理，而要求当事人双方亲自办理，其宗旨在于保障当事人系完全自愿地结为夫妻关系，这是婚姻成立的本质特征。但法律并没有规定当事人未亲自到场办理结婚登记，其缔结的婚姻一律无效。因此，只要查明当事人双方自愿结婚，并完成了结婚的形式要件，其法律登记中的瑕疵是不足以影响婚姻效力的。

【风险提示】

夫妻双方在进行结婚登记时，必须本人到场办理，不得委托他人代为办理。否则，婚姻登记程序存在瑕疵。但是，此瑕疵并不必然导致婚姻登记无效。

问题 4：虚增年龄办理的结婚登记是否有效?

【解答】

部分当事人在结婚时，因年龄未达到法定婚龄而虚增年龄进行结婚登记。当双方感情产生纠纷时，其往往以此为由主张结婚登记无效。虚增年龄办理的婚姻登记是否有效，不能“一刀切”，应当区别对待。当起诉时，婚姻当事人仍未达到法定婚龄，属于无效婚姻，依法应宣告婚姻无效。但当起诉时，双方均已达到法定婚龄，属于违法状态已消除，不能认定为无效婚姻，应按离婚诉讼处理。

【案例】

虚增年龄办理的结婚登记，但起诉时双方均已达到法定婚龄，不能认定为无效婚姻

——宿某诉代某离婚纠纷案[①]

案情：代某与宿某于2003年4月13日生育长女代某1，双方于2003年7月14日办理结婚登记，办理结婚登记时，宿某虚报了结婚年龄（现已达结婚年龄），

① 参见贵州省黔西南布依族苗族自治州中级人民法院民事判决书，（2015）兴民终字第64号。

2004年12月22日生育长子代某兴，2007年2月22日生育次子代某雄。2014年1月7日，双方曾因婚姻纠纷起诉至贵州省普安县人民法院，经法院调解和好。

2014年9月24日，宿某向贵州省普安县人民法院提起诉讼请求判决与代某离婚。

一审法院审理认为，原告宿某在与被告代某办理结婚登记手续时未达到法定婚龄，虚增年龄领取结婚证，其违法状态已经消灭，应承认其婚姻效力，本案应按离婚诉讼处理。双方夫妻感情确已破裂，对原告的离婚诉请，予以支持。该判决已生效。

分析：婚姻关系当事人应当达到法定婚龄。代某与宿某于2003年7月14日办理结婚登记时未达到法定婚龄，虚增年龄领取结婚证，属于婚姻登记瑕疵，婚姻关系处于违法状态。

但是之后原告一直与被告共有生活，且起诉时已达法定婚龄，其违法状态已经消灭。达到法定婚龄后原告的行为能够表明其真实意思，故应承认其婚姻效力。因此，本案应按离婚诉讼处理。

【风险提示】

婚姻当事人在进行结婚登记时，应当达到法定的结婚年龄。否则，将可能影响婚姻登记的效力，但并不必然导致婚姻无效。

【法律规定速查】

《中华人民共和国婚姻法》（2001年4月28日修正）

第十条 有下列情形之一的，婚姻无效：

（一）重婚的；

（二）有禁止结婚的亲属关系的；

（三）婚前患有医学上认为不应当结婚的疾病，婚后尚未治愈的；

（四）未到法定婚龄的。

◎ 民法典新规

第一千零五十一条 有下列情形之一的，婚姻无效：

（一）重婚；

（二）有禁止结婚的亲属关系；

（三）未到法定婚龄。

问题 5：个人财产在婚后产生的收益属于个人财产还是共有财产？

【解答】

对于个人财产在婚后产生的收益的财产属性，应当根据收益性质分别处理。当收益是个人财产的自然孳息、法定孳息或属于财产的自然增值时，收益应认定为个人财产。当收益不属于孳息或自然增值时，应认定为夫妻共有财产。

【案例】

个人婚前财产在婚后产生的租金属夫妻共同财产
——文某诉张某离婚纠纷案

案情：原审申请人文某与被申请人张某于 2006 年 5 月 12 日经人介绍相识并确定婚恋关系，同年 5 月 30 日在开江县民政局办理结婚登记。再审申请人文某与被申请人张某均系再婚，没有生育子女。文某与前妻生育了一子文某 1，张某与前夫生育了一女李某 1。现双方子女均已成家工作。再审申请人文某与被申请人张某婚后夫妻关系较好，再审申请人文某将婚前个人财产存款 19.98 万元交予了被申请人张某保管。后在再审申请人文某其子文某 1 结婚时拿走了 3 万元。再审申请人文某与被申请人张某婚后，双方购买了开江县新宁镇西大街 174 号住房一套，在县人大集资建房中投资了 10.7 万元，文某个人占股资金抵作了投资款，购得集资房一套，后变卖成现金 30 万元，由文某保管。

再审申请人文某起诉要求将婚前存款 16.98 万元及利息归其所有。

法院再审认为，再审申请人文某起诉要求将婚前存款 16.98 万元（已扣减给其子文某 1 人民币 3 万元）及利息判归其所有，有事实根据及法律依据，故应返还再审申请人文某的婚前个人存款 16.98 万元。其利息主张因文某与张某在婚续期间未作投资等他用，故不予支持。再审申请人文某要求分割被申请人张某原婚前财产位于新宁镇门市在其再婚后所得租金 21.36 万元的问题，应认定为夫妻共同财产，应酌情予以分割。该判决已生效。

分析：《最高人民法院关于适用〈中华人民共和国婚姻法〉若干问题的解释（三）》第 5 条规定，夫妻一方个人财产在婚后产生的收益，除孳息和自然增值外，应认定为夫妻共同财产。据此，对于个人财产在婚后的收益，属孳息和自然增值的，应认定为个人财产；除此之外的收益，应认定为夫妻共有财产。

本案中，再审申请人文某起诉要求将婚前存款16.98万元属婚前个人财产。该款在婚后并未投资，因此未产生收益。文某主张利息，不应支持。

对于再审被申请人张某原婚前财产位于新宁镇门市在其再婚后所得租金21.36万元，该款需要对房屋进行打理和经营等人工投入，不属于个人财产的孳息或自然增值。因而，应认定为夫妻共有财产。再审申请人文某有权主张分割部分租金。

【风险提示】

对于个人财产在婚后产生的收益的划分标准，应以共有财产为原则，以个人财产为例外。对于收益属性不明的收益，应推定为夫妻共有财产。

第三节　同居关系法律纠纷

问题 *1*：同居关系双方的财产已经混同，双方的财产应当如何分割？

【解答】

同居双方在长期的同居关系期间中，所取得财产已经混同，在无法区分份额的情况下，应将所得财产按共同共有财产进行分割。

【案例】

同居关系期间已混同无法区分份额的财产应按共同共有财产分割

——裴某国诉郑某善同居析产纠纷案[①]

案情： 裴某国与郑某玉于2005年之前开始共同生活在一起，并登记在同一个户口本，其共同居住的家庭成员有：裴某国（户主）、郑某玉（与户主关系为妻）、郑某善（与户主关系为长女）等。2009年10月28日，以郑某玉名义购买

① 参见吉林省高级人民法院民事判决书，(2018) 吉民终202号。

了位于和龙市人民大街的房屋。2014 年 12 月 29 日，上述房屋的市场价值评估为 166 154 元。2014 年 3 月 11 日，以郑某玉名义在中国邮政储蓄银行股份有限公司和龙市支行整存整取定期存款 70 万元。郑某玉于 2014 年 9 月 4 日死亡。2014 年 9 月 10 日，郑某善将郑某玉名下的中国邮政储蓄银行股份有限公司和龙市支行整存整取定期存款 70 万元及利息 1245.42 元取走并占为己有。

原告裴某国请求判令：（1）位于和龙市人民大街的房屋和郑某善取款并占为己有的 70 万元人民币的一半的为原告裴某国的个人财产；（2）位于和、位于和龙市人民大街的房屋，归原告裴某国所有；（3）被告郑某善返还给原告裴某国 266 923.00 元人民币。

一审法院支持了原告请求，被告不服，提起上诉。

二审法院审理认为，可以认定裴某国与郑某玉为同居关系，亦认可本案为同居关系析产纠纷，一审法院以此作为双方财产分割的法律基础并无不当。考虑到二人长期同居的事实，应当认定二人在长期的同居关系期间中，所取得财产已经混同，在无法区分份额的情况下，一审法院将其作为共同共有财产分配并无不当。同时，涉案房产购置于裴某国和郑某玉同居期间内，亦应当作为共同财产予以分割。判决：驳回上诉，维持原判。

再审法院认为，裴某国与郑某玉同居期间所购置的财产和收入，属裴某国与郑某玉共有财产，应由裴某国与郑某玉平均分得。郑某善将裴某国与郑某玉同居期间共有的 70 万元作为其母亲郑某玉个人财产全部占为己有的行为，侵犯了裴某国的财产权利，属于侵权行为。判决：维持原判决。

分析：同居关系存续期间，同居当事人的财产在此期间产生了混同，已无法区分各自份额的，依照《最高人民法院关于人民法院审理未办结婚登记而以夫妻名义同居生活案件的若干意见》第 10 条的规定，应按一般共有财产处理。

裴某国与郑某玉自 2005 年开始共同生活。在长达近十年的同居期间，共同承包经营和龙市客运大客车、延吉市裴某国货运运输、经营位于和龙市头道镇龙新村“幸福孤儿院”，购买了位于和龙市人民大街的房屋，并存有数十万元银行存款。这些财产都是二人共同经营所得，也无法区分二人各自份额。因此，依照《最高人民法院关于人民法院审理未办结婚登记而以夫妻名义同居生活案件的若干意见》第 10 条规定，应按双方共同共有处理，推定双方均等享有、分割上述共同财产。

【风险提示】

在同居当事人的财产未混同情况下，应按照实际财产状况分割双方财产。

问题 2：同居关系存续期间，同居双方形成的公司股权是否应当按照工商部门登记的比例进行分割？

【解答】

同居关系存续期间，双方对公司的股权应以双方的实际财产状况进行分割。如双方在同居期间财产已混同，则应按照一般共有财产处理，照顾妇女、儿童的利益，考虑财产的实际情况和双方的过错程度妥善分割。

【案例】

同居关系存续期间，双方对公司的股权应按实际财产状况分割

——涂某花诉徐某生同居关系析产纠纷案[①]

案情：涂某花于199×年与徐某生同居，于2015年6月解除同居生活关系。2012年4月19日，双方出资设立佳科公司，工商登记上涂某花出资40万元，出资比例为20%，徐某生出资160万元，出资比例为80%。公司成立后，徐某生以佳科公司的名义与部队重新签订《商务宾馆合作开发协议》。2011年10月29日，徐某生与涂某花签订了《合作协议》，约定进行商业街开发等。2012年10月11日，徐某生与涂某花签订了《合作协议增加条例》，约定：在双方合作期内所收租金起，所收取的租金对半平分。后涂某出资兴建了南昌经开区佳宝汇商业街项目，并于2013年开始招商出租。2015年6月12日上午，因经济纠纷与徐某生发生争执，徐某生将涂某花推倒，并对其前胸、腹部多处进行踢踹。经鉴定，涂某花为轻伤一级，伤残十级。

原告涂某花请求判令：分割原、被告之间的共同财产。

一审法院认为，本案的争议焦点是双方同居期间财产分割问题。关于佳科公司的股份重新进行分割问题，工商部门对出资方式的认定并不是进行实质审核，故不能仅凭上述证据即认定双方在佳科公司持有的股权。从出资情况来看，双方

① 参见江西省高级人民法院民事判决书，（2019）赣民再5号。

设立佳科公司时已同居生活十余年，双方同居期间的收入用于共同的生活消费，双方财产已混同，应认定为共同出资。从参与经营管理情况来看，双方对佳科公司的设立管理均有贡献。考虑到照顾妇女利益、双方对涉案财产贡献大小、双方过错程度等因素，双方应平分佳科公司股权为宜。判决：徐某生享有佳科公司50%股权，涂某花享有佳科公司50%股权。

二审法院认为一审判决有违事实和法律规定。

再审法院认为，一审处理结果，应予维持，二审改判适用法律存在错误，应予纠正。

分析：对于家族式公司的股权分配比例，工商部门对出资方式的认定并不是进行实质审核，不能仅凭登记股权比例认定实际持有股权的比例。分割公司股权应当从资金投入、经营管理、盈利分配等多方面考量。

本案佳科公司的股权分配，从注册资金投入来看，公司设立时，涂某花与徐某生已同居生活了十余年，双方财产已产生了混同。从公司经营管理角度看，徐某生担任公司法定代表人，涂某花任公司监事，公司经营事项也是由双方共同经营。因此，双方对公司的设立、经营均有贡献。从公司盈利分配来看，双方均认可公司成立至今未进行过盈利分配，公司收入一直放在家中。从上述各个方面均可看出，涂某花与徐某生在同居期间财产已产生了混同。因此，应按照一般共有财产处理佳科公司的股权。

【风险提示】

如双方在同居期间财产并未混同，则应按照各自实际出资比例、公司经营贡献、红利分配比例等标准进行分割公司股权。

第四节　婚约财产法律纠纷

问题 1：聘礼赠送方以未办理结婚登记为由主张聘礼接受方返还聘礼的，是否支持？

【解答】

赠送方基于婚约基础向接受方交付聘金，系以双方结婚为目的的附条件赠与行为。如双方未能结婚，则所附条件未成就，赠与行为未生效，接受方应当返还部分聘金。

【案例】

已交付的聘金在双方未结婚的情况下应返还
——李某诉郑某1、谢某婚约财产纠纷案[①]

案情：被告谢某、郑某2系被告郑某1父母。2014年12月26日，原告李某与被告郑某1经媒人介绍认识。2015年年初，原告李某与被告郑某1同居生活，于2015年农历十二月二十六日（公历为2016年2月4日）举行订婚仪式，原告将聘金82 000元送给被告郑某1。后双方于2016年6月终止交往。

原告李某请求判令：被告谢某、郑某2返还原告聘金82 000元。

一审法院审理认为，原告基于婚约基础向被告交付聘金，系以双方结婚为目的的附条件赠与行为，现双方未能结婚，则所附条件未成就，赠与行为未生效，被告应当返还聘金。对两证人证言予以采纳，并认定本案聘金为82 000元及双方同居生活始于2015年年初的事实。结合本案双方当事人在订立婚约后已经共同生活的实际、彩礼组成、彩礼数额及本市农村的风俗习惯等因素，本案酌情返还原告聘金48 000元为宜。原告合理的诉讼请求，予以支持。判决：一、由被告郑某1于判决生效之日起十日内返还原告李某人民币48 000元；二、驳回原告李某的其

① 参见浙江省玉环市人民法院民事判决书，（2017）浙1021民初3793号。

他诉讼请求。该判决已生效。

分析：原告基于婚约基础向被告交付聘金，系一种附条件赠与行为。该所附条件为双方结婚。当双方未能结婚，则所附条件未成就，赠与行为未生效，收取方应当返还聘金。

本案中，原告李某在订婚时向被告郑某1交付聘金，即是附条件的赠与行为。虽然原告未明确向被告说明所附条件，但是该赠与显然是以双方缔结婚姻为基础的，也是以此为条件的。当出现原、被告无法结婚时，即原告所附条件未能成就。该附条件的赠与行为得以撤销。原告赠送的聘金应适当返还。

【风险提示】

虽然聘金在所附条件未成就时得以部分返还，但是应当扣除聘金收受方支出的合理费用。因此，当双方无法结婚时，应适当返还聘金。

问题2：赠送方主张接受聘礼方的父母承担共同返还责任的，是否支持？

【解答】

给付婚约财产的问题，并不单纯的是男女双方之间的事情，更多的时候涉及两个家庭之往来。对于婚约财产的给付人和接受人，都应当作广义的理解，不能仅仅局限于准备缔结婚姻关系的男女本人，还可能包括男女双方的父母和亲属，这些人均可以成为返还婚约财产诉讼的当事人。

【案例】

接受聘礼方的父母应承担共同返还聘礼的责任

——刘某诉唐某1、唐某婚约财产纠纷案[①]

案情：2015年1月，刘某与唐某1通过网络认识，××××年××月××日在九寨沟县民政局登记结婚，刘某向唐某1共计给付68 000元，即60 000元作为彩礼钱，8000元用作购买首饰。根据当地风俗，唐某1和唐某向刘某退还26 300元，并购买价值3700元的牛肉干等土特产邮寄给刘某家里。刘某与唐某1

① 参见四川省高级人民法院民事判决书，（2018）川民再521号。

为到刘某老家办理婚事及到太原办理离婚手续交通费开支13 055元。2015年3月30日，刘某与唐某1通过协议离婚的方式在太原经济开发区民政局办理了离婚手续。

原告刘某请求退还彩礼。

一审法院判决：驳回刘某的诉讼请求。

一审法院查明的事实，二审法院予以确认。另查明，唐某1于××××年××月××日、7日、8日通过支付宝向刘某转账23 300元。

二审法院判决：（一）撤销四川省九寨沟县人民法院（2016）川3225民初46号民事判决；（二）唐某1、唐某退还刘某彩礼40 700元；（三）驳回刘某的其他诉讼请求；（四）驳回刘某的其他上诉请求。

再审法院认为，关于唐某是否是本案适格主体的问题。在实际生活中，给付婚约财产的问题，并不单纯的是男女双方之间的事情，更多的时候涉及两个家庭之往来。对于婚约财产的给付人和接受人，都应当作广义的理解，不能仅仅局限于准备缔结婚姻关系的男女本人，还可能包括男女双方的父母和亲属，这些人均可以成为返还婚约财产诉讼的当事人。故，刘某在本案中将唐某列为本案共同被告是适当的，即唐某是本案的适格主体。关于唐某1、唐某是否需要向刘某返还案涉婚约财产的问题。一审判决结果正确，应予维持。唐某1、唐某再审理由成立，予以支持。判决：一、撤销四川省阿坝藏族羌族自治州中级人民法院（2017）川32民终11号民事判决；二、维持九寨沟县人民法院（2016）川3225民初46号民事判决。

分析：对于婚约财产纠纷的当事人，不应作狭义的理解，不应仅仅局限于婚约财产男女双方。从实际生活来看，婚约财产更多的是两个家庭之间的财产往来。因此，对于婚约财产的当事人，都应当作广义的理解。除准备缔结婚姻的男女双方之外，还可能包括男女双方的父母和亲属，这些人均可以成为返还婚约财产诉讼的当事人。

本案中，给付聘金的刘某，其财产来源并非就是其自有财产。从经济能力来看，更可能的是其财产来源于其父母家庭。相应的，接受聘金方唐某，收受的聘金很可能是其父母家庭。因此，刘某将唐某、唐某1等作为被告主体亦适格。

【风险提示】

部分意见认为，婚约男女双方才是当事人。婚约男女的父母亲属在交往关系中只是作为男女双方的代理人，承担责任的也是男女双方本人。该意见对婚约财产纠纷的当事人理解得过于狭义，不符合婚姻关系的实际情况。

问题 3：在婚约财产纠纷中，当事人的出资情况能否对抗物权登记效力？

【解答】

在婚约财产纠纷中，在无其他相反证据证明的情况下，当事人对所购不动产的出资情况不能对抗该不动产的物权登记效力。物权登记的份额超出实际出资的价值部分，应视为赠与。至于该赠与是否为附条件的赠与，应由该事实的主张人负举证责任。

【案例】

物权登记的份额超出实际出资的价值应被视为赠与
——王某诉赵某婚约财产纠纷案①

案情：王某与赵某2009年确立恋爱关系。2011年8月，以233万元的价格购买涉案房屋。2011年11月，王某、赵某取得房屋所有权证书，各享有50%的产权。2012年5月，双方分手。

王某申请再审称，王某全额出资购买的涉案房屋之所以将50%的产权登记在赵某的名下，完全基于双方以结婚为目的、为条件。原判举证责任的分配严重不当。王某向赵某赠送房产份额的目的无非是希望与对方最终结婚。这种以“与对方结婚”为条件的赠与，应当属于附条件的赠与，只有在双方成功结为夫妻时才能真正生效。

再审法院认为，当事人对自己提出的主张，有责任提供证据。没有证据或证据不足以证明当事人的事实主张的，由负有举证责任的当事人承担不利后果。再审期间，王某提交其父身份证件、房产证及亲笔证明，欲证明购房款的出资情况及为结婚购买距离父母近的婚房，应为附条件的赠与或彩礼性质。经核，上述证据尚不属于新证据。王某在明知赵某的出资很少的情况下，仍将房屋的50%产权登记至赵某名下。王某的现有证据不足以证明其主张该房产份额属于彩礼，抑或

① 参见北京市高级人民法院民事裁定书，（2019）京民申4345号。

为附以结婚为条件的赠与。王某的出资情况并不能产生对抗物权登记的效力。原判未支持其要求确认涉案房屋归其个人所有并无不当。王某的再审申请不符合《民事诉讼法》第200条规定的情形。裁定：驳回王某的再审申请。

分析：不动产登记机关登记的共有人份额，必须经物权人签名确认。该登记份额应推定为当事人的真实意思表示。当事人主张该份额与事实不符的，应举证证明。王某在明知赵某的出资很少的情况下，仍将房屋的50%产权登记至赵某名下。在王某未举证证明双方另有约定的情况下，该份额具有一定的可信力，应推定为双方的真实意思表示。

本案中，即使如王某主张的情况属实，即赵某的出资与其登记的50%的份额不符，不足以占该不动产的50%份额。因不动产权人已进行了物权登记，赵某的出资情况也不足以对抗、否定物权登记的效力。此时，赵某名下超出其出资的价值应为赠与。

王某主张相关的价值是彩礼，属于附条件的赠与。根据民事诉讼证据的有关规定，王某对此应承担举证责任。否则，其所主张的事实将不被认定。

【风险提示】

当事人的婚约财产关系，属于婚前法律关系。因此，当事人在处理此类财产关系时应尽量谨慎，以防不理智的行为日后引发双方纠纷。

第五节　赡养纠纷

问题 *1*：老年人是否有权要求赡养人支付赡养费？

【解答】

根据《老年人权益保障法》第19条第2款规定，赡养人不履行赡养义务的，老年人有权要求赡养人给付赡养费。支付赡养费属于经济上的赡养。支付的标准为不低于维持当地一般生活水平。

问题 2：对于老年人产生的医疗费、伙食费、住宿费、交通费等是否属于赡养费应承担的范畴？

【解答】

赡养人对医疗费应当承担给付责任。被赡养人要求赡养承担医疗费之外的伙食费、住宿费、交通费等费用，缺乏法律依据，不应支持。

【案例】

医疗费之外的其他费用不在赡养义务范围
——相某 1 诉相某 2 赡养纠纷案[①]

案情：2005 年 5 月 5 日，相某 2 和相某 3 分家，约定平摊相某 1 夫妇因病花费。之后，相某 1 住院，共花费医疗费 138 487. 6 元。此外，被赡养人还有除医疗费以外的住院伙食补助费、误工费、护理人员伙食费、住宿费、交通费等以及精神损害抚慰金损失。

相某 1 再审主张，相某 2 每月支付 1000 元赡养费并支付 5 万元的精神损害抚慰金，承担其母亲及再审申请人的医疗费、伙食费等各项费用 20 万元。

再审法院经审查认为，原审法院认定医疗费为 138 487. 6 元，并判决由被申请人相某 2 承担三分之一的支付责任，以及每月给付再审申请人 400 元赡养费并无不当。再审申请人主张，被申请人应承担其母亲和再审申请人的除医疗费以外的住院伙食补助费、误工费、护理人员伙食费、住宿费、交通费等以及精神损害抚慰金，经审查，再审申请人的该主张缺乏相应的法律依据。裁定：驳回再审申请人相某 1 的再审申请。

分析：依照《民事诉讼法》和《最高人民法院关于适用〈中华人民共和国民事诉讼法〉的解释》之相关规定，当事人对自己的主张、对自己提出的诉讼请求，应当提供证据加以证明，否则应承担举证不能的不利法律后果。

本案原审法院认定医疗费为 138 487.6 元以及参照 2017 年河北省农村居民年生活消费支出 10 536 元的标准，并结合相某 1 居住情况，判决由被申请人相某 2 承担三分之一的支付责任，判决由被申请人每月给付再审申请人 400 元赡养费，符合法律规定。并且支付的标准也未低于维持当地一般生活水平，原判决并无

---

① 参见河北省高级人民法院民事裁定书，(2019) 冀民申 8068 号。

不当。

对于除医疗费以外的住院伙食补助费、误工费、护理人员伙食费、住宿费、交通费等以及精神损害抚慰金，并非法定赡养义务范畴，再审申请人的该主张缺乏相应的法律依据。

【风险提示】

赡养费支付的标准为不低于维持当地一般生活水平。高于此标准的诉讼请求并不合理，将不会得到支持。

问题 3：哪些人对被赡养人负有赡养义务？

【解答】

《老年人权益保障法》第 14 条第 2 款、第 3 款规定："赡养人是指老年人的子女以及其他依法负有赡养义务的人。赡养人的配偶应当协助赡养人履行赡养义务。"因此，赡养人的范围包括：（1）被赡养人的子女；（2）赡养人的配偶；（3）其他负有赡养义务的人。

问题 4：赡养人对被赡养人应尽哪些赡养义务？

【解答】

《老年人权益保障法》第 14 条第 1 款规定，赡养人应当履行对老年人经济上供养、生活上照料和精神上慰藉的义务，照顾老年人的特殊需要。从该条文可以看出，赡养人的赡养义务主要体现在三个方面：（1）经济上的供养，主要是生活费、医疗费的承担；（2）生活上的照料，照料被赡养人的日常起居生活，照顾老年人生活上的其他特殊需要；（3）精神上的慰藉，指赡养人对被赡养人给予更多的精神上的关怀，让被赡养人感受到精神上的抚慰。

问题 5：未达到国家规定的退休年龄，又未丧失劳动能力的父母能否主张赡养人履行赡养义务？

【解答】

未达到退休年龄，且未丧失劳动能力，其尚不属于被赡养人范畴。其要求子女履行赡养义务的，不予支持。

【案例】

未达到国家规定的退休年龄且未丧失劳动能力的父母不能主张被赡养的权利

——尹某邦、任某贞诉纪某星赡养纠纷案[①]

案情：被告纪某星3周岁左右跟随奶奶生活。后因奶奶去世，姑姑尹某将纪某星接到其家中抚养。纪某星6周岁左右，养父母收养纪某星，但未依法办理收养登记。2018年1月，原告找到被告纪某星，并通过公安机关做了亲子鉴定，该鉴定证明原、被告系生物学父母子关系。

2019年1月11日，原告尹某邦、任某贞起诉被告纪某星，要求被告承担赡养费、医疗费等，并每两个月回家探视一次二原告，并保持通信畅通等。

法院经审理认为，二原告尚未达到退休年龄，且耕种6亩农田，说明二原告并未达到丧失劳动能力，经济来源能满足日常生活所需，故对二原告主张被告支付赡养费不予支持。至于原告要求定期探视、保持联络等要求，属于道德和情感的范畴，不可能通过法律的强制得以实现，对该请求不予支持。

分析：子女对父母有赡养扶助的义务，赡养人应当履行对老年人经济供养、生活照顾和精神上慰藉的义务。赡养老人是中华民族的传统美德，是每个公民的法定义务。按照法律规定，成年子女不履行赡养义务的，缺乏劳动能力或者生活困难的父母，有要求成年子女给付赡养费的权利。“缺乏劳动能力”参照国家规定的退休年龄（男年满60周岁，女年满50周岁）。

本案中，二原告尚未达到退休年龄，承包的农田能够满足日常生活所需，有经济收入来源，说明二原告并未达到丧失劳动能力，也说明原告并非生活困难。因此，二原告尚不符合被赡养条件，其支付赡养费的请求无法获得支持。

【风险提示】

处理赡养纠纷时，不但要考虑法律条文的规定，更要从案件的实际情况出发，预测纠纷处理的个案效果和社会效果。当国家强制力的介入不但无助于解决纠纷，甚至容易激化矛盾，导致矛盾尖锐化、复杂化时，司法的力量应当保持适度的谦抑。

---

① 参见河北省深泽县人民法院民事判决书，（2019）冀0128民初194号。

第六节 抚养纠纷

问题 1：相对于婚生子女而言，非婚生子女享有怎样的权利？

【解答】

非婚生子女与婚生子女享有同等的权利，有权要求父母亲承担自己的生活费和教育费。

【法律规定速查】

《中华人民共和国婚姻法》（2001 年 4 月 28 日修正）

第二十五条 非婚生子女享有与婚生子女同等的权利，任何人不得加以危害和歧视。

不直接抚养非婚生子女的生父或生母，应当负担子女的生活费和教育费，直至子女能独立生活为止。

◎ 民法典新规

第一千零七十一条第一款 非婚生子女享有与婚生子女同等的权利，任何组织或者个人不得加以危害和歧视。

问题 2：解除同居关系后，未成年子女应当由哪方抚养？

【解答】

未成年子女的抚养，应当以未成年子女利益最大化为考量原则，根据父母双方的抚养条件、抚养意愿等因素具体确定。对于 2 周岁以下的子女，一般考虑由母亲抚养为宜。对于 2 周岁以上、8 周岁以下的子女，综合考虑父母双方的抚养条件、抚养意愿。对于已满 8 周岁的未成年子女，考虑子女意愿，以最大化保护子女利益。

【案例】

解除同居关系时，抚养权的确定应当遵循未成年子女利益最大化原则

——王某诉李某同居关系子女抚养纠纷案[①]

案情：2014 年 12 月 20 日，王某与李某未经登记，举行结婚仪式后同居生活，2016 年 4 月 12 日李某生育女孩王小某。2017 年农历十月，双方因生活琐事发生争吵，李某明确告知王某解除同居关系并离家出走。

原告王某请求判令：女儿王小某由原告抚养，被告支付抚养费。

一审法院审理认为，依照《婚姻法》的规定，非婚生子女与婚生子女有同等的权利。子女抚养的确定，应从有利于孩子的健康成长角度考量，根据庭审查明的事实，自 2017 年 4 月至今孩子一直由王某抚养，孩子已适应了王某提供的生活环境，如再变动不利于孩子的成长，故孩子应由王某抚养为宜。至于孩子抚养费的确定，应根据被抚养人的抚养年限、李某的经济负担能力及当地农村居民人均生活消费性支出水平来综合考量，王某请求由李某一次性给付 40 000 元孩子抚养费应为合理，应予以支持。判决：一、原告王某与被告李某非婚生女孩王小某由原告王某抚养，待孩子成年后跟父随母由其自择；二、被告李某于本判决生效后三个月内给付原告王某孩子抚养费 40 000 元等。后，李某上诉要求改变孩子的抚养权。二审法院判决：驳回上诉，维持原判。

分析：子女抚养权的确定应当遵循未成年子女利益最大化原则，即在确定子女抚养权的归属时，应优先考虑子女健康成长的利益。

本案中，李某与王某虽已解除同居关系，但二人均具有抚养和教育女儿王小某的权利和义务。本着对子女成长有利的原则，法院作了如下考量：李某与王某均未提供证据证明有固定收入，双方基本条件相当；但考虑到女儿王小某长期由王某父母照顾，已经形成稳定的生活成长模式，综合考虑王小某的生活、情感，由王某抚养不会改变其生活环境，更有利于孩子健康成长。因此，法院最终确定由王某抚养女儿王小某。

① 参见甘肃省平凉市中级人民法院民事判决书，（2019）甘 08 民终 1009 号。

【法律规定速查】

◎ 民法典新规

第一千零八十四条第三款 离婚后，不满两周岁的子女，以由母亲直接抚养为原则。已满两周岁的子女，父母双方对抚养问题协议不成的，由人民法院根据双方的具体情况，按照最有利于未成年子女的原则判决。子女已满八周岁的，应当尊重其真实意愿。

问题 3：不直接抚养子女的父母亲，应当按照什么标准及什么方式给付子女的抚养费?

【解答】

一般而言，子女抚养费的给付标准是按照抚养人固定收入、年总收入或同行业平均收入的百分之二十至百分之三十的比例。

抚养费的给付方式为：有条件的应一次性给付；不具备条件的，应当定期给付。

【案例】

抚养费的给付标准与给付方式
——夏某诉李某同居关系子女抚养纠纷案[①]

案情： 被告李某与原告夏某于 2015 年通过交友平台认识，2015 年下半年，双方确立男女朋友关系，2016 年 5 月 20 日，双方分手各自生活。同居生活期间，原告于 2016 年怀孕，并于 2017 年 1 月 8 日生育儿子夏小某。分手后，非婚生子夏小某由原告抚养，被告未承担抚养费。被告系湖南某泉贸易有限公司的法人代表，该公司经营状态为存续。湖南省 2017 年度批发零售业从业人员年平均工资为 29 784 元。

一审法院认为，非婚生子女享有与婚生子女同等的权利，不直接抚养非婚生子女的生父或生母，应当负担子女的生活费和教育费。被告与原告的非婚生子夏小某一审时未满两周岁，现随原告及其父母生活，不改变其成长环境有利于小孩的身心健康，故夏小某由原告抚养成人，被告负担抚养费为宜。关于抚育费的问

① 参见湖南省益阳市中级人民法院民事判决书，(2019) 湘 09 民终 1610 号。

题，被告经营湖南某泉贸易有限公司，属于批发和零售业，湖南省 2017 年城镇私营单位从业人员年平均工资显示，批发零售业从业人员年平均工资为 29 784 元，故被告应支付抚育费的数额可以依据此行业年平均收入，按每月百分之三十的比例给付，直至非婚生子夏小某年满 18 周岁，共计 160 833.6 元，原告只要求被告支付 150 000 元，应予支持。被告为湖南某泉贸易有限公司法定代表人，且该公司经营状态为存续，故由被告一次性支付非婚生子夏小某抚育费为宜。判决：原告夏某与被告李某非婚生子夏小某由原告夏某抚养成人，被告李某一次性支付抚育费 150 000 元，夏小某的医疗费、教育费凭有效票据由双方各承担 50%。后，李某提起上诉。二审法院判决：驳回上诉，维持原判。

分析：第一，关于非婚生子女的权利。虽然李某与夏某未办理结婚登记即共同生活，其同居关系不受法律保护，但双方的非婚生子女享有与婚生子女同等的权利。即不直接抚养非婚生子女的生父或生母，应当负担子女的生活费和教育费，直至子女能独立生活。因此，不直接抚养非婚生子的李某，应当承担夏小某的抚养费。

第二，关于非婚生子女由哪方抚养。根据《最高人民法院关于人民法院审理离婚案件处理子女抚养问题的若干具体意见》第 1 条规定，2 周岁以下的子女，一般随母方生活。母方有不宜抚养或无法抚养的情形时，可随父方生活。

本案中，李某与夏某的非婚生子夏小某一审时未满 2 周岁，夏某不存在不宜抚养或无法抚养的情形。且不改变其成长环境有利于小孩的身心健康，故夏小某由夏某抚养成人，李某负担抚养费为宜。

第三，关于抚养费的给付标准与给付方式。子女抚养费的给付标准是按照抚养人固定收入、年总收入或同行业平均收入的百分之二十至百分之三十的比例。

被告经营的公司，属于批发和零售业，一审法院根据湖南省 2017 年批发零售业从业人员年平均工资 29 784 元的百分之三十比例计算，算至非婚生子夏小某年满 18 周岁，共计 160 833.6 元（29 784 元 ×30% ×18）。原告只要求上诉人支付 150 000 元，未超出法律规定，应予支持。

至于给付方式，被告有条件一次性给付抚养费的，应当一次性给付。一审法院判决一次性给付抚养费 150 000 元，符合法律规定。

【风险提示】

在处理子女抚养纠纷时，父母亲的经济能力属于抚养条件，只是考量子女抚养的重要因素，但不是决定性因素。决定性的考量因素应当是未成年子女利益最大化原则，即如何最大化保护未成年子女的利益。

【法律规定速查】

《最高人民法院关于人民法院审理离婚案件处理子女抚养问题的若干具体意见》（法发〔1993〕30号 1993年11月3日）

第7条 子女抚育费的数额，可根据子女的实际需要、父母双方的负担能力和当地的实际生活水平确定。

有固定收入的，抚育费一般可按其月总收入的百分之二十至三十的比例给付。负担两个以上子女抚育费的，比例可适当提高，但一般不得超过月总收入的百分之五十。

无固定收入的，抚育费的数额可依据当年总收入或同行业平均收入，参照上述比例确定。

有特殊情况的，可适当提高或降低上述比例。

第8条 抚养费应定期给付，有条件的可一次性给付。

◎ 民法典新规

第一千零八十五条 离婚后，子女由一方直接抚养的，另一方应当负担部分或者全部抚养费。负担费用的多少和期限的长短，由双方协议；协议不成的，由人民法院判决。

前款规定的协议或者判决，不妨碍子女在必要时向父母任何一方提出超过协议或者判决原定数额的合理要求。

问题4：子女成年后，能否向未直接抚养其的父母亲一方追索未成年期间的抚养费和医疗费？

【解答】

子女成年后能否向未直接抚养方的父母追索抚养费和医疗费，受到其父母亲在离婚时或者解除同居关系时对其抚养费、医疗费等协议的影响。如原协议对上述相关费用已作约定，而未直接抚养方也已履行约定的义务，则其已成年，已维持了基本生活，无权再主张追索抚养费。

如原协议未对医疗费作约定，则在抚养期间产生的医疗费属于离婚或解除同居关系后的新情况，其有权向未直接抚养方按照相应比例追索。

【案例】

子女成年后能否向未直接抚养方的父母追索抚养费和医疗费
——崔某诉葛某抚养纠纷案①

案情： 原告之父崔某1与被告葛某原系夫妻关系。原告崔某于2001年2月3日出生，系崔某1与葛某的婚生子。2006年10月18日，崔某1与葛某在婚姻登记机关办理离婚登记，双方达成离婚协议书，该协议书中载明：“……婚生子随甲方（崔某1）生活，乙方（葛某）一次付给孩子抚养费伍仟元整……”被告葛某给付原告5000元抚养费后再未支付，原告及其监护人在本次诉讼前也未向法院起诉要求被告葛某支付抚养费。另外，自2013年起，原告因病赴郑州儿童医院等医疗机构检查。

原告崔某请求判令：原告要求被告还应支付12年共计60 000元抚养费及医疗费的主张。

一审法院认为，原告要求被告还应支付12年共计60 000元抚养费的主张，不予支持。崔某1与葛某协议离婚后，原告崔某患病，在崔某1与葛某的离婚协议中对原告患病所需的医疗费没有涉及，属离婚后出现的新情况，而支出的医疗费亦发生在崔某未成年期间，原告起诉要求被告支付医疗费时虽已成年，但仅是成年后不久，刚从高中学历教育的职技校毕业，并未马上获得独立生活的能力，且主张的是看病的医疗费用，故原告要求被告支付部分医疗费属合理要求，予以支持。后，原告崔某不服，提起上诉。二审法院判决：驳回上诉，维持原判。

分析： 第一，关于未成年期间的抚养费。抚养费的主要功能是为了维持未成年子女的基本生活，保障未成年子女的健康成长。能否在成年后追索抚养费，应当回顾抚养费的保障目的。

本案中，原告之父崔某1与被告葛某协议离婚时，约定葛某一次性付给崔某抚养费5000元，并未约定每年支付5000元。且从该协议的履行情况看，被告葛某一次性支付5000元后再未支付。原告及其监护人也并未在原告未成年期间向被告主张支付抚养费。无论从离婚协议的文义上看，还是从客观履行上看，离婚协议中关于抚养费的约定应推定为崔某1一次性支付抚养费5000元。现原告已成年，其基本生活已获得了保障。其关于追索抚养费的请求不符合抚养费的设立目

① 参见山西省晋城市中级人民法院民事判决书，（2019）晋05民终1772号。

的，不应得到支持。

第二，关于未成年期间的医疗费。原告崔某患病发生在崔某1与葛某协议离婚后。在崔某1与葛某的离婚协议中对子女医疗费没有涉及。因此，原告崔某的医疗费属于离婚后出现的新情况。其父母在离婚时对此未作约定。而原告支出的医疗费亦发生在崔某未成年期间，虽然原告起诉要求被告支付医疗费时已成年，但是其成年后不久，刚从高中学历教育的职技校毕业，并未马上获得独立生活的能力，故原告要求被告支付部分医疗费属合理要求，应当得到支持。

【风险提示】

子女在成年后能否向未直接抚养的父母追索未成年期间的抚养费、医疗费、教育费，应当受到当年父母离婚协议或者解除同居关系时子女抚养协议的约束。

如上述协议已对相关费用作了明确约定，子女成年后表明其基本生活已得到保障，不得另行主张。

第七节　收养纠纷

问题 *1*：收养人应该具备什么条件?

【解答】

根据《收养法》第6条（《民法典》第1098条）规定，收养人应当同时具备下列条件：

（1）无子女；

（2）有抚养教育被收养人的能力；

（3）未患有在医学上认为不应当收养子女的疾病；

（4）年满三十周岁。

《收养法》第7条第2款（《民法典》第1099条）规定，华侨收养三代以内同辈旁系血亲的子女，还可以不受收养人无子女的限制。

《收养法》第9条（《民法典》第1102条）规定，无配偶的男性收养女性的，收养人与被收养人的年龄应当相差40周岁以上。

【法律规定速查】

◎ 民法典新规

第一千零九十八条　收养人应当同时具备下列条件：

（一）无子女或者只有一名子女；

（二）有抚养、教育和保护被收养人的能力；

（三）未患有在医学上认为不应当收养子女的疾病；

（四）无不利于被收养人健康成长的违法犯罪记录；

（五）年满三十周岁。

第一千零九十九条　收养三代以内旁系同辈血亲的子女，可以不受本法第一千零九十三条第三项、第一千零九十四条第三项和第一千一百零二条规定的限制。

华侨收养三代以内旁系同辈血亲的子女，还可以不受本法第一千零九十八条第一项规定的限制。

第一千一百条　无子女的收养人可以收养两名子女；有子女的收养人只能收养一名子女。

收养孤儿、残疾未成年人或者儿童福利机构抚养的查找不到生父母的未成年人，可以不受前款和本法第一千零九十八条第一项规定的限制。

问题 2：送养人应该具备什么条件？

【解答】

根据《收养法》第 5 条（《民法典》第 1094 条）规定，下列公民、组织可以作送养人：

（1）孤儿的监护人；

（2）社会福利机构；

（3）有特殊困难无力抚养子女的生父母。

【法律规定速查】

◎ 民法典新规

第一千零九十四条　下列个人、组织可以作送养人：

（一）孤儿的监护人；

（二）儿童福利机构；

（三）有特殊困难无力抚养子女的生父母。

问题 3：送养应当符合什么条件？

【解答】

送养应当符合以下条件：

（1）收养人符合法定条件；

（2）送养人符合法定条件；

（3）收养人收养与送养人送养，须双方自愿；

（4）收养年满十周岁以上未成年人的，应当征得被收养人的同意；

（5）除父母对未成年人有严重危害可能之外，未成年人父母具备完全民事行为能力；

（6）送养未成年孤儿的，须征得有抚养义务的人同意。

问题 4：收养程序有哪些？收养关系成立后有哪些法律效果？

【解答】

当收养查找不到生父母的弃婴和儿童时，应当由办理登记的民政部门在登记前公告。收养关系当事人达成收养协议，双方可订立收养协议。同时，收养必须在县级以上人民政府的民政部门登记。

收养关系成立后，会产生以下法律效果：

（1）养父母与养子女形成拟制的直系或旁系的血缘关系；

（2）养子女与养父母的近亲属之间形成拟制的血亲关系；

（3）养子女与生父母及其近亲属之间的权利义务关系因此消除。

问题 5：《收养法》实施前，收养人与被收养人长期共同生活，但未办理收养登记手续的，是否应当按照收养关系对待？

【解答】

《收养法》[①] 自 1999 年 4 月 1 日起开始施行。在此之前，长期共同生活、但未

---

① 《收养法》自《民法典》于 2021 年 1 月 1 日施行起废止。

办理收益登记手续的收养关系，应当适用1984年8月30日由最高人民法院发布的《关于贯彻执行民事政策法律若干问题的意见》第28条的规定，即亲友、群众公认，或有关组织证明确以养父母与养子女关系长期共同生活的，虽未办理合法手续，也应按收养关系对待。

【案例】

未办理收养手续的收养是否形成事实收养关系

——胡某1诉胡某2确认收养关系纠纷案[①]

案情：胡某3与匡某系夫妻关系，二人于1980年3月6日育有一子，名胡某1。胡某2于1988年8月2日出生，出生后胡某2随胡某3、匡某共同生活，并以父女、母女相称。2003年4月28日，胡某3、匡某作为收养人、胡某2作为被收养人办理公证，《公证书》内容为"兹证明收养人胡某3、匡某夫妻于一九八八年九月二十日在北京市收养弃婴胡某2为女，双方共同生活，相互以父母女相称，并履行抚养义务，已形成事实收养关系，胡某2的养父是胡某3；胡某2的养母是匡某"。2016年，匡某去世。

胡某1以胡某2并非弃婴不符合被收养条件、胡某3及匡某育有子女不符合收养条件及收养胡某2未经民政部门登记为由，主张胡某3与胡某2之间收养行为无效。

一审法院审理认为，胡某3与胡某2自1988年起长期共同生活，并以父女相称，虽未办理收养手续，但不违反当时的法律规定，能够认定胡某3、胡某2之间形成事实上的收养关系，且合法有效，故对胡某1的诉讼请求不予支持。

一审宣判后，胡某1上诉。二审法院审理认为，收养关系成立与否应当结合当时的法律法规，考虑收养人与被收养人收养关系的形成过程、共同生活情况进行综合判断，故能够认定胡某3、胡某2之间形成事实上的收养关系；胡某1的主张，不予支持。判决：驳回上诉，维持原判。

分析：《最高人民法院关于贯彻执行民事政策法律若干问题的意见》（1984年8月30日发布）第28条规定："亲友、群众公认，或有关组织证明确以养父母与养子女关系长期共同生活的，虽未办理合法手续，也应按收养关系对待。"

---

① 参见北京市第一中级人民法院，（2020）京01民终992号民事判决书。

本案中，胡某 2 自 1988 年出生后即被胡某 3 夫妇抱养回家，并以养父母与养子女关系长期共同生活。根据当时生效的规范性文件，胡某 3 与胡某 2 虽未办理收养手续，彼此间身份互相认同、家庭融合，应当认定双方已形成事实上的收养关系。收养关系作为一种法律拟制的亲属关系，自成立之日起，养父母与养子女间的权利义务关系，适用法律关于父母子女关系的规定。

胡某 1 主张应适用《收养法》。但是《收养法》自 1992 年 4 月 1 日起开始施行。本案收养发生于 1988 年。根据法不溯及既往的原则，收养关系成立与否应当结合收养行为发生时的法律法规。因此，胡某 1 该主张不能得到支持。

【风险提示】

未办理收养登记的收养，是否能够形成事实收养关系，应当以收养发生时的时间节点为依据。如果发生在 1992 年 4 月 1 日前，则不应适用《收养法》。如果发生在 1992 年 4 月 1 日后，则应适用该法。2021 年 1 月 1 日起应适用《民法典》相关规定。

问题 *6*：被收养子女成年后，收养人能否解除收养关系？如果关系解除，收养人能否主张被收养人返还收养期间的生活费、教育费？

【解答】

根据《收养法》(《民法典》第 1115 条）的规定，被收养子女成年后，收养人与被收养人关系恶化、无法共同生活的，双方可以协议解除收养关系。不能达成协议的，可向人民法院起诉。因此，当被收养子女成年后，如果双方关系恶化、无法共同生活的，法院可根据案情解除收养关系。

如果因养子女成年后虐待、遗弃养父母而解除收养关系的，养父母可以要求养子女补偿收养期间支出的生活费和教育费。否则，养父母不得主张返还或补偿收养期间支出的生活费和教育费。

【案例】

养父母有权在养子女成年后要求解除收养关系
——李某某诉周某收养关系纠纷案[①]

案情：周某某与李某某于1963年9月15日登记结婚，双方未生育子女，但收养周某为养女，2012年9月6日，周某某因病去世。2014年之前，尽管双方未共同居住，但关系尚可，2014年双方共同外出旅游后产生矛盾。此后，因李某某人寿保险金的领取、原由周某某经营的渝中区昌某建材经营部更名等问题与周某矛盾激化。目前，李某某独自一人居住，未与周某共同居住，双方没有来往及交流。

原告李某某请求判令：解除李某某与周某的收养关系，并由周某返还李某某生活费、教育费10 000元。

一审法院认为，李某某、周某系养父母与养子女关系，因遗产继承等问题，导致矛盾激化。双方既未共同居住，也没有沟通交流和正常往来，周某亦未在经济上资助李某某，致使双方关系进一步恶化。现李某某起诉请求解除与周某的收养关系，理由充分，依法予以准许。关于李某某要求周某返还因其抚养周某产生的生活费、教育费10 000元的问题，李某某并未举证证明周某在成年后存在虐待、遗弃养母的情形，故李某某的诉讼请求无事实依据，依法不予支持。

二审法院判决：驳回上诉，维持原判。

分析：第一，关于能否解除收养关系。《收养法》第27条（《民法典》第1115条）规定，养父母与成年养子女关系恶化、无法共同生活的，可以协议解除收养关系。不能达成协议的，可以向人民法院起诉。

本案中，李某某、周某系养父母与养子女关系，双方对此均无异议。李某某与周某在生活中产生矛盾后，没有很好地化解，后因遗产继承等问题，导致矛盾进一步激化。双方既未共同居住，也没有沟通交流和正常往来，周某亦未在经济上资助李某某，在是否出售其共有的房屋上，双方也未能达成一致意见，致使双方关系进一步恶化。

李某某与养女周某的关系已经恶化，事实上双方也没有在一起生活，因此可以按照法律规定解除双方的收养关系。双方关系恶化，无法共同生活的这一法定解除收养关系的条件，并不需要双方一致认可，只要收养人单方认定即可。

---

① 参见重庆市第五中级人民法院民事判决书，（2017）渝05民终7640号。

第二，收养关系解除后，收养人能否要求返还生活费等。根据《收养法》第30条（《民法典》第1118条）规定，因养子女成年后虐待、遗弃养父母而解除收养关系的，养父母可以要求养子女补偿收养期间支出的生活费和教育费。

李某某要求周某返还因其抚养周某产生的生活费、教育费10 000元，依照法律规定，李某某应当举证证明周某对其存在虐待、遗弃养父母而解除收养关系的情形。但李某某并未举证证明周某在成年后存在虐待、遗弃养母的情形，故李某某的诉讼请求无事实依据，依法不予支持。

【风险提示】

收养关系解除后，经养父母抚养的成年养子女，对缺乏劳动能力又缺乏生活来源的养父母，应当给付生活费。不得以收养关系已解除为由，拒绝支付生活困难的养父母的生活费。

【法律规定速查】

《中华人民共和国收养法》（1998年11月4日修正）

第二十六条 收养人在被收养人成年以前，不得解除收养关系，但收养人、送养人双方协议解除的除外，养子女年满十周岁以上的，应当征得本人同意。

收养人不履行抚养义务，有虐待、遗弃等侵害未成年养子女合法权益行为的，送养人有权要求解除养父母与养子女间的收养关系。送养人、收养人不能达成解除收养关系协议的，可以向人民法院起诉。

第二十七条 养父母与成年养子女关系恶化、无法共同生活的，可以协议解除收养关系。不能达成协议的，可以向人民法院起诉。

第三十条第一款 收养关系解除后，经养父母抚养的成年养子女，对缺乏劳动能力又缺乏生活来源的养父母，应当给付生活费。因养子女成年后虐待、遗弃养父母而解除收养关系的，养父母可以要求养子女补偿收养期间支出的生活费和教育费。

◎ 民法典新规

第一千一百一十四条 收养人在被收养人成年以前，不得解除收养关系，但是收养人、送养人双方协议解除的除外。养子女八周岁以上的，应当征得本人同意。

收养人不履行抚养义务，有虐待、遗弃等侵害未成年养子女合法权益行为的，送养人有权要求解除养父母与养子女间的收养关系。送养人、收养人不能达成解除收养关系协议的，可以向人民法院提起诉讼。

第一千一百一十五条 养父母与成年养子女关系恶化、无法共同生活的，可以协议解除收养关系。不能达成协议的，可以向人民法院提起诉讼。

第一千一百一十八条第一款 收养关系解除后，经养父母抚养的成年养子女，对缺乏劳动能力又缺乏生活来源的养父母，应当给付生活费。因养子女成年后虐待、遗弃养父母而解除收养关系的，养父母可以要求养子女补偿收养期间支出的抚养费。

第八节 分家析产纠纷

问题 1：以家庭为单位申购的经济适用房，子女在成年后是否可对该房主张共有权利？

【解答】

经济适用住房，是指政府提供优惠政策，限定建设标准、供应对象和销售价格，具有保障性质、购房人拥有有限产权的政策性住房。即使购房合同的当事人只有部分家庭成员，也应认定购房合同当事人是代表家庭购买的房屋。因此，子女在成年后有权对该经济适用房主张共有权利。

【案例】

子女成年后有权对以家庭为单位申购的经济适用房主张共有权

——陈某宏诉陈某1、许某英、陈某分家析产纠纷案[①]

案情：陈某宏系陈某1与倪某妹的儿子，陈某1与倪某妹离婚后，陈某宏随陈某1共同生活。后陈某1与许某英登记结婚，婚后生育陈某。2008年，陈某1与许某英作为申请人及配偶向政府住房保障部门提交购买经济适用住房申请，家庭成员为陈某1、许某英、陈某及陈某宏。2008年7月22日，杭州市住房制度改革办公室向陈某1发放了杭州市区经济适用住房准购证，审核确认家庭申购人口

① 参见浙江省高级人民法院民事判决书，（2019）浙民再248号。

为4人；经济适用住房面积为80平方米。2008年8月18日，陈某1、许某英与房地产集团有限公司签订商品房买卖合同，购买位于杭州市江干区经济适用房1套。后陈某1向杭州市房改办提交了关于要求放弃经济适用住房购房合同主体的报告，就申请人陈某1、配偶许某英的申购家庭要求及家庭成员陈某、陈某宏（监护人陈某1）同意，陈某、陈某宏自愿放弃经济适用住房的购房权利。同日，杭州市住房制度改革办公室向杭州市房产交易产权管理中心提交了关于变更合同主体的函，请协助办理变更手续。2××0年1月14日，陈某1、许某英领取涉案房屋的房屋所有权证，权利人为陈某1、许某英，共同共有。另查明，2××0年1月13日，陈某1提交关于要求放弃经济适用住房购房合同主体报告时陈某宏已年满18周岁，且陈某1未将陈某宏放弃涉案经济适用房购房权利一事告知陈某宏。

原告陈某宏请求判令：确认陈某宏对坐落于杭州市江干区房屋享有产权份额。

一审法院判决：陈某宏对坐落于杭州市江干区房屋享有六分之一的产权份额。二审法院判决驳回陈某宏的诉讼请求。

再审法院认为，现案涉房屋登记在陈某1、许某英名下应当认定系陈某1、许某英代表家庭申购人口4人进行登记。案涉房屋应当属于陈某1、许某英、陈某、陈某宏的家庭共有财产。一审判决对此认定正确。陈某1、许某英二人对取得涉案经济适用房贡献较大，一审判决认定陈某宏对案涉经济适用房享有六分之一的产权份额，并无不当，可予维持。

分析：经济适用房系申请人以家庭为单位、以家庭人口为基数申购的家庭共有财产。即使申请人、购房人仅为部分家庭成员，也不能由此推定家庭其他成员就此失去共有份额。本案陈某1、许某英与房地产集团有限公司签订商品房买卖合同。但是应推定该二人系代表经济适用房申购家庭与售房者签订售房合同。不得就此推定未署名的家庭其他成员对申购的经济适用房失去了共有份额。陈某宏在申购家庭人口之中，其基于申购家庭成员身份主张共有权，依法对家庭申购的经济适用房享有六分之一的产权份额。

【风险提示】

经济适用房指标应当视为政府对申购家庭每个成员的福利。由此购买的经济适用房，申购家庭成员均享有部分产权份额。

问题 2：对宅基地拥有使用权的家庭成员，在宅基地拆迁安置后，对拆迁安置款项是否能够主张共有权利？

【解答】

拥有宅基地使用权的家庭成员，在《拆迁补偿安置协议书》中亦被列为被拆迁人口。因此，依据《拆迁补偿安置协议书》取得的全部财产中，除专属于个人的安置面积和经济补偿金额以外，对其他部分拥有宅基地使用权的家庭成员享有一定的财产权利。

【案例】

对宅基地拥有使用权的家庭成员有权对部分拆迁安置款主张共有权

——张某、卢某2诉卢某1分家析产纠纷案[①]

案情：张某与卢某1于2004年12月23日登记结婚，2005年10月5日生育卢某2。张某、卢某2与卢某1共同生活居住在卢家口某号院内，宅基地登记在卢某1名下。2014年3月12日，卢某1、张某经西安市中级人民法院调解离婚，婚生女卢某2由张某抚养。家庭财产未分割。2012年12月，卢家口进行拆迁。2012年12月27日，卢某1与拆迁工作指挥部签订《拆迁补偿安置协议》，载明：安置家庭人员情况显示有卢某1、张某、卢某2。

原告张某、卢某2请求判令：确认《拆迁补偿安置协议》中确定的安置面积中部分住宅面积、部分经济用房面积归原告张某、卢某2所有。

本案经一审、二审，后再审法院认为，张某、卢某2与卢某1均列明为被拆迁人口。因此，在卢某1签订《拆迁补偿安置协议》取得的全部财产中，除专属于个人的安置面积和经济补偿金额以外，对其他部分张某、卢某2享有一定的财产权利。原某号院房屋系婚前所建，因该房屋面积取得的补偿安置财产可视为卢某1婚前财产，以外部分的分割应综合考虑当地拆迁安置政策、民间习惯、保障妇女及未成年人权益等因素，张某、卢某2应按被拆迁人户内农业人口人均安置面积85平方米标准（含人均20平方米的经济发展用房）分得安置房屋。判决：2012年12月27日卢某1与拆迁工作指挥部签订的《拆迁补偿安置协议》确定的

---

① 参见陕西省高级人民法院民事判决书，（2017）陕民再65号。

安置房屋面积中，65 平方米住宅面积及 20 平方米经济发展房面积归张某所有，65 平方米住宅面积及 20 平方米经济发展房面积归卢某 2 所有；2012 年 12 月 27 日卢某 1 与拆迁工作指挥部签订的《拆迁补偿安置协议》确定的三层及以上奖励款中，25 268 元归张某所有，25 268 元归卢某 2 所有。

分析： 拥有宅基地使用权的家庭成员被列为被拆迁人口，其对搬迁安置补偿财产拥有部分财产权利。张某、卢某 2、卢某 1 在卢某 1 与搬迁指挥部所签订的《拆迁补偿安置协议》中均列明为被拆迁人口。因此，在卢某 1 从搬迁安置取得的全部财产中，除专属于个人的安置面积和经济补偿金额以外，对其他部分张某、卢某 2 享有一定的财产权利。原房屋系婚前所建，因该房屋面积取得的补偿安置财产可视为卢某 1 婚前财产。按被拆迁人户内农业人口人均安置面积 85 平方米标准分得安置房屋，应为补偿张某、卢某 2 的财产。此外，搬迁安置协议中三层及以上奖励款中属于对被拆迁人的补偿款，应归张某、卢某 2 所有。

【风险提示】

随着拆迁安置工程的增多，因拆迁安置款产生的纠纷也呈现增多态势。在审理此类纠纷时，应正确区分拆迁安置款的性质与补偿目的。以此为依据，妥善分割家庭共有财产。

问题 3：当分家协议内容前后不一致时，应当如何认定协议内容？

【解答】

当分家协议内容前后不一致时，应当根据客观事实查明各自的财产范围。前后数份分家协议内容不一致时，之后的协议内容应视为对之前协议的变更，且应以最后的意思表示为准。

【案例】

前后数份分家协议内容不一致时，之后的协议内容应视为对之前协议的变更

——尹某 2、尹某 3、李某诉尹某 1 遗嘱纠纷案[①]

案情：1999 年 4 月 17 日，尹某 1 与肖某签订购房协议，尹某 1 以 21.8 万元购买了位于铁路 4 号楼肖某的商服楼。2008 年 10 月 28 日，尹贵某与老伴李某立遗嘱一份，载明该房屋是尹贵某、尹某 3、尹某 2 三人做生意挣钱买的，产权与尹某 1、赵某某无关，死后归两个儿子平分。2010 年 1 月 22 日，尹贵某、尹某 2、尹某 3、尹某 1 签订家产分割协议，载明该争议房产由尹某 2、尹某 3、尹贵某平分，并经三位当事人签字。2010 年 4 月 6 日，尹贵某夫妇重新确立遗嘱，但对本案争议房产未予处理，只是将 2008 年遗嘱中的其他房产进行重新分割。

原告尹某 2、尹某 3、李某请求判令：确认各继承人对涉案房产的份额。

一审法院认为，2008 年遗嘱中，尹贵某对事实经过的叙述为“商店楼是我和两个儿子做生意的钱买的，房证是尹某 1 的名，但是和尹某 1、赵静伟夫妇无关”。2010 年，尹贵某、尹某 1、尹某 2、尹某 3 签订家产分割协议，该协议是具有家庭析产性质的家产分割依据，且各方签字认可，为各方当事人的真实意思表示。2008 年遗嘱与家产分割协议相互印证，可认定本案争议的商服楼为尹贵某、尹某 3、尹某 2 共同购买，该商服楼为三人按份共有。现尹贵某已去世，其所有的份额发生法定继承。尹贵某、李某夫妻共有的三分之一份额由尹某 3、尹某 2、尹某 1 各继承三分之一。判决：位于铁力市新铁四委楼房产权为尹某 2、尹某 3、尹某 1 按份共有，尹某 2、尹某 3 各占有的份额为九分之四，尹某 1 占有的份额为九分之一。该判决已生效。

分析：本案关系中兼有遗嘱继承关系与分家析产关系性质。正确认定遗产范围是审理本案的基础。2008 年遗嘱中，尹贵某对事实经过的叙述为“商店楼是我和两个儿子做生意的钱买的，房证是尹某 1 的名，但是和尹某 1、赵静伟夫妇无关”，表明讼争的商服楼为尹贵某、尹某 3、尹某 2 共同购买，产权应为三人按份共有，即各享有三分之一的产权。2010 年 1 月 22 日，尹贵某、尹某 2、尹某 3、尹某 1 签订的家产分割协议，载明该争议房产由尹某 2、尹某 3、尹贵某平分，表

---

① 参见黑龙江省高级人民法院民事判决书，（2018）黑民再 224 号。

明尹贵某享有的份额（三分之一）发生遗嘱继承，各人享有三分之一，即讼争房屋产权的九分之一。前后数份分家协议内容不一致时，之后的协议内容应视为对之前协议的变更，且应以最后的意思表示为准。

【风险提示】

立遗嘱人只能对自己所享有的财产进行处分。当分家析产按照遗嘱办理时，应当先甄别遗产的范围。

第六章
农村继承法律纠纷

第一节　导　读

一、农村继承法律纠纷概念与基本原则

继承是指当被继承人死亡时，继承人根据遗嘱、遗赠扶养协议或者继承法规定，继承被继承人遗产的行为。农村继承法律纠纷是指在上述继承过程中，农村居民之间因此产生的法律纠纷。

继承关系是农村人身关系中的重要方面。在处理农村继承法律纠纷时，应遵循以下原则：

（一）坚持法定程序原则

确立遗嘱的程序及继承的进行都必须依照法定程序进行。例如，代书遗嘱的过程必须有两名见证人见证，否则遗嘱不发生法律效力。

（二）意思自治原则

当被继承人与扶养人订立了合法有效的遗赠扶养协议时，并且扶养人已按照协议履行了赡养义务的，被扶养人与扶养人订立的遗赠扶养协议的效力优先。当被继承人所立的遗嘱合法有效时，遗嘱的效力优先于法定继承的效力，继承应当遵照遗嘱进行。

（三）法定继承原则

当遗赠与遗赠扶养协议都无效时，必须依照继承法的规定进行法定继承。继承人的范围、顺序、遗产的范围等内容都适用法律的规定。

二、农村继承法律纠纷类型

根据继承的依据，农村继承法律纠纷可分为以下几类：

（一）法定继承纠纷

法定继承又称为无遗嘱继承，是指在没有有效遗嘱的情况下，依据法律直接规定的继承人顺序及范围，由法定继承人继承被继承人遗产的继承方式。因法定继承产生的继承法律纠纷被称为法定继承纠纷。进一步细分，法定继承纠纷又包括转继承纠纷和代位继承纠纷。

（二）遗嘱继承纠纷

遗嘱继承，是指根据合法有效的遗嘱向继承人分配被继承人遗产的继承方式。因遗嘱继承而导致继承人之间产生的法律纠纷，被称为遗嘱继承纠纷。遗嘱必须符合法律规定的条件。《继承法》对遗嘱继承人的范围、遗嘱继承的效力、形式等内容进行了明确规定。

（三）遗赠纠纷

遗赠，是指遗赠人设立合法有效的遗嘱，受赠人根据该遗嘱获得遗产的行为，在设立遗嘱或者实施遗嘱过程中产生的法律纠纷，被称为遗赠纠纷。遗赠是无偿赠予他人财产的行为。受遗赠人的范围是遗赠人法定继承人范围之外的人。

（四）遗赠扶养协议纠纷

遗赠扶养协议，是指由扶养人扶养受扶养人，由受扶养人在过世之后将其遗产遗赠给扶养人的协议。遗赠人（受扶养人）与受遗赠人（扶养人）在设立、履行、变更、终止遗赠扶养协议的过程中产生的纠纷，被称为遗赠扶养协议纠纷。

（五）被继承人债务清偿纠纷

有别于上述四项法律纠纷，本项纠纷是指在一定条件下由继承人继承被继承人债务的行为。因被继承人死亡时尚未清偿的债务引起的纠纷，被称为被继承人债务清偿纠纷。

三、相关法律规定

1.《中华人民共和国民法典》（2020 年 5 月 28 日）；

2.《中华人民共和国民法总则》（2017 年 3 月 15 日）；

3.《中华人民共和国继承法》（1985 年 4 月 10 日）；

4.《中华人民共和国涉外民事关系法律适用法》（2010 年 10 月 28 日）；

5.《最高人民法院关于贯彻执行〈中华人民共和国继承法〉若干问题的意见》［法（民）发〔1985〕22 号　1985 年 9 月 11 日］。

第二节 法定继承纠纷

问题 *1*：被继承人未立遗嘱，已出嫁的女儿对遗产是否享有继承权?

【解答】

被继承人已出嫁的女儿与儿子应当平等享有继承权。但被继承人女儿自愿放弃部分继承权，系对自身权利的处分，未损害他人合法权益且不违反法律的禁止性规定的，应予准许。

【案例】

男女平等享有继承权
——卜某芝等5人诉卜某高法定继承纠纷案

案情：原告卜某芝等5人与被告卜某高系同胞兄弟姐妹关系，母亲龙某秀为第三人，被继承人卜某安系原、被告父亲，其生前与龙某秀所共有的房屋被征收，已与拆迁办签订了征补协议，获得房屋征收款及按期腾地奖共计269 083元，该笔款项已汇入被继承人卜某安银行账户。卜某安于2017年9月去世，当时并未就该房产的继承留下遗嘱。

被告卜某高认为，自己是家中长子，平日照顾父母较多，父亲去世后家事理应自己说了算，故有权处分所有补偿款。原告卜某毛因小儿麻痹症缺乏自理能力，生活十分困难。其余原告皆为出嫁女，一致认为卜某高欲擅自处分补偿款，对生活困难的卜某毛而言太不公平，遂5原告一起将卜某高告上法庭。

人民法院为维护双方亲情，做了大量调解工作，最终双方自愿达成调解协议，由原、被告共同继承遗产。

分析：《继承法》第9条规定："继承权男女平等。"(《民法典》第1126条）因此，在卜某安去世、又未留遗嘱的情况下，原告卜某芝等5人作为卜某安的女儿与被告卜某高依法平等享有房屋征收款的继承权。《继承法》第15条规定：

"继承人应当本着互谅互让、和睦团结的精神，协商处理继承问题。遗产分割的时间、办法和份额，由继承人协商确定。协商不成的，可以由人民调解委员会调解或者向人民法院提起诉讼。"（《民法典》第1122条）为此，人民法院为维护双方亲情，给双方当事人做了大量的思想工作，并邀请卜某高所在村的村干部参加调解。为了缓解双方当事人剑拔弩张的情绪，法官特意安排双方当事人围桌而坐，拉近心理距离，营造和谐、舒缓的氛围，最终促使双方达成调解协议。

人民法院通过审判职能让当事人明白了亲情的重要性，不仅促进了家庭和谐，也为广大村民形成了良好的示范效应。法院灵活运用了调解的方式化解家庭纷争，不仅起到了良好的教育宣传效果，更加有利于营造和谐乡村的氛围，推进乡风文明建设。

【风险提示】

在审理继承法律关系时，要坚持继承法定原则，同时也要弘扬社会主义核心价值观，构建和谐社会。

【法律规定速查】

《中华人民共和国继承法》（1985年4月10日）

第九条 继承权男女平等。

◎ 民法典新规

第一千一百二十六条 继承权男女平等。

问题2：被继承人遗留的房产被拆迁改造，搬家补助费、过渡安置费及签约、交房奖励金是否属于遗产继承的范围？

【解答】

在拆迁改造中，搬家补助费、过渡安置费是对被征收人或被安置人的补偿；交房奖励金也是奖励被安置人对交房的积极配合行为。上述三项费用均属于对被安置人个人的补偿、奖励，而非对被拆迁不动产的补偿，故该几项款项虽因拆迁被继承人房屋而产生，但却均不属于被继承人的遗产范围。

问题 3：对被继承人尽了主要赡养义务或与被继承人共同生活的继承人，是否能够多分遗产？

【解答】

对被继承人尽了主要扶养义务或者与被继承人共同生活的继承人，分配遗产时，可以多分。

【案例】

遗产的范围及分配

——耿某 1、耿某 2 诉耿某 3 法定继承纠纷案[①]

案情：耿某德与刘某仙生前生育了四个子女，分别为耿某开、耿某安、耿某芳、耿某华。耿某开于 1983 年去世，生前未结婚也未生育子女。耿某德于 1990 年去世，刘某仙于 2013 年去世。坐落于澄江县凤麓街道办事处劝学街的房产一宗，集体土地使用权于 1996 年 10 月 10 日登记于刘某仙名下；房屋所有权于 1990 年 9 月 8 日登记于刘某仙名下。

耿某芳、耿某华均于 1982 年出嫁，二人出嫁后并未回娘家居住。耿某德与刘某仙生前居住在劝学街，耿某德去世后，刘某仙独自生活至 2012 年，后刘某仙一直随耿某安共同生活直至去世。耿某德与刘某仙生前生活主要由耿某安照顾，二人去世后的丧葬事宜，主要由耿某安负责，耿某芳、耿某华分担部分义务。

2017 年 12 月 26 日，耿某安与澄江县凤麓街道办事处签订了《澄江县凤麓街道老城片区棚户区改造项目集体土地和房屋征收补偿协议书》，被征收房屋为劝学街。被征收土地、房屋补偿及各项补偿补助金额合计 1 000 255. 89 元，其中房屋征收补偿金 507 304. 39 元，集体土地征收补偿和全货币安置补助金 273 650. 00 元；搬家补助金 3675. 00 元，过渡安置补助金 27 562. 50 元，签约、交房奖励金 188 064. 00 元。上述补偿款已全部兑付给耿某安。

原告耿某芳、耿某华请求判令：被告耿某安支付房屋征收补偿款。

法院经审理认为：坐落于澄江县凤麓街道办事处劝学街某号的房屋，土地使用者及房屋所有权人登记为刘某仙，刘某仙过世后，涉诉的房屋为继承的财产。该房产现被政府征收，各项补偿金额合计 1 000 255. 89 元，其中搬家补助费、过

---

① 参见云南省澄江县人民法院民事判决书，（2018）云 0422 民初 132 号。

渡安置费及签约、交房奖励金因系直接补偿给被征收人或被安置人员本身，且被征收房屋之所以能顺利签约及交付系因为耿某安积极配合的行为，故上述三项费用不属于被继承人遗产，扣除该款项后，刘某仙所留遗产征收补偿款实际应为780 954.39 元。原、被告作为被继承人刘某仙的第一顺序继承人，对该遗产补偿款依法享有继承权。本案中，因刘某仙生前生活主要由耿某安照顾并于 2012 年后与耿某安共同生活直至去世，去世后的丧葬事宜主要由耿某安负责，在分配刘某仙遗产时，耿某安应予多分，耿某芳、耿某华虽出嫁在外，但对刘某仙也尽了一定的赡养义务，可以适当分配。判决：一、由被告耿某安于本判决生效后十日内支付原告耿某芳、耿某华房屋征收补偿款各 150 000.00 元；二、驳回原告耿某芳、耿某华的其他诉讼请求。

分析： 棚户区改造是指政府为改造城镇危旧住房、改善困难家庭住房条件而推出的一项民生工程。棚户区改造可以有效地解决低收入家庭的住房困难、提升和完善城市功能、优化配置土地资源、增加社会就业，以及密切党和居民群众的感情以促进社会和谐。由于棚户区改造涉及房屋赔偿款等项目，继而引发出各项民事纠纷，其中法定继承纠纷为其中数量较多、矛盾较尖锐的一类。

本案中，涉案房产现被政府征收，各项补偿金额合计 1 000 255.89 元。但是不能由此认定该款全部是被继承人遗产。其中搬家补助费、过渡安置费及签约、交房奖励金因系直接补偿给被征收人或被安置人员本身，且被征收房屋之所以能顺利签约及交付系因为耿某安积极配合的行为，该三项费用不属于被继承人遗产，应从总额中扣除。剩余的 780 954.39 元才属于被继承人所留遗产的征收补偿款。

根据法律的规定，被继承人去世后，其遗留的房产由于棚户区改造项目的启动而由不动产变为货币，对于该遗产其子女均具有继承权。但鉴于棚户区改造活动的特殊性，对于实际使用管理房屋的继承人，因其积极配合棚户区改造项目而获得的相关补偿款项，应当由实际管理使用房屋的继承人享有。本案中，被继承人主要由儿子进行赡养，但女儿在出嫁后仍然尽了对父母的赡养义务，故在分配遗产时应当按照各自对父母的赡养情况酌情予以分配。结合本案案情，法院酌定由两原告各享有 150 000 元的房屋征收补偿款。

【风险提示】

随着棚户区改造的推进，越来越多的继承纠纷是因房屋征收补偿款产生。对此，应正确区分房屋征收补偿款各部分款项的属性，甄别对被征收人补偿的款项与对房屋补偿的款项。

【法律规定速查】

《中华人民共和国继承法》（1985 年 4 月 10 日）

第十三条 同一顺序继承人继承遗产的份额，一般应当均等。

对生活有特殊困难的缺乏劳动能力的继承人，分配遗产时，应当予以照顾。

对被继承人尽了主要扶养义务或者与被继承人共同生活的继承人，分配遗产时，可以多分。

有扶养能力和有扶养条件的继承人，不尽扶养义务的，分配遗产时，应当不分或者少分。

继承人协商同意的，也可以不均等。

◎ 民法典新规

第一千一百三十条 同一顺序继承人继承遗产的份额，一般应当均等。

对生活有特殊困难又缺乏劳动能力的继承人，分配遗产时，应当予以照顾。

对被继承人尽了主要扶养义务或者与被继承人共同生活的继承人，分配遗产时，可以多分。

有扶养能力和有扶养条件的继承人，不尽扶养义务的，分配遗产时，应当不分或者少分。

继承人协商同意的，也可以不均等。

问题 4：如何区分继承纠纷与共有物分割纠纷？

【解答】

当事人为了实现其诉讼目的，往往对两类纠纷加以模糊。对此，应对权利主张人的请求权的实质进行审查，核实权利主张人的主张是为继承被继承人遗产，还是以共有人身份请求分割共有物。

【案例】

正确区分继承纠纷与共有物分割纠纷

——罗某 1 诉罗某 3、罗某 5、罗某 4、罗某椿、罗某 2 继承纠纷案[①]

案情： 1979 年 2 月 28 日，本案被继承人罗某声病故。罗某 1、罗某 3、罗

① 参见最高人民法院民事裁定书，（2017）最高法民申 2176 号。

某2、罗某7、罗某5、罗某4、罗某6、吴某、罗某8、罗某9、曾某均为罗某声遗产的法定继承人。××××年××月初一，由曾某胞弟曾广某执笔书写一份《立约字》，载明“今有兄弟七人分祖业，罗某声父亲遗下固定财产有城厢镇房屋一座、梧塘横街房屋叁座，城厢镇古楼前一座房屋分给罗某7掌管，任何人不得干涉，但罗某7以后结婚的一切费用由已结婚的兄弟平均负担。梧塘横街房屋的三座房屋的店面分别分予罗某4、某堂、某椿，店面的后段分别分予某高、某光、某泉亡兄，罗某泉的壹份财产由继承香火的罗某2掌管，任何人不得干涉……”该《立约字》落款有罗某5、罗某4、罗永椿、罗某3、罗某2、罗某7的签名及手印。

2005年9月12日，罗某1向一审法院起诉罗某3、罗某5、罗某4、罗某椿、罗某2，请求判令罗某1继承罗某声的遗产。后该案审理中，罗某1明确其诉讼请求为要求确认其继承人身份，而不要求继承分割遗产。该案经一审、二审历次审理后，原审法院于2012年2月20日作出（2012）闽民终字第1号民事判决，判决确认罗某1为被继承人罗某声的法定继承人之一。2013年7月4日，罗某1向一审法院提起诉讼，请求：确认被继承人罗某声遗产中的房产属于罗某1与一审被告按份共有，罗某1应得份额为遗产的1/9即全部产权的1/18等。

最高人民法院经审查认为，罗某1在一审诉讼请求中，虽有请求确认其对被继承人罗某声的遗产享有共有权的表述，但是其请求分割罗某声遗产以及对遗产经营收入请求分配和返还，其实质仍是请求继承被继承人罗某声的遗产。原审判决认定本案为继承纠纷，适用法律并无不当。裁定：驳回罗某1的再审申请。

分析：该案的争议焦点在于该案是继承纠纷还是共有物分割纠纷。正确界定该案案由是该案审理的基础。为此，应从原告的请求权实质进行审查。如果原告的请求权实质是要求分割被继承人遗产等财产的，则属于继承纠纷。如果原告的诉讼事项为以共有人身份分割共有财产的，则应属于共有物分割纠纷。后者以原告已成为共有人、享有共有财产共有权为前提。

本案中，罗某1在一审的诉讼请求中，虽然请求确认其对被继承人罗某声的遗产享有共有权，但是其诉讼请求实质上还是要求分割罗某声遗产以及对遗产经营收入请求分配和返还。故从其请求权的实质要求审查，原告请求事项仍是请求继承被继承人罗某声的遗产。因此，该案应定为继承纠纷。最高人民法院也支持了这个观点。

【风险提示】

在继承纠纷中，继承人为了规避继承法中诉讼时效的规定，往往以共有物分割之名行继承遗产之实。对此，人民法院应加强对请求人请求权的实质审查，甄别请求人的实质要求。

第三节 遗嘱继承纠纷

问题 *1*：遗嘱人立有数份遗嘱，内容有抵触的，应当如何认定？

【解答】

在被继承人没有公证遗嘱、遗赠扶养协议的情形下，应以最后所立的遗嘱为准。

【案例】

数份遗嘱内容有抵触的，以最后的遗嘱为准

——龚某诉宋某 2 等人遗嘱继承纠纷案①

案情： 宋某汉生前曾两次结婚。宋某汉生前以房改房价格 87 040.68 元购得西宁市城西区西关大街某室住房一套。2012 年 6 月 4 日，宋某汉和宋某 2（女儿）以业主的名义与青海和信房地产有限公司签署房屋拆迁安置补偿协议书，拆迁后被安置到西关大街 59 号安置楼 H 单元 17 层某号房。

宋某汉留有三份遗嘱："我的大女儿宋某 2 是唯一的合法继承人。此嘱"。2016 年 1 月 7 日给龚某立遗嘱称"宋某汉将我名下的财产作以下分配：一、位于青海省西宁市 ×× 路'中科院西北高原生物研究所'院内的我名下的住房 ××，现由我女儿宋某 2 已经无条件住了 20 多年，并由我负担每年水电暖气费用。所以我百年后这套住房由我外孙女龚某（宋某 1 的女儿）继承；二、我名下的所有财产由我外孙女龚某（×××）继承，其他子女不参与分配，因为他们没有赡养

① 参见青海省西宁市中级人民法院民事判决书，（2019）青 01 民终 1858 号。

我；三、前几年写给宋某2的遗嘱作废”。2016年1月12日，宋某汉再次立遗嘱一份，内容为“我名下坐落在青海西宁市××路中科院西北高原生物研究所的住房所有权早已给了我的大女儿宋某2。即宋某2是此房的绝对唯一的合法继承人，任何人不能有异议。宋某汉2016年元月12日在小女儿宋某1的胁迫下写给宋某1女儿龚某的遗嘱绝对无效”。

原告龚某请求判令：原告继承涉案房产。

法院审理认为，龚某请求继承案涉房产所持宋某汉于2016年1月7日所书写的遗嘱与2016年1月12日宋某汉所立遗嘱在内容上相互抵触，根据《继承法》第20条第2款“立有数份遗嘱，内容相抵触的，以最后的遗嘱为准”的规定，龚某所持有的遗嘱已被宋某汉最后所立遗嘱所取代，应认定宋某汉最后书写遗嘱的效力。

分析：不同于法定继承，遗嘱继承是按照立遗嘱人生前的意思来继承的。正确理解立遗嘱人的生前意思是审理遗嘱继承案件的关键。当立遗嘱人立有数份遗嘱时，遗嘱内容往往有相互抵触的部分，此时应当追溯立遗嘱人生前的真实意思。一般而言，前后两份遗嘱相互抵触的，后立的遗嘱系对前立遗嘱的修改，应以后立遗嘱为其真实意思表示，即以后立的遗嘱为准。

本案中，宋某汉于2016年1月7日所立的遗嘱载明，其名下所有财产由外孙女龚某继承；但其于2016年1月12日所立的遗嘱载明：坐落在青海西宁市××路中科院西北高原生物研究所的住房所有权归大女儿宋某2，宋某汉于2016年1月12日在小女儿宋某1的胁迫下写给宋某1女儿龚某的遗嘱绝对无效。该后立遗嘱对前遗嘱的意思进行了变更，应以后立遗嘱的意思表示为依据处理其遗产。

【风险提示】

立有数份遗嘱，内容相抵触的，以最后的遗嘱为准。该法律条文适用的前提是，数份遗嘱均有效。如果后立的遗嘱无效的，应以前一份有效遗嘱为准。

【法律规定速查】

《中华人民共和国继承法》（1985年4月10日）

第二十条第二款 立有数份遗嘱，内容相抵触的，以最后的遗嘱为准。

◎ 民法典新规

第一千一百四十二条 遗嘱人可以撤回、变更自己所立的遗嘱。

立遗嘱后，遗嘱人实施与遗嘱内容相反的民事法律行为的，视为对遗嘱相关内容的撤回。

立有数份遗嘱，内容相抵触的，以最后的遗嘱为准。

问题 2：打印遗嘱是否有效？

【解答】

打印遗嘱显然不是自书遗嘱，应属于代书遗嘱的范畴。打印遗嘱是否有效，取决于其是否符合代书遗嘱的有效要件。

“有两个以上见证人在场见证，由其中一人代书，注明年、月、日，并由代书人、其他见证人和遗嘱人签名”是打印遗嘱的有效要件。

【案例】

打印遗嘱的效力

——曾某 1、曾某 2 诉钟某 1、钟某 2 继承纠纷案①

案情：曾某 1、曾某 2 系被继承人曾某俊与其前妻生育的女儿，曾某俊与前妻离婚后，于 ×××× 年 ×× 月 ×× 日与钟某 2 登记结婚，钟某 1 系钟某 2 与其前夫之女，随曾某俊与钟某 2 一起生活。1999 年 1 月 5 日，被继承人曾某俊通过房改购买的方式取得位于青羊区房屋一套，登记在曾某俊名下。2007 年 11 月 21 日，被继承人曾某俊与钟某 2 在民政局协议离婚，离婚协议书约定：待离婚手续办理完后，曾某俊即按钟某 2 要求一次性支付给钟某 2 人民币贰万元，其他财产（含住房）等归曾某俊所有，曾某俊具有所有权、支配权，钟某 2 不得以任何理由索要曾某俊所有的任何财产。同日，曾某俊即按约支付钟某 2 现金贰万元。2018 年 2 月 11 日，被继承人曾某俊去世。

原告曾某 1、曾某 2 请求判令：由二原告继承被继承人曾某俊的遗产。

一审法院认为，曾某 1、曾某 2 是被继承人曾某俊的婚生女儿，系其合法继承人，故曾某 1、曾某 2 要求依法分割被继承人曾某俊名下位于青羊区房屋，一审法院予以支持。位于青羊区房屋，由曾某 1、曾某 2 各分得 50% 份额。判决：一、被继承人曾某俊名下位于青羊区房屋，由曾某 1、曾某 2 各分得 50% 份额；二、钟某 2、钟某 1 自判决书生效之日起十五日内配合曾某 1、曾某 2 办理上述房

① 参见四川省成都市中级人民法院民事判决书，（2019）川 01 民终 14401 号。

屋过户手续。

二审查明的事实与一审查明的事实一致。另查明，曾某1、曾某2在二审诉讼中提交一份落款时间为2015年9月17日的打印遗嘱，该遗嘱上有“曾某俊”的签名及指印。

被上诉人曾某1、曾某2在二审诉讼中提交一份打印遗嘱，认为应由被上诉人按照遗嘱继承案涉房屋，上诉人认为该遗嘱是伪造，申请人民法院对打印遗嘱上的签名捺印进行鉴定。二审法院认为，根据曾某1、曾某2陈述的打印遗嘱的形成过程来看，打印遗嘱的内容并非曾某俊亲自打印，该打印遗嘱显然不属于自书遗嘱，可归入代书遗嘱范畴，故该打印遗嘱因缺少两名见证人在场见证及签名，该打印遗嘱无效，曾某1、曾某2要求按照打印遗嘱继承案涉房屋的主张，于法无据，不予支持。判决：驳回上诉，维持原判。

分析：继承法对打印遗嘱未作明确规定。打印遗嘱应当归于哪类遗嘱，自书遗嘱还是代书遗嘱?《继承法》第17条第2款（《民法典》第1134条）规定，自书遗嘱由遗嘱人亲笔书写，签名，注明年、月、日。打印遗嘱显然不是遗嘱人亲笔书写，而是由打印机打印出相关内容，再由立遗嘱人签名、捺印形成。因此，其应归入代书遗嘱范畴。

代书遗嘱有法定生效要件。“有两个以上见证人在场见证，由其中一人代书，注明年、月、日，并由代书人、其他见证人和遗嘱人签名”是其生效要件。本案中，曾某1、曾某2在二审中提交的打印遗嘱，虽有“曾某俊”的签名及指印，但由于缺乏两名以上见证人而归于无效。继承人曾某1、曾某2不得以此请求继承遗产。

【风险提示】

为了更好地查明被继承人生前的真实意思，继承法较为严格地规定了自书遗嘱与代书遗嘱的生效要件。随着新科技不断涌现，遗嘱也出现了越来越多的新形式。对于不要求有见证人的自书遗嘱，应当较为严格地作狭义理解。将其理解为亲笔书写，这样更加符合继承法的立法本意。

【法律规定速查】

《中华人民共和国继承法》（1985年4月10日）

第十七条第二款和第三款　自书遗嘱由遗嘱人亲笔书写，签名，注明年、月、日。

代书遗嘱应当有两个以上见证人在场见证，由其中一人代书，注明年、月、日，并由代书人、其他见证人和遗嘱人签名。

◎ 民法典新规

第一千一百三十六条 打印遗嘱应当有两个以上见证人在场见证。遗嘱人和见证人应当在遗嘱每一页签名，注明年、月、日。

问题 3：继承纠纷中关于20年的诉讼时效应从何时起算?

【解答】

继承权纠纷中关于20年诉讼时效的起算时间为继承开始时。即被继承人死亡20年后，继承人不享有继承纠纷的胜诉权。

【案例】

被继承人死亡二十年后，继承人不享有继承纠纷的胜诉权
——陈某1、陈某2继承纠纷案[①]

案情： 黄某与陈某泉为夫妻关系，共生育陈某、陈某英两个子女。陈某与关某青为夫妻关系，共生育陈方某、陈某8、陈某3、陈某4、陈某6、陈某5、陈直某、陈某1、陈某2、陈某7十个子女。黄某于1977年1月去世，陈某泉于1929年去世，陈某于1984年4月去世，关某青于1991年去世，黄某、陈某、关某青生前均未立下遗嘱。

1987年12月15日，陈直某向佛山市公证处申请办理黄某遗下的高基街××房产的继承手续。1988年5月20日，佛山市公证处作出《继承权证明书》，证明“黄某遗下坐落佛山市高基街××号房屋一间……黄某遗下坐落于佛山市高基街××号房屋产权，可由陈直某继承”。

后陈直某依据《继承权证明书》在佛山市房地产管理局申请办理高基街××房产的所有人变更手续。1989年3月29日，佛山市房地产管理局将高基街××房产所有人变更为陈直某。

2008年2月20日，陈某1到佛山市禅城区房地产档案馆查询高基街××房产权属情况，发现其所有权人变更为陈直某。

---

① 参见最高人民法院民事判决书，(2017)最高法民再135号。

一审法院审理认为，陈某1、陈某2于2008年2月20日到佛山市禅城区房地产档案馆查询高基街××房产情况，发现该房产的所有权人已变更为陈直某后，才知道自己的权利受到侵害。另，根据不动产物权登记主义和公示主义原则，其他八位继承人的权利受到侵害之日应当为陈直某将高基街××房产所有人变更为陈直某之日，即1989年3月29日。依照《民法通则》第137条规定，诉讼时效期间从知道或者应当知道权利被侵害时起算，陈某1、陈某2于2008年11月6日起诉，并未超出法律规定的诉讼时效期间。

二审法院审查认为，《继承法》第8条规定："继承权纠纷提起诉讼的期限为二年，自继承人知道或者应当知道其权利被侵犯之日起计算。但是，自继承开始之日起超过二十年的，不得再提起诉讼。"涉讼各继承人所享有的继承份额从1984年4月陈某去世时开始，直至2004年4月即陈某去世后的二十年内均未主张继承权利，超过了前述法律规定的二十年期限。

分析：关于继承纠纷最长诉讼时效20年的起算时间，有两种观点：一种观点认为，应适用《民法通则》的相关规定，从侵权之日起算；另一种观点认为，应适用《继承法》的相关规定，从继承开始时起算。最高人民法院采纳了第二种观点。理由为：《民法通则》为一般法，《继承法》为特别法。关于继承纠纷的诉讼时效，特别法规定应优于一般法规定。

本案中，一审法院认为，依照《民法通则》第137条的规定，陈某1、陈某2于2008年11月6日起诉，并未超出法律规定的诉讼时效期间。二审法院认为，本案继承人陈方某、陈某3、陈某4、陈某6、陈某5、陈某1、陈某2所享有的继承份额从1984年4月陈某去世时开始，直至2004年4月即陈某去世后的20年内，均未主张继承权利。依照《继承法》第8条规定，自继承开始之日起超过20年的，不得再提起诉讼。因此，继承人提起的诉讼已超出诉讼时效。此时，二审法院依照特别法与一般法的法理，优先适用继承法的规定。而一审法院忽视了此法理，导致适用法律错误。

最高人民法院经审查，认同二审的观点，并最终支持了二审法院的判决。

【风险提示】

在审查诉讼时效法律问题时，不应一味"从宽"适用。应结合案情，在逻辑规定和经验法则的基础上，正确运用法理，按照法的效力阶梯适用正确的法律规定。

【法律规定速查】

《中华人民共和国继承法》（1985 年 4 月 10 日）

第二条　继承从被继承人死亡时开始。

第八条　继承权纠纷提起诉讼的期限为二年，自继承人知道或者应当知道其权利被侵犯之日起计算。但是，自继承开始之日起超过二十年的，不得再提起诉讼。

◎ 民法典新规

第一百八十八条　向人民法院请求保护民事权利的诉讼时效期间为三年。法律另有规定的，依照其规定。

诉讼时效期间自权利人知道或者应当知道权利受到损害以及义务人之日起计算。法律另有规定的，依照其规定。但是，自权利受到损害之日起超过二十年的，人民法院不予保护，有特殊情况的，人民法院可以根据权利人的申请决定延长。

第四节　遗赠纠纷

问题 1：遗嘱中遗赠人的签名由受遗赠人代签，由遗赠人捺印，遗赠是否有效?

【解答】

不管是自书遗嘱，还是代书遗嘱，都应当由遗嘱人本人签名。由他人代签名的，即使有遗嘱人捺印的，也不具有法律效力。

【案例】

由他人代签名的遗嘱不具有法律效力

——徐某 1 诉董某遗赠纠纷案[①]

案情：徐某 2 自 2014 年起与徐某 1 共同居住生活。徐某 2 于 2014 年 5 月 6

① 参见云南省高级人民法院民事判决书，（2016）云民终 508 号。

日在精神意识清醒的情况下口述遗嘱内容，由见证人黄某、赵某见证，由黄某代书，立下一份遗嘱。遗嘱内容为："由于我握笔困难，由黄某代我起草本遗嘱，由公证人进行见证将我生前所有房屋财产由侄儿徐某1继承。本遗嘱交给我侄儿徐某1保管，在我死后交给有关法律机构执行。立遗嘱人徐某2、代书人黄某。证明人黄某、赵某。2014年5月6日。"黄某依照徐某2口述的内容起草好遗嘱后，将遗嘱内容念给徐某2听，随后徐某2在"立遗嘱人"处捺印。徐某2于2014年5月20日死亡。

经一审法院审理后，二审法院审理认为，关于遗嘱是否合法有效的问题，根据《继承法》第17条第3款的规定，代书遗嘱应当有两个以上见证人在场见证，由其中一人代书，注明年、月、日，并由代书人、其他见证人和遗嘱人签名。根据上述证据及双方当事人的陈述，遗嘱上遗嘱人的签名"徐某2"并非本人所签，作为受遗赠人的徐某1对此的陈述前后矛盾，也与遗嘱两个见证人的证言不相吻合。本案中的遗嘱因缺乏充分的事实和法律依据而未能合法有效成立，故徐某1要求按照遗嘱受赠争议房产一半份额的请求不能成立，应予驳回。判决：一、撤销一审民事判决；二、驳回徐某1的诉讼请求。

分析：遗赠也是通过遗赠人立遗嘱的形式进行的。因此，遗赠人在立遗嘱时也要符合遗嘱的法定生效要件。本案的遗嘱并非遗赠人本人亲笔书写，该遗嘱应属于代书遗嘱。根据《继承法》第17条第3款（《民法典》第1135条）规定，代书遗嘱应当有两个以上见证人在场见证，由其中一人代书，注明年、月、日，并由代书人、其他见证人和遗嘱人签名。据此，"有两个以上见证人在场见证，由其中一人代书，注明年、月、日，并由代书人、其他见证人和遗嘱人签名"是代书遗嘱的生效要件。其中法律明确规定遗嘱人意思表示的方式为签名，不得将签名扩大解释为捺印。因为当事人的捺印存在意思不自由的可能，并不能表达当事人的真实意思。因此，本案徐某2的签名由徐某1代签、由徐某2捺印并不具有法律效力。该份遗嘱也因违法而被认定为无效。

【风险提示】

在遗赠过程中，受遗赠人与遗赠具有利害关系，由其代遗赠人签名，再由遗赠人捺印，这种遗赠的意思表示更加不具有可信度。

【法律规定速查】

《中华人民共和国继承法》（1985年4月10日）

第十七条第一款、第二款、第三款　公证遗嘱由遗嘱人经公证机关办理。

自书遗嘱由遗嘱人亲笔书写，签名，注明年、月、日。

代书遗嘱应当有两个以上见证人在场见证，由其中一人代书，注明年、月、日，并由代书人、其他见证人和遗嘱人签名。

◎ 民法典新规

第一千一百三十四条　自书遗嘱由遗嘱人亲笔书写，签名，注明年、月、日。

第一千一百三十五条　代书遗嘱应当有两个以上见证人在场见证，由其中一人代书，并由遗嘱人、代书人和其他见证人签名，注明年、月、日。

第一千一百三十六条　打印遗嘱应当有两个以上见证人在场见证。遗嘱人和见证人应当在遗嘱每一页签名，注明年、月、日。

第一千一百三十七条　以录音录像形式立的遗嘱，应当有两个以上见证人在场见证。遗嘱人和见证人应当在录音录像中记录其姓名或者肖像，以及年、月、日。

第一千一百三十八条　遗嘱人在危急情况下，可以立口头遗嘱。口头遗嘱应当有两个以上见证人在场见证。危急情况消除后，遗嘱人能够以书面或者录音录像形式立遗嘱的，所立的口头遗嘱无效。

第一千一百三十九条　公证遗嘱由遗嘱人经公证机构办理。

问题2：受遗赠人主张遗嘱为遗赠人自书遗嘱，对方当事人对此否认并申请笔迹鉴定，但因样本不足无法鉴定时，应由哪方承担举证责任?

【解答】

自书遗嘱，属于私文书证，应由持有遗嘱并主张遗嘱真实性的受遗赠方承担遗嘱真实性的举证证明责任。虽然对方当事人对遗嘱真实性不予认可并提出笔迹鉴定，但因样本不足鉴定机构无法进行鉴定，在此情况下法院不能视为受遗赠人已经完成了其证明遗嘱真实性的举证责任，而是仍应以其举证证明遗嘱真实性为前提。遗嘱持有人未能完成上述举证责任的，应由其承担举证不能的不利法律后果。

【案例】

受遗赠方承担遗嘱真实性的举证证明责任
——杨某1诉张某1、张某2遗赠纠纷案[①]

案情：杨某1提交杨某2自书遗嘱一份，内容为："我叫杨某2，自从2006年我患大病以来，生活上、精神上我妹妹给我很大帮助和关怀。我自愿把我的全部财产都给我妹妹杨某1，与任何人无关。今天特写此证明为证据。立遗嘱人：杨某2。2016年10月26日"。杨某1持上述遗嘱要求继承杨某2的遗产。张某1、张某2对遗嘱的真实性不予认可，并申请对该遗嘱进行笔迹鉴定。经鉴定机构专家初检后认为，样本的数量与质量均不满足样本比对条件，样本材料不充分，以致鉴定工作无法继续进行。故鉴定中心终止了此次鉴定工作。杨某1陈述杨某2书写遗嘱时仅有其与杨某2两个人在场。

原告杨某1向法院提出诉讼请求：被继承人退休单位发放的丧葬费5000元归原告继承。

一审法院认为：首先应确定杨某1持有的遗嘱是否真实有效。杨某1持有的遗嘱系杨某2自书遗嘱，属私文书证，应由持有遗嘱并主张遗嘱真实性一方即杨某1承担遗嘱真实性的举证证明责任。虽然杨某2之法定继承人张某1、张某2对遗嘱真实性不予认可并提出笔迹鉴定，但因样本不足鉴定机构无法进行鉴定，在此情况下法院认为不能视为杨某1已经完成了其证明遗嘱真实性的举证责任，而是仍应以其举证证明遗嘱真实性为前提。杨某1陈述杨某2订立遗嘱时并无他人在场，亦未能提交其他确凿证据证实其持有的遗嘱真实有效，应视为杨某1未完成其举证义务，其应承担法律上的不利后果，故在现有证据下法院对该份遗嘱的法律效力不予确认。因其未充分举证证明其持有遗嘱的真实性，法院无法确认该份遗嘱的法律效力，故对杨某1的诉讼请求不予支持。判决：驳回杨某1的诉讼请求。

二审法院判决：驳回上诉，维持原判。

分析：《最高人民法院关于民事诉讼证据的若干规定》（法释〔2001〕33号）第2条规定："当事人对自己提出的诉讼请求所依据的事实或者反驳对方诉讼请求所依据的事实有责任提供证据加以证明。没有证据或者证据不足以证明当事

---

① 参见北京市第二中级人民法院民事判决书，（2019）京02民终13119号。

人的事实主张的，由负有举证责任的当事人承担不利后果。”[①] 具体到本案，杨某 1 提交杨某 2 自书遗嘱一份。杨某 1 对此应提供证据证明其真实性。张某 2 对遗嘱真实性不予认可，张某 2 对遗嘱不真实亦应提供证据证明。故张某 2 提出笔迹鉴定。但因样本不足鉴定机构无法进行鉴定。此时，双方均未完成举证责任，应由何方承担举证责任。对此，首先应由杨某 1 完成对遗嘱真实性的举证责任。当杨某 1 所举证据达到民事诉讼高度盖然性标准时，杨某 1 的举证责任完成。再由张某 2 承担举证责任。当杨某 1 未完成上述举证责任，即使张某 2 未完成其应承担的举证责任时，不利后果也应归于杨某 1。本案的杨某 1 只提供真伪不明的遗嘱一份，无见证人等证据佐证。虽然张某 2 申请的鉴定程序因样本不足无法进行，但是不能因此免除杨某 1 的举证责任。因此，法院驳回杨某 1 的诉讼请求。

【风险提示】

对于自书遗嘱的真实性，尤其是违背日常生活经验的自书遗嘱的审查，应当从严审理其法定生效要件。当该遗嘱不符合法定生效要件时，应当认定自书遗嘱无效。

问题 3：受遗赠人向土地所有人即集体经济组织主张土地承包经营权是否属于人民法院受案范围？该主张应由哪个组织处理？

【解答】

因农村土地的所有权属于集体经济组织，集体经济组织成员仅享有土地承包经营权。以家庭方式取得的土地承包经营权，在部分家庭成员死亡后，应由其他家庭成员继续享有土地承包经营权。

即使受遗赠人主张讼争土地的承包经营权，亦应由相关土地的所有者决定。即由村民委员会依照《村民委员会组织法》第 24 条的规定，按法定程序作出决定。该请求并非人民法院受理案件范围，不应由人民法院处理。

---

① 该条规定已于 2019 年 12 月 23 日被《最高人民法院关于修改〈关于民事诉讼证据的若干规定〉的决定》删除。

【案例】

土地承包经营权不属于遗产范围
——巴某诉喻某遗赠纠纷案[①]

案情：原告巴某与喻某2共同生活多年，被告喻某1系喻某2儿子。喻某2于2004年与贾某离婚，贾某与喻某1系母子关系。2014年3月15日，喻某2立遗赠扶养协议一份，协议约定“本人自愿将樱桃园村某号前后院……归巴某。因为巴某从我有病住院都是巴某养我，我儿子一分钱没养我”，并由立遗嘱人喻某2签字。之后，该遗嘱又先后由两名证明人签字。2018年3月4日喻某2去世，且喻某2父母已先于喻某2去世。喻某2有位于辽宁省鞍山市高新区的私有房屋一处。

原告巴某请求判令：原告继承被继承人位于辽宁省鞍山市高新区的私有房屋及土地承包经营权。

一审法院认为，原告巴某不是喻某2法定继承人，巴某根据喻某2书写的《遗赠扶养协议》主张遗产，该协议不属于遗赠扶养协议，而属于遗赠。对于《遗赠扶养协议》中将该4.6亩土地承包经营权遗赠给巴某的约定，因农村土地所有权属于集体经济组织，集体经济组织成员仅享有土地承包经营权，家庭方式取得的土地承保经营权，在部分家庭成员死亡后，由其他家庭成员继续享有土地承包经营权，本案中喻某2系以家庭方式取得土地承包经营权，该土地承包经营权不属于遗产范围，不可将该权利遗赠给他人，故该遗嘱中对土地承包经营权进行处分的部分内容无效。判决：一、坐落于辽宁省鞍山市高新区的私有房屋，归巴某所有；二、驳回巴某的其他诉讼请求。

二审法院判决：驳回上诉，维持原判。

分析：虽然被继承人喻某2在《遗赠扶养协议》中将该4.6亩土地承包经营权遗赠给巴某，但因农村土地的所有权属于集体经济组织，集体经济组织成员仅享有土地承包经营权。以家庭方式取得的土地承保经营权，在部分家庭成员死亡后，应由其他家庭成员继续享有土地承包经营权。因此，本案中赠予人喻某2虽在《遗赠扶养协议》中约定相关土地承包经营权归巴某享有，但该协议中该土地承包经营权的部分内容无效。

---

① 参见辽宁省鞍山市中级人民法院民事判决书，(2019)辽03民终3503号。

如果巴某要主张讼争土地的承包经营权，应由相关土地的所有者村民委员会依照《村民委员会组织法》第 24 条的规定，由村民委员会按法定程序作出决定，而非向人民法院起诉，因为该法律关系不属于人民法院受理的范围。

【风险提示】

村民委员会有权根据《村民委员会组织法》与《农村土地承包法》的规定对农村承包的土地进行调整，但是必须经民主认定程序。

问题 4：受遗赠人将自己误认为继承人而未及时作出接受遗赠表示的，是否视为放弃遗赠？

【解答】

受遗赠人基于一定事由将自己误认为继承人，而未及时作出接受遗赠的意思表示的，符合人之常情，不应对此苛责受遗赠人在法定期限内作出接受遗赠的意思表示。因此，不能将此视为放弃遗赠。

【案例】

受遗赠人将自己误认为继承人而未及时表示接受遗赠的，不能被视为放弃遗赠

——孔某诉陈某遗赠、继承纠纷案①

案情：被继承人陈某 2 与孔某系夫妻，婚后未生育子女。陈某 2 于 2018 年 1 月 26 日死亡，其父母先于其死亡。

涉案房屋于 1995 年 3 月 31 日登记权利人为陈某 2。现系争房屋由孔某居住使用。原审审理中，当事人一致确认陈某 2、孔某对系争房屋各享有 50% 产权份额。

另外，孔某提交的陈某 2 上海市公安局户籍证明中证明事项一栏中载明："户主：陈某 2。妻：孔某，1942 年 9 月 25 日出生。养女：陈某 1，1972 年 7 月 22 日出生。"孔某另提交上海市公安局徐汇分局湖南路派出所出具情况说明一份，内容为："陈某 1，曾用名宋某，女，1972 年 7 月 22 日出生。1980 年 6 月 1 日户籍

① 参见上海市第一中级人民法院民事判决书，(2019) 沪 01 民终 12426 号。

由新疆石河子一二二团轮训班迁入××路××弄××号××室，××路××号同日迁往。因年代较早及本所搬迁，造成该居民的迁入本市的材料灭失。特此证明。”孔某另提交上海市东方公证处出具的证明，证明孔某、陈某2各自填写的人员登记表和工人职员登记表上并未体现其二人有养女。

原告孔某请求判令：原告继承被继承人陈某2的遗产。

一审法院认为，继承开始后，按照法定继承办理；有遗嘱的，按照遗嘱继承或遗赠办理。双方当事人对《遗嘱》系陈某2所书均无异议，该《遗嘱》系陈某2的真实意思表示。孔某虽主张陈某1未在法律规定的期限内作出接受遗赠的意思表示，但陈某1认为自己系陈某2的养女，属于法定继承人之一，无须作出接受遗赠的意思表示亦符合常理。孔某认为该《遗嘱》附条件，但综观遗嘱全文，并无附条件或者附义务的意思表示。综上，陈某2对系争房屋享有的产权份额应当按照《遗嘱》的内容由陈某1继承。对于陈某2与陈某1是否形成事实上的收养关系的问题，除上海市公安局户籍证明中的记载外，并无其他证据可以证明陈某1系陈某2的养女，该证据系孤证，故一审法院无法认定陈某2与陈某1之间的养父女关系。因此，陈某2名下除系争房屋外的其他财产应当按照法定继承的方式由孔某继承。判决：被继承人陈某2对上海市××区××村××号××室房屋享有的产权份额归陈某1所有，即孔某、陈某1对上述房屋各享有二分之一的产权份额。

一审宣判后，双方均提出上诉。二审法院判决：驳回上诉，维持原判。

分析：《继承法》第25条规定：“继承开始后，继承人放弃继承的，应当在遗产处理前，作出放弃继承的表示。没有表示的，视为接受继承。受遗赠人应当在知道受遗赠后两个月内，作出接受或者放弃受遗赠的表示。到期没有表示的，视为放弃受遗赠。”（《民法典》第1124条）本案中，陈某1将自己误认为陈某2的法定继承人（养女）。后经法院审理否定了该关系。陈某1对遗赠未在法定期限内作出接受的意思表示。双方由此产生争议焦点：孔某主张依照继承法应视为放弃遗赠；陈某1主张不应视为放弃遗赠。

一审、二审法院均支持陈某1的主张。根据本案案情，陈某1基于上海市公安局户籍证明中的记载认为自己系陈某2的养女，其认为自己属于法定继承人之一并无须作出接受遗赠的意思表示。这种未及时作出接受表示的心态，符合常理。不能由此将陈某1的行为视为放弃遗赠的意思表示。从内心真实意思来看，陈某1的真实意思应为接受遗赠。因此，陈某2对讼争房屋享有的产权份额，应当按照

《遗嘱》的内容由陈某1继承。孔某相关的主张违背了陈某1的真实意思，一审、二审法院对此均不支持。

【风险提示】

受遗赠人在知道受遗赠后，应当在法定期限内及时作出接受的意思表示。否则，依法将被推定为放弃遗赠。

第五节　遗赠扶养协议纠纷

问题1：受遗赠人主张的受遗赠权与继承人主张的继承权相冲突时，应优先保护哪方权利？

【解答】

在遗赠扶养协议有效的情形下，遗赠扶养协议的效力高于遗嘱继承与法定继承。因此，受遗赠人在履行扶养义务后即有权主张受遗赠权。此时，继承人主张的继承权不得与之相抵触。

【案例】

遗赠扶养协议的效力高于遗嘱继承与法定继承

——韦某诉杨某1遗赠扶养协议纠纷案[①]

案情：2012年2月7日，杨某梅与韦某在某康复医院病房签订《遗赠扶养协议》，内容为："一、韦某自愿继续悉心照顾杨某梅的衣食住行、看病住院和其他生活需求，保证杨某梅安度晚年。在杨某梅去世以后，由韦某负责送终、追悼、安葬、扫墓等事宜。二、杨某梅自愿将遗产赠与韦某，在杨某梅去世后由韦某领受其全部遗产。三、杨某梅声明：本人意识清楚，自愿签署本遗赠扶养协议。四、本协议一式四份，杨某梅、韦某、和两个见证人各持一份。遗赠人杨某梅（签名

① 参见北京市第二中级人民法院民事判决书，（2019）京02民终11385号。

按指印）扶养人：韦某（签没按指印）见证人：魏某（签名）、孙某（签名按指印）签订时间：2012年2月7日。”

原告韦某请求判令：被继承人杨某梅的遗产由韦某继承。

一审法院认为，本案中韦某与杨某梅于2012年2月7日签订的《遗赠扶养协议》系双方真实意思表示，其内容不违反国家相关法律法规和政策性规定，应认定该协议合法有效，韦某据此主张继承2012年8月18日杨某梅与某人民政府征收办公室及某人民政府某街道办事处签订的《国有土地上房屋征收产权调换协议》项下属于杨某梅的全部权利义务，符合法律规定，法院对此予以支持。关于陈某1、陈某2要求分割被继承人杨某梅遗产一节，依据现有证据实难以认定陈某1、陈某2对被继承人杨某梅扶养较多，故其要求适当分割杨某梅之遗产，依据不充分，法院对此亦不予支持。一审法院判决：被继承人杨某梅遗产由韦某继承。

二审法院认为，本案的《遗赠扶养协议》应为有效。因本案认定《遗赠扶养协议》有效，故陈某是否与杨某梅形成了事实上的收养关系对本案的处理没有影响，故本案对此不作审查。同理，陈某2是否是实际扶养人本案亦不作审查。关于陈某2、陈某1是否尽了较多的扶养义务一节，法院认为，在韦某与杨某梅签署了《遗赠扶养协议》的前提下，只要不能证明韦某未尽约定的扶养义务，其他人所尽义务多少亦与本案的遗产继承无关，法院同样不作审查。原判认定事实清楚，适用法律正确，应予维持。判决：驳回上诉，维持原判。

分析：本案涉及法定继承与遗赠扶养协议的优先效力问题。当同时存在法定继承与遗赠扶养协议时，何者效力优先？《继承法》第5条规定：“继承开始后，按照法定继承办理；有遗嘱的，按照遗嘱继承或者遗赠办理；有遗赠扶养协议的，按照协议办理。”（《民法典》第1123条）据此，继承法对于继承规定的优先等级为：遗赠扶养协议＞遗嘱继承或遗赠＞法定继承。当前一继承方式无效时，才发生后一继承方式。当前一继承方式有效时，不存在实现后一继承方式的可能性。

本案杨某梅与韦某签订的《遗赠扶养协议》应为合法有效。只要韦某按约履行了扶养义务，杨某梅的遗产就应按照《遗赠扶养协议》办理。即使杨某梅在去世后有法定继承人，甚至杨某梅立有遗嘱，也应先按照遗赠扶养协议约定的方式办理。遗赠扶养协议的优先性是由其双务性决定的。

【风险提示】

如果扶养人无正当理由不履行扶养义务，导致遗赠扶养协议被解除的，则应按照遗嘱继承、遗赠办理，没有遗嘱继承、遗赠的，按照法定继承办理。

问题 2：法定继承人主张遗赠人在签订遗赠扶养协议时不具有民事行为能力，受遗赠人主张具有民事行为能力，该举证责任应由哪方承担？

【解答】

当法定继承人与受遗赠人对遗赠人在签订遗赠扶养协议时是否具有民事行为能力产生争议，应依照民事诉讼证据的有关规定，由事实主张者承担举证责任。在遗赠扶养协议中，遗赠人在年满十八周岁后应当推定为完全民事行为能力人，其法定继承人主张其不具有完全民事行为能力，应当对此承担举证责任。

【案例】

主张年满十八周岁的遗赠人不具有完全民事行为能力的法定继承人应当承担举证责任

——赵某 1、赵某 2、赵某 3 诉关某遗赠扶养协议纠纷案[①]

案情：赵某 1、赵某 2、赵某 3 系赵某 4 的子女。2007 年 6 月 5 日，赵某 4 与关某签订了《遗赠扶养协议书》。2007 年 8 月 18 日，赵某 4 去世。

再审申请人赵某 1、赵某 2、赵某 3 主张，赵某 4 于 2006 年 12 月 20 日被医院诊断为老年痴呆，其在签订《遗赠扶养协议书》时不具有相应的民事行为能力；所签订的协议应为无效。

再审法院经审查认为，关于赵某 4 与关某签订的《遗赠扶养协议书》效力问题，赵某 2、赵某 1、赵某 3 主张赵某 4 在签订遗赠扶养协议时不具有民事行为能力，虽提交了北京老年医院诊断证明书及证人证言等证据，但上述证据均不足以证明赵某 4 在签订遗赠扶养协议时不具有相应的民事行为能力。因缺乏赵某 4 生前的医疗资料，法院亦无法通过相关的司法鉴定程序对赵某 4 在签订上述遗赠扶养协议时有无民事行为能力进行鉴定。在此情形下，依据举证规则的规定，赵某 2、赵某 1、赵某 3 应当承担举证不能的法律后果。原审法院据此驳回赵某 2、赵某 1、赵某 3 要求确认 2007 年 6 月 5 日赵某 4 与关某签订的《遗赠扶养协议书》无

① 参见北京市高级人民法院民事裁定书，（2017）京民申 4399 号。

效之诉讼请求，并无不当。赵某 1 的再审申请不符合《民事诉讼法》第 200 条规定的情形。裁定：驳回赵某 1 的再审申请。

分析：对于遗赠人在签订遗赠扶养协议时是否具有民事行为能力，有两种不同意见：一种意见认为，应由受遗赠人就遗赠扶养协议合法有效承担举证责任；另一种意见认为，由主张遗赠人为无或限制民事行为能力的民事主体对该事实主张承担举证责任。

对此，我们应从民事行为能力的制度设计出发，依照民事诉讼证据的相关规定，正确确定该举证责任由何民事主体承担。根据我国的民法规定，公民自 18 周岁起享有完全的民事行为能力。在被宣告无或限制民事行为能力前，公民均应推定为完全民事行为能力。因此，本案关某不承担赵某 4 具有完全民事行为能力的举证责任。相反，赵某 1、赵某 2、赵某 3 主张赵某 4 在签订遗赠扶养协议时不具有相应的民事行为能力，应由该主张人对此承担举证责任。在该方无法举证证明其主张的事实时，由其承担不利的法律后果。

【风险提示】

遗赠人（被扶养人）与受遗赠人（扶养人）在签订遗赠扶养协议时，可采取公证的方式办理。在此种方式下，公证人员对协议公证具有较强的可信力。

第六节　被继承人债务清偿纠纷

问题 1：继承人是否应当对被继承人债务承担清偿责任?

【解答】

继承遗产应当清偿被继承人的债务，清偿债务以被继承人的遗产实际价值为限。因此，当被继承人的遗产实际价值大于被继承人债务时，继承人应当以遗产实际价值为限清偿该债务。

问题 2：在拆迁安置补偿过程中，拆迁安置主体因考虑了被继承人房屋被拆后未予安置补偿的因素，又追加安置了一套房屋的，该房屋是否属于被继承人遗产？继承人继承该房屋后是否应当承担被继承人债务？

【解答】

拆迁安置主体因考虑了被继承人房屋被拆后未予安置补偿的因素，又追加安置了一套房屋的，该追加房屋中有被继承人房屋价值补偿的性质，应认定为属于被继承人遗产。因此，继承人在继承该房产后，应当在遗产实际价值范围内清偿被继承人债务。

【案例】

追加安置的房屋有被继承人房屋价值补偿的性质，应认定为属于被继承人遗产

——范某1诉秦某被继承人债务清偿纠纷案①

案情：秦某2系北京市顺义区仁和地区某某村村民，其在北京市顺义区仁和地区某某村有宅院一处。秦某2于2009年6月29日病故。秦某系秦某2之子，是秦某2的唯一法定继承人。范某1称秦某2于1992年至2002年9月12日共向其借款152 800元，要求秦某2之子秦某替其父亲偿还欠款。范某1提交借条五张，共计133 000元，落款均为“秦某2（音）”。范某1称秦某2在某某村宅院已被拆迁，安置涉案房屋，现该房屋已为秦某接收。秦某继承秦某2遗产，即应偿还其父生前所欠债务。范某1为此提交拆迁安置协议书一份。秦某认可其已接收涉案房屋，但称不是因拆迁秦某2宅院取得，而是自己宅院拆迁取得，其在购买涉案房屋时使用了秦某2老宅院房屋拆迁及附属物折价款18 176.76元，但其代替秦某2偿还债务已达18 269元，故不应再行偿还。

原告范某1请求判令：秦某在继承被继承人秦某2的遗产范围内向范某1偿还秦某2的债务。

一审法院审理认为，可以认定秦某2曾向范某1借款的事实，确认秦某2所负范某1欠款共计131 000元。继承遗产应当清偿被继承人的债务，清偿债务以

① 参见北京市高级人民法院民事判决书，（2019）京民再1号。

被继承人的遗产实际价值为限。现范某1主张秦某作为秦某2唯一法定继承人，继承了秦某2因宅院拆迁而由村委会安置的涉案房屋一套，该拆迁协议书的乙方为秦某，仅在秦某名后用括号标注有秦某2的名字，2009年签署的拆迁协议书拆迁安置的对象应当是秦某而非秦某2，仅凭该拆迁协议难以认定涉案房屋为某某村村委会分配给秦某2的安置房屋。北京市顺义区人民法院于2011年7月12日作出（2011）顺民初字第1350号民事判决：驳回范某1的诉讼请求。

一审判决后，范某1不服判决，提起上诉。北京市第二中级人民法院于2011年11月28日作出（2011）二中民终字第16967号民事判决：驳回上诉，维持原判。

判决生效后，人民检察院提起抗诉。

再审法院经审理查明，秦某与某某村村委会签订过三份《拆迁安置协议书》，时间与安置内容分别是：1997年7月3日安置秦某两室一厅一套；2009年4月22日安置秦某三室一厅三套；2009年12月28日安置秦某三室一厅一套，面积80平方米至84平方米，且这份《拆迁安置协议书》乙方村民处写有秦某、秦某2的名字。2018年7月13日检察机关向时任某某村村支书王某2调查，王某2陈述：2009年村改造的时候，秦某自己的宅基地已拆得三套，秦某又找村委会称秦某2房屋被拆后未予安置且秦某自己的宅基地面积大，补偿三套房屋不合理，希望再安置一套，村委会考虑到以上两点因素就又给安置了一套房，并注明了两个人的名字。再审查明的其他事实与原审查明的事实一致。

再审法院认为，根据检察机关的调查，秦某通过自己的宅院拆迁获得三套安置房屋后又于2009年12月28日与某某村村委会签订一份《拆迁安置协议书》，追加安置了一套三室一厅的房子，根据王某2的陈述这套涉案房屋的安置考虑了秦某2房屋被拆后未予安置补偿的因素，故在2009年12月28日《拆迁安置协议书》上写有秦某2的名字。王某2向检察机关所作陈述与范某1等人提供的《调查笔录》的内容基本一致。再审法院认为，王某2向检察机关的陈述更加符合真实情况，结合本院查明的其他事实，采信王某2的证言。目前面积为80平方米的一套三室一厅房屋价值远远高于131 000元，范某1、范某2、范某3、范某4主张秦某继承的秦某2遗产足以清偿范某1的债务有事实依据，对其请求予以支持。原审判决认定事实有误，再审予以纠正。故判决：一、撤销北京市第二中级人民法院（2014）二中民再终字第04509号民事判决。二、秦某于本判决生效之日起15日内给付范某1、范某2、范某3、范某4欠款131 000元，并按照中国人民银行同期贷款利率支付 131 000 元自 2009 年 8 月 25 日起至实际给付之日止的利息。三、驳回范某 1、范某 2、范某 3、范某 4 的其他诉讼请求。

分析：继承人应当以遗产实际价值为限清偿被继承人的债务。对于“遗产的实际价值”，债权人常常与继承人发生争执。尤其是在拆迁补偿安置过程中，被安置人的价值补偿中是否含有被继承人的遗产往往关系继承人是否应当履行债务。如果拆迁安置主体因考虑了被继承人房屋被拆后未予安置补偿的因素，追加安置了一套房屋的，该追加房屋中有被继承人房屋价值补偿的性质，应认定为属于被继承人遗产。本案中，继承人秦某之所以追加安置了一套三室一厅的房子，是因为这套涉案房屋的安置考虑了被继承人秦某 2 房屋被拆后未予安置补偿的因素，并且在 2009 年 12 月 28 日《拆迁安置协议书》上亦写有秦某 2 的名字。由此表明，被追加的三室一厅房屋具有遗产性质。秦某继承了该房屋后，应当在遗产实际价值范围内履行债务。

【风险提示】

因原有的宅基地无法被变卖、变现，许多债务人一直未能履行债务。随着棚户区改造推进，一些村民被拆迁安置，由此产生的被继承人债务清偿纠纷日益增多。但拆迁安置补偿款的性质复杂，难以以简单、统一的标准进行区分。这需要我们从拆迁安置补偿的标准入手，从补偿原因、价值由来、补偿目的等综合因素判断拆迁补偿款属性，以此厘清被继承人的遗产范围。

问题 *3*：被继承人承包的土地是否应作为遗产？

【解答】

我国的农村土地承包采取农村集体经济组织内部的家庭承包方式，即以户为单位承包而不是个人承包。被继承人死亡后，作为同一户的继承人依法享有承包土地的经营权。如继承人及其他家庭成员失去承包资格，土地所有方亦会依法收回承包地。故被继承人的承包地不能作为遗产进行清偿债务。但被继承人的住宅可作为遗产用以清偿债务。

【案例】

被继承人的住宅可作为遗产进行清偿债务
——姚某、田某1诉褚某丽、褚某被继承人债务清偿纠纷案[①]

案情： 原告田某1与姚某系夫妻关系，田某1与褚某2系亲属关系。2016年6月，褚某2通过田某2向姚某、田某1借款10 000元。2017年7月1日，褚某2再次向姚某、田某1借款10 000元。2018年11月1日，褚某2向姚某、田某1重新出具了两张借款本金共计20 000元的借据。2019年1月，褚某2因病去世，褚某2的法定第一顺序继承人分别为：长女褚某丽、次女褚某，被告褚某丽、褚某均当庭声明放弃继承。另查明，褚某2去世时留有遗产为：褚某2名下位于彰武县住宅一处，院落1987.1平方米，建筑占地66平方米；褚某2所有的辽J×××××号五菱牌小型面包车一辆。现被告褚某丽、褚某作为褚某2的遗产代管人，上述住宅由褚某丽、褚某管理，面包车由褚某丽保管。

原告姚某、田某1请求判令：被告褚某丽、褚某偿还被继承人债务。

一审法院认为，本案案由系被继承人债务清偿纠纷。本案中，褚某丽、褚某虽表示放弃继承，但二被告作为褚某2的遗产代管人，其应以其所代管遗产（住宅及车辆）的实际价值为限偿还被继承人的债务。故判决：被告褚某丽、褚某以其所代管的遗产（住宅及车辆）实际价值为限偿还原告姚某、田某1借款本金20 000元。

二审法院认为，本案中一审卷宗中的《辽宁省农村土地家庭承包合同》记载的房场承包地2.38亩，其承包方为杨某某、褚某2、张某某、褚某、褚某丽，现杨某某、褚某2、张某某已去世，则应由褚某、褚某丽继续承包，如褚某、褚某丽不具备承包资格也应由村委会将承包地收回，该房场涉及的承包地不能作为褚某2的遗产进行清偿债务。一审判决上诉人褚某丽、褚某以其所代管的遗产（住宅及车辆）实际价值为限偿还被上诉人姚某、田某1借款本金20 000元，如该住宅涉及承包地，则承包地不应作为遗产清偿债务，但住宅房屋等可以以实际价值为限偿还债务。故判决：驳回上诉，维持原判。

分析： 在我国，农村土地承包的承包方为村集体经济组织的农户，而不是单

---

① 参见辽宁省阜新市中级人民法院民事判决书，(2019)辽09民终1031号。

个农民。当享有农村土地承包经营权的村民去世后，其享有的土地承包经营权应由同户的其他成员享有，不存在农村土地承包经营权的继承问题。不在同一户的其他人员也不得受让农村土地承包经营权。因此，该项权利不得作为遗产。本案中，褚某 2 去世后，其同户的房场承包地 2.38 亩，承包方为杨某某、褚某 2、张某某、褚某、褚某丽，现杨某某、褚某 2、张某某已去世。该房场承包地应由褚某、褚某丽继续承包，如褚某、褚某丽不具备承包资格也应由村委会将承包地收回。该房场涉及的承包地不能作为褚某 2 的遗产进行清偿债务。

【风险提示】

虽然被继承人的承包地不能作为遗产进行清偿债务，但是被继承人的住宅可作为遗产用以清偿债务。因此，涉及承包地中的住宅被继承的，债权人有权要求继承人在继承遗产的实际价值范围内承担债务。

【法律规定速查】

《中华人民共和国农村土地承包法》（2018 年 12 月 29 日修正）

第十六条第一款　家庭承包的承包方是本集体经济组织的农户。

问题 4：争议标的为给付货币的案件中，原告住所地或经常居住地对被继承人债务清偿纠纷是否具有管辖权？

【解答】

因合同产生的被继承人债务清偿纠纷由被告住所地或合同履行地法院管辖。如果被继承人债务清偿纠纷中的债务是给付货币的，接受货币方的住所地或经常居住地为合同履行地。据此，原告住所地或经常居住地作为接受货币的合同履行地对被继承人债务清偿纠纷案件具有管辖权。

【案例】

原告住所地或经常居住地对被继承人债务清偿纠纷案件具有管辖权

——王某诉吕某1、吕某2、吕某3被继承人债务清偿纠纷案[①]

案情：原告王某起诉称：2012年8月27日，吕某云向王某借款300万元。2014年8月，吕某云因病去世。王某于2016年8月25日向吕某云法定继承人提起诉讼，要求偿还借款本金300万元、利息432万元及自2016年8月29日起至全部还清之日止按年利率24%计算的借款利息。

内蒙古自治区乌海市海南区人民法院认为，该院对案件有管辖权，故于2016年10月18日作出（2016）内0303民初1645号民事裁定，驳回吕某1、吕某2、吕某3管辖权异议申请。吕某1、吕某2、吕某3不服，向乌海市中级人民法院提起上诉。乌海市中级人民法院于2016年12月26日作出（2016）内03民辖终52号民事裁定，驳回上诉，维持原裁定。后又于2017年10月23日启动审判监督程序，作出（2017）内03民再18号民事裁定，撤销该院（2016）内03民辖终52号民事裁定和乌海市海南区人民法院（2016）内0303民初1645号民事裁定，将案件移送宁夏回族自治区石嘴山市中级人民法院管辖。

宁夏回族自治区高级人民法院认为，两地人民法院均有管辖权。经与内蒙古自治区高级人民法院协商未果，报请最高人民法院指定管辖。

最高人民法院经审查认为，本案案由应确定为被继承人债务清偿纠纷。王某起诉要求偿还欠款，争议标的为给付货币，接收货币一方所在地为合同履行地。接收货币一方王某的住所地位于内蒙古乌海市海南区，故乌海市海南区人民法院对案件有管辖权。在王某选择向该院起诉的情况下，乌海市海南区人民法院应当予以受理。裁定：本案由内蒙古自治区乌海市海南区人民法院审理。

分析：被继承人债务清偿纠纷由被告住所地法院管辖。涉讼债务是合同纠纷产生的，可适用《民事诉讼法》第23条规定，由被告住所地或合同履行地法院管辖。在争议标的为给付货币的案件中，根据《最高人民法院关于适用〈中华人民共和国民事诉讼法〉的解释》第18条规定，接收货币一方所在地为合同履行地。

① 参见最高人民法院民事裁定书，（2018）最高法民辖165号。

因此，当涉讼债务为给付货币时，被继承人债务清偿纠纷的原告住所地对案件亦具有管辖权。

具体到本案，与王某发生借贷合同关系的吕某云已经在本案诉讼前死亡，王某将吕某云的法定继承人作为被告提起本案诉讼，属于被继承人死亡时遗留的尚未清偿的债务引起的纠纷，故本案案由应确定为被继承人债务清偿纠纷。本案纠纷涉及的法律关系权利义务主体为债权人和债务人的财产继承人，属于债权人与债务继承人之间的债务清偿纠纷，可以按照《民事诉讼法》第23条确定管辖法院。王某起诉要求偿还欠款，争议标的为给付货币，接收货币一方所在地为合同履行地。接收货币一方王某的住所地位于内蒙古乌海市海南区，故乌海市海南区人民法院对案件有管辖权。在王某选择向该院起诉的情况下，乌海市海南区人民法院应当予以受理。

【风险提示】

在因合同引发的被继承人债务清偿纠纷案件中，当讼争标的为给付货币时，接收货币一方所在地对此类案件具有管辖权。此类案件不应忽视合同履行地法院的管辖权及原告起诉时的选择权。

第七章
农村相邻关系法律纠纷

第一节　导　读

一、农村相邻关系法律纠纷概念与基本原则

相邻关系是指相互毗邻的不动产物权人，包括不动产所有人、用益物权人或者占有人，因不动产利用（用水、排水、通行、通风、采光等）而产生的权利义务关系。从本质上讲，相邻关系是不动产物权因相邻不动产关系而产生的权利延伸或者限制。农村相邻关系法律纠纷就是指相邻关系人因相邻关系产生的法律纠纷。

在处理相邻关系纠纷时，应当遵守以下原则：（1）有利生产。在处理相邻关系纠纷时，要按照有利于农村生产的导向正确划分相邻纠纷各方权利义务，促进农业、农村发展。（2）方便生活。在处理涉及农村生活的相邻关系中，应当本着使相邻人生活更方便、便捷的原则和方向进行纠纷化解工作。（3）团结互助。相邻关系的处理，应向着促进相邻关系人之间互相帮助、团结协作的方向进行，使相邻关系人关系更加融洽、和谐。（4）公平合理。相邻纠纷的处理，应正确、恰当地平衡好各方权益，使相邻关系人都能公平合理地享受不动产物权的权益。

二、农村相邻关系法律纠纷类型

根据纠纷的内容，农村相邻关系法律纠纷可分为以下几类：

（一）相邻用水、排水纠纷

相邻用水排水纠纷，是指相邻的不动产权人之间在用水和排水过程中产生的法律纠纷。

（二）相邻通行纠纷

相邻通行纠纷，是指相邻不动产权人在相邻通行方面产生的法律纠纷。

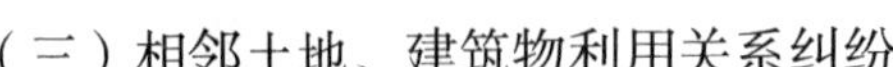

（三）相邻土地、建筑物利用关系纠纷

相邻不动产权人在相邻土地或建筑物的利用过程中，例如铺设管线、建筑修缮建筑物等，产生的法律纠纷。

（四）相邻通风、采光纠纷

相邻不动产权人之间在通风、采光及日照方面产生的法律纠纷。

（五）相邻污染侵害纠纷

相邻污染侵害纠纷是指相邻不动产权人违法处置污染物，包括固体废物、大气污染物、水污染物以及噪声、光、辐射等有害物质过程中产生的侵权法律纠纷。

（六）相邻损害防免关系纠纷

相邻损害防免关系纠纷是指相邻不动产权人在使用其不动产过程中，因未尽防止、避免损害相邻不动产安全义务，如挖掘土地、建造建筑物等，产生的法律纠纷。

三、相关法律规定

1.《中华人民共和国民法典》（2020 年 5 月 28 日）；

2.《中华人民共和国物权法》（2007 年 3 月 16 日）；

3.《最高人民法院关于贯彻执行〈中华人民共和国民法通则〉若干问题的意见（试行）》[法（办）发〔1988〕6 号　1988 年 4 月 2 日]。

第二节　相邻用水、排水纠纷

问题 *1*：相邻用水关系指什么？如何处理相邻用水关系？

【解答】

相邻用水关系是指处于相邻关系的不动产权人在取水、用水时形成的相互影响、相互作用的相邻关系。

处理相邻用水关系应当坚持公平、平等、自由的原则，并遵循相邻用水关系中的若干规则：（1）用水应当遵守“由远及近、由高到低”的用水原则；（2）相邻当事人不得擅自改变水流的自然流向；（3）地处上游的当事人在取水时应当兼顾各方用水需要，不得擅自截流自然流水，影响其他相邻权人用水权；（4）地处下游的相邻当事人不得以损害他人利益使用水流。

问题 2：相邻排水关系是什么？如何处理相邻排水关系？

【解答】

相邻排水关系是指处于相邻关系的不动产权人在排水、泄洪时形成的相互影响的相邻关系。

处理相邻排水关系时，相邻排水人要平衡好自身排水权与相邻权人排水补偿权的关系，具体而言，应遵守以下规则：（1）排水人有权要求地处下游的相邻人给予排水便利；（2）排水人应当以对相邻关系人影响及损害最小的方式排水；（3）排水过程中对相邻关系人造成损害的，应当予以合理补偿。

问题 3：相邻关系中，对物权的行使妨碍了流水的自然流向，相邻权人能否要求停止妨碍？

【解答】

一般而言，自然流水的流向是历史形成的，具有一定的合理性。因此，理应得到相邻各方的尊重。对于妨碍自然流水流向的行为，相邻权人有权要求停止侵害、恢复原状。

【案例】

对妨碍自然流水流向的行为，相邻权人有权要求停止侵害、恢复原状

——常某存诉常某波、常某有、李某丽相邻关系纠纷案[①]

案情： 被告常某有与李某丽系父女关系，2002 年 4 月 6 日李某丽向常文某购买了坐落于四街六组的老房子，现该房屋系常某有在居住管理使用。被告常某波家位于通道内有畜圈一间，系常某波在管理使用。该畜圈与常某有家房屋相邻。

① 参见云南省通海县人民法院民事判决书，（2019）云 0423 民初 41 号。

常某波、常某有两家出入通行的过道东边是原告家的房屋外墙。多年以来，原告家房屋西边滴水巷的水均从该巷道排水沟排出，该巷道为开放式通道已是历史形成的事实。2018 年 12 月 2 日，被告常某波、常某有基于安全、卫生等考虑，在巷道口安装了铁门一道。

原告常某存请求判令：被告常某波、常某有、李某丽立即拆除设置于原告位于四街镇西正街某号房屋邻街巷道处的铁门一道，恢复巷道原状。

一审法院审理认为，《物权法》第 84 条规定："不动产的相邻权利人应当按照有利生产、方便生活、团结互助、公平合理的原则，正确处理相邻关系。"第 86 条规定："不动产权利人应当为相邻权利人用水、排水提供必要的便利。对自然流水的利用，应当在不动产的相邻权利人之间合理分配。对自然流水的排放，应当尊重自然流向。"通常情况下，自然流水的流向是历史形成的，具有一定的合理性，理应得到相邻各方的尊重。被告家房屋西面墙脚处的排水沟系历史形成，多年以来，原告房屋西边滴水巷的水均从该通道内的排水沟排出，现被告将通道封锁，已妨碍了原告对房屋的正常修缮、管理，故对原告的诉讼请求，予以支持。依照《物权法》第 84 条、第 86 条之规定，判决：由被告常某波、常某有、李某丽于本判决生效后十五日内将安装于与原告常某存的通海县四街镇西正街某号房屋西边相邻通道口的铁门一道予以拆除。该判决已生效。

分析：相邻关系，是指土地、土地上的自然物或建筑物的相邻所有人在使用或经营这些相邻的不动产时，相互发生的权利义务关系。在相邻关系中，一方在使用或经营自己的不动产时，负有不得妨碍对方合理行使权利的义务，同时也有权要求对方不妨碍和侵犯自己权利的合理行使。在相邻关系中的这种权利称相邻权。相邻权的实质既表现为相邻不动产所有人或占有人行使财产权的一种限制，也同时表现为相邻不动产所有人的财产权的一种扩大。

本案中，被告常某波、常某有、李某丽家房屋西面墙脚处的排水沟系历史形成，多年以来，原告房屋西边滴水巷的水均从该通道内的排水沟排出。被告对该排水沟的使用不得超出合理边界，不得滥用其财产权。现被告将通道封锁，已妨碍了原告对房屋的正常修缮、管理，滥用了自身权利，损害了原告合法权利。被告应当承担排除妨碍、恢复原状的侵权责任。

【风险提示】

财产所有人或占有人，在相邻间合法行使权利的时候，要尊重他方所有人或占有人的权利。

【法律规定速查】

《中华人民共和国物权法》（2007 年 3 月 16 日）

第八十六条　不动产权利人应当为相邻权利人用水、排水提供必要的便利。

对自然流水的利用，应当在不动产的相邻权利人之间合理分配。对自然流水的排放，应当尊重自然流向。

◎ 民法典新规

第二百九十条　不动产权利人应当为相邻权利人用水、排水提供必要的便利。

对自然流水的利用，应当在不动产的相邻权利人之间合理分配。对自然流水的排放，应当尊重自然流向。

问题 4：物权人对其物权的行使妨碍了相邻权人的取水、排水权时，相邻权人能否主张排除妨碍的权利？

【解答】

不动产的相邻权人应当按照有利生产、方便生活、团结互助、公平合理的原则，正确处理相邻关系。审理相邻关系纠纷时，亦应本着尊重历史、照顾现实的原则处理。物权人在享有、行使物权的同时，为相邻权人的合法权益也应受到必要的限制。保障相邻权人的取水、排水权就是限制物权的一项内容。因此，相邻权人在其取水、排水权受侵害时，有权主张排除妨碍。

【案例】

取水、排水权被妨碍的相邻权人有权主张排除妨碍
——宋某 1 诉宋某 4 相邻关系纠纷案[①]

案情：原告宋某 1 的承包田最初的进水沟路径是从宋某 2 承包田的东面，过宋某 3 承包田北面进入原告的承包田。后被告宋某 4 家为避免其承包田被水淹，主动向原告家提出让原告家的进水沟路径改为从现被告宋某 4 耕种的承包田东面进水。2009 年，原、被告发生矛盾，被告不同意原告继续从其田里进水。后经调

① 参见云南省通海县人民法院民事判决书，（2018）云 0423 民初 1102 号。

解，双方达成口头协议，即宋某4同意在其田东边给宋某1留一条宽20厘米、深二层水泥砖的进水沟。2010年5月12日，三组组长宋某5组织原、被告双方对原告位于坝心的承包田进水沟问题出具了《声明》一份，载明："宋某1坝心原来沟路过水是从宋某2田过，然后经过宋某3田放入，宋某1现在在宋某4田内打一条过水沟，沟仍属于宋某4。宋某1只有过水使用权。"后原告依据该声明，在被告耕种的承包田里紧邻东面田埂从北面田埂至南面田埂用水泥砖修建了一条进水沟进水。2018年4月，原、被告双方再次发生矛盾，被告即将原告在被告田里的进水沟损毁后种上烤烟至今。

原告宋某1请求判令：被告宋某4修复原告的进水沟。

一审法院审理认为，不动产权利人应当为相邻权利人用水、排水提供必要的便利。本案中，原告家承包田的进水路径变更为从被告耕种的承包田里过，系被告家主动向原告家提出的，原告使用该沟路多年。且双方在使用过程中发生矛盾后，经调解，已在2009年达成口头协议，即宋某4同意在其田里给宋某1留一条进水沟，并于2010年形成了原、被告双方均认可的《声明》一份。口头协议及《声明》未违反法律的禁止性规定，对原、被告双方有法律约束力，双方均应按约定履行各自义务。原告耕种的承包田从被告耕种的承包田里进水，已形成历史事实。现被告主张其同意原告的承包田从其承包田内进水是附条件的，即待宋某3拆除大棚时，原告的进水途径应恢复原状。被告应修复原告在被告田里的进水沟。判决：被告宋某4于判决生效后九十日内将原告宋某1在被告宋某4耕种的位于义广哨三组坝心的承包田内紧邻东面田埂的进水沟修复。该判决已生效。

分析：不动产的相邻权人应当按照有利生产、方便生活、团结互助、公平合理的原则，正确处理相邻关系。不动产权利人应当为相邻权利人用水、排水提供必要的便利。相邻权纠纷案件的审理应当尊重历史，照顾现实。根据《民事诉讼法》第64条第1款规定，当事人对自己提出的主张，有责任提供证据。本案中，原、被告双方产生矛盾后，经调解，已在2009年达成口头协议，并于2010年形成了原、被告双方均认可的《声明》一份。口头协议及《声明》均合法有效。原告耕种的承包田从被告耕种的承包田里进水，已形成历史事实。被告宋某4擅自改变原告宋某1赖以取水的进水沟，侵犯了原告的合法权利，应承担排除妨碍的侵权责任。

【风险提示】

当涉及相邻权人的权利时，物权人不得以其享有物权为由妨碍相邻权人取水、排水等相邻权。物权的行使应当按照有利生产、方便生活、团结互助、公平合理的原则进行。

问题 5：因截水、排水给相邻方造成妨碍的，应当承担什么民事责任？

【解答】

因截水、排水给相邻方造成妨碍的，侵权人应当停止侵害、排除妨碍、赔偿损失。

【案例】

截水、排水造成相邻方妨碍的行为人应承担的民事责任
——陈某玉诉叶某明、叶某红相邻用水、排水纠纷案[①]

案情：原告陈某玉与被告叶某明、叶某红系相邻关系，原告房屋建于被告房屋西面。原、被告房屋之间有一块使用权仍归集体的空地，双方在该空地上均各自建有简易建筑。原告在该空地上挖有一口水井。2012 年，二被告将其房屋三楼出租给他人使用，承租人将生活废水、污水从该屋三楼水槽倒入后，顺下水管道排入原告使用的空地，致使原告水井井水无法使用，影响了原告方的日常生活。双方曾为此自行协商未果后，经村干部、园区派出所、望松街道司法所等组织多次调解均未果。

原告陈某玉请求判令：被告叶某明、叶某红立即停止侵害，并排除妨碍。

一审法院审理认为，不动产的相邻各方，应当按照有利生产、方便生活、团结互助、公平合理的精神，正确处理截水、排水等方面的相邻关系。给相邻方造成妨碍的，应当停止侵害，排除妨碍。被告叶某明、叶某红的房屋三楼的生活污水等排水直接排向原告陈某玉使用的水井，对原告陈某玉的日常生活造成了妨碍，被告依法应当承担停止侵害、排除妨碍的侵权责任。故原告的诉求理由成立，予以支持。判决：被告叶某明、叶某红立即停止侵害，并于本判决生效之日起一个

---

① 参见浙江省松阳县人民法院民事判决书，（2014）丽松民初字第 457 号。

月内排除其安装在房屋西墙外沿的自三楼到地面的下水管道的排水给原告陈某玉生活造成的妨碍。一审宣判后，各当事人均未上诉，该判决已生效。

分析：《民法通则》第 83 条规定："不动产的相邻各方，应当按照有利生产、方便生活、团结互助、公平合理的精神，正确处理截水、排水、通行、通风、采光等方面的相邻关系。给相邻方造成妨碍或者损失的，应当停止侵害，排除妨碍，赔偿损失。"（《民法典》第 288 条）因此，相邻关系中因用水、排水给相邻方造成妨碍或者损失的，应当依照民法通则承担侵权责任。

本案的争议焦点在于被告叶某明、叶某红因其承租人的排水行为，是否对原告陈某玉造成妨碍。如果构成妨碍，则二被告应当承担民事侵权责任。如果不构成妨碍，则无须承担民事侵权责任。本案原、被告房屋之间有一块属集体土地的空地，双方在该空地上各自建有简易建筑，原告在该空地上也挖有一口水井。原告从该水井中取水使用。在二被告出租房屋前，原、被告一直和谐相处。但是二被告在出租房屋后，房屋承租人将生活污水等从该房屋的水槽倒下，废水顺着排水管排入原告取水的水井，造成水井的水被污染。由此二被告的行为构成了对相邻方陈某玉的相邻用水权的妨碍。依照《民法通则》第 83 条规定，二被告应当承担停止侵害、排除妨碍的侵权责任。

【风险提示】

相邻方对承租其房屋的承租人的行为负有一定的约束义务。疏于履行该义务的，相邻权人有权要求房东承担相应的侵权责任。

第三节　相邻通行纠纷

问题 1："相邻通行权"有哪些构成要件？

【解答】

相邻通行权，又称相邻必要通行权，指处于地理位置相邻关系的一方当事人，在必要时有权要求相邻人为其提供通行的权利。"相邻通行权"的构成必须同时具备以下三个要件：（1）无其他适宜通行的道路可行；（2）为了土地的通常利用所必须;(3)必须利用不是因相邻通行方的任意所致。

问题 2:“历史通道”的构成有哪些要件?曾经通行的承包地上的通道能否构成“历史通道”?

【解答】

历史通道应具备三项要件:一是具有特定的空间性,即须在建筑物范围内形成;二是具有较长时间性,即通行的常态化和历久性;三是必经性,也即相邻通行的必要性。曾经通行的承包地上的通道是否构成“历史通道”,取决于其是否符合上述三个要件。如果其并非在建筑物范围内,又不具备通行的必经性,则其不能构成“历史通道”。

【案例】

相邻通行权的构成要件
——童某 1、余某诉童某 2 相邻关系纠纷案[①]

案情: 原告童某 1、余某系夫妻关系,与被告童某 2 系同村村民。双方房屋坐落于所在村风坞岗,前后错位相邻。原告房屋位于被告房屋前方东侧左边,被告房屋位于原告房屋西侧右边。原告屋前靠西向南行走,与一通往村坊直行村道相接,道宽约二米。紧挨房屋东侧,为村干道。路面地基因低于房屋地基,形成一米余落差。原告屋前以横向浇筑水泥坡道与干道路基相连。前述南向直行通往村坊村道东侧,被告早年流转有一块橘树地。因抄近路穿橘树地通往村干道方便的原因,在被告橘树林内形成一临时便道。2017 年 2 月,村集体因铺设自来水管道需要,曾与被告达成协议,借道被告橘树林便道挖掘深埋水管。3 月间,原告未征得被告同意,以碎石瓦片铺垫橘树林便道。为此,被告于 6 月间,将橘树地便道与村干道邻接落差位置恢复砌坎,致林地便道不能通行。

原告童某 1、余某请求判令:童某 2 恢复原 1.5 米宽便道。

一审法院认为,本案原告堵塞之埂道为被告橘树林地,非历史通道。双方虽因日常生活中捷径取道形成便道,但不影响其林地性质。且原告门前南向直行通往村坊以及东向通往村干道,均保留有正常通道。因此,被告沿橘树地砌坎,恢

① 参见浙江省衢州市中级人民法院民事判决书,(2019)浙 08 民再 11 号。

复林地，并不构成对原告通行权的侵害。原告要求被告清除橘树地便道障碍物、并填平恢复原状的请求，理由不能成立，不予支持。判决：驳回原告童某1、余某的诉讼请求。

二审法院撤销一审判决。后，提出再审。再审法院认为，童某1、余某对案涉橘对地并不具有通行必要性。从地理状况看，童某1现所住房屋，与公共道路（村道）有两条适宜的联络途径：其房西侧向南行走，与通往村坊直行村道相接；其房屋东侧，则为村干道，两条道路均可通行。案涉橘树地不构成历史通道；即便童某1家确有在案涉橘树地上通行多年的历史事实，则亦因缺乏“必要性”与“空间性”，而不得主张该地构成法律意义上的历史通道。

分析：相邻通行权成立要件有三：（1）土地与公共道路无适宜的联络；（2）须是为了土地的通常利用所必要；（3）须非土地所有人或利用人的任意行为所致。

具体到本案，从地理状况看，童某1现所住房屋，与公共道路（村道）有两条适宜的联络道路：其房西侧向南行走，与通往村坊直行村道相接；其房屋东侧，则为村干道，两条道路均可通行。从道路状况看，其房屋前西侧向南道路便于生活通行，其房屋东侧道路既便于生活通行，也适用于一般生产通行。因此，童某1、余某对涉案的橘树地并不具有通行必要性。

历史通道应具备三项条件：一是具有特定的空间性，即须在建筑物范围内形成；二是具有较长时间性，即通行的常态化和历久性；三是“必经”性，也即相邻通行的必要性。

本案中，其一，从案涉橘树地所处地理位置看，系野外空间，并非属建筑物范围之内的土地；其二，童某1、余某主张其家在案涉橘树地上通行多年，但无有效证据证明；其三，对于案涉橘树地，并非属于童某1必经通道。童某1家对主要涉案的橘树地因缺乏“必要性”与“空间性”，无权主张该地构成法律意义上的历史通道。

【风险提示】

并非所有的通道都构成“历史通道”，并非相邻人都有权主张相邻通行权。只有具备“必经”性，上述两者才可能成立。

问题 3：擅自在楼房内加装防盗门、妨碍他人使用电梯的行为，是否侵犯了相邻人的通行权？

【解答】

擅自安装防盗门、封闭通道的行为妨碍了他人对共用电梯的使用权，侵害了相邻人的通行权。侵权人应当排除妨碍，保障相邻人的通行权。

【案例】

擅自在楼房内加装防盗门、妨碍他人使用电梯的，应承担排除妨碍的责任
——陈某诉某银行金华分行物权保护纠纷案①

案情：2003 年 4 月 7 日，陈某从恒丰公司购得坐落于金华市双溪西路 191 号恒丰大厦某楼某室商用房一套，办理了房产登记，取得了房产证及土地使用权证。2006 年 11 月 23 日，某银行金华分行向恒丰公司购买位于恒丰大厦某号等房屋，并领取了房产证。2007 年年初，某银行金华分行用防盗门封堵了一楼、二楼的东西两个通道，使陈某不能通过使用电梯出入自己的房屋。陈某购买的房屋位于裙楼，某银行金华分行购买的大堂等房屋位于主楼，在主楼和裙楼的各自区域还有两个通道。现陈某房屋进出房屋只能从裙楼独有的东南角楼梯通道及位于主楼东北角的楼梯通道通行。

再审法院审理认为，申诉人陈某要求某银行金华分行停止侵害恢复原状的诉讼请求符合法律规定，予以支持；但其诉请要求判令某银行金华分行支付因妨碍物权行使造成的经济损失，因未提供相应依据，不予支持。判决：某银行股份有限公司金华分行拆除位于金华市双溪西路 191 号恒丰大厦一楼、二楼东西两个通道的防盗门并恢复通行；驳回陈某的其他诉讼请求。该判决已生效。

分析：本案争议的焦点是某银行金华分行封堵一楼、二楼东西通道的行为是否侵犯了陈某的通行权。

本案中，某银行金华分行加装防盗门的行为构成侵权：（1）陈某对电梯享有使用权。陈某与开发商恒丰公司签订的《商品房买卖合同》附件三第 9 条约定电梯品牌为奥的斯，该约定是另行添加上去的，系开发商与购房者通过特别约定，

① 参见浙江省金华市中级人民法院民事判决书，（2018）浙 07 民终 5974 号。

进一步明确购房者使用电梯的权利。(2)《商品房买卖合同》第19条约定："除本合同及其附件另有规定者外，买受人在使用期间有权与其他权利人共同享用与该商品房有关联的公共部位和设施，并按占地和公共部分与公用房屋分摊面积承担义务。"根据该约定，除非另有规定，购房者有权共用有关联的公共部位和设施。(3)某银行金华分行安装防盗门的行为妨碍了陈某对电梯的使用。本案中，陈某对电梯享有共有权和使用权，某银行金华分行也对电梯享有共有权和使用权，双方的权利是平等的，任何一方不得因自己的行为影响他人权利的行使，但是，某银行金华分行擅自安装防盗门，封闭通道，该行为妨碍了陈某对共用电梯的使用权，侵害了陈某的合法权益。

【风险提示】

在建筑内，不动产权人不得擅自加装防盗门、防盗网等设施。否则，影响他人正常通行的，必须承担排除妨碍的责任。

问题4：相邻人自行将原有通道封闭后，又要求他人另行提供通道通行，该通行权主张是否成立？

【解答】

相邻人将原有通道另做他用，又要求他人为其提供通道通行的，违背法律和情理，不应支持。

【案例】

自行将原有通道封闭后无权要求他人另行提供通道通行
——朱某君诉朱某生、朱某忠排除妨害纠纷案①

案情：原告朱某君与被告朱某生、朱某忠系前后邻居，均为定海区盐仓街道建胜村村民，朱某生与朱某忠系父子关系。朱某君承包的荷花池土地在其家后面、朱某生家西面，荷花池东边原留有一个长约2米的缺口，缺口外面是一条村道。2012年6月，朱某生、朱某忠用石块在荷花池东边缺口处垒墙，致使朱某君不能从该缺口处进出。

① 参见浙江省舟山市中级人民法院民事判决书，(2012)浙舟民终字第208号。

另，名为荷花池的承包地原系朱某某承包，该荷花池东边原有围墙，后被朱某某推倒作为通道。现朱某某将荷花池东边 0.022 亩划给朱某生承包，西边 0.338 亩划给朱某君承包，以朱某君新砌围墙为界。荷花池原有两个通道，该两条通道现均被朱某君封堵。朱某生、朱某忠垒墙处位于朱某生的承包地上，即本案争议的"通道"。

原告朱某君请求判令：朱某生、朱某忠拆除朱某君承包的荷花池东边出路上的石墙。

一审法院审理认为，双方作为相邻两方，应当按照有利生产、方便生活、团结互助、公平合理的精神，正确处理相邻关系。朱某生、朱某忠在朱某君承包的荷花池东边缺口用石块垒墙，影响了朱某君的通行，应当停止侵害，排除妨碍。据此，依照《物权法》第 84 条之规定，判决：朱某生、朱某忠拆除朱某君承包的荷花池东边出路上的石墙。

二审法院审理认为，本案纠纷是因朱某生、朱某忠与朱某君分别从同一承包人（朱某某）处调换荷花池土地而产生的相邻土地通行权纠纷。朱某君把荷花池原有通道另做他用，现又要求利用朱某生、朱某忠仅为 0.022 亩的承包地通行，不符合法律规定，也不符合情理。判决：撤销一审判决；驳回被上诉人朱某君的诉讼请求。

分析：相邻关系人之间要求提供通行的权利是以必要性为前提的。如果该通行不具备"必要性"，则其相邻通行权不能成立，其通行主张不应获得支持。

本案荷花池东边原有围墙。朱某君所主张的"通道"系围墙推倒后形成，该荷花池东边所谓"通道"并非历史形成的。对于在荷花池西边居住的朱某君是否必须从朱某生、朱某忠承包的土地上通行的问题，通过朱某君提供的照片与定海区盐仓街道昌洲社区管理委员会的证明可证实，出入荷花池原有两条通道，但该两条通道均被朱某君自行封堵。从该事实可以看出，朱某君仍可通过其他通道进出该承包地，朱某君主张的通行权不具备"必要性"。因此，朱某君的诉求不被支持。

【风险提示】

如果尚有其他通道可以通行，相邻人应使用其他通道。如果其要求的通道不是必要的，则其对相邻人的通行权也不能成立。

第四节　相邻土地、建筑物利用纠纷

问题 1：共有通道被占用，共有人是否有权要求排除妨碍？

【解答】

擅自将共有的道地占用，侵害了其他共有人的共有权。其他共有人有权要求排除妨碍、恢复原状。

【案例】

擅自将共有的道地占用的行为人应排除妨碍、恢复原状
——林某永诉被告林国某相邻土地、建筑物利用关系纠纷案①

案情：原告林某永与被告林国某系亲兄弟关系。在两兄弟父母在世时建造了位于舟山市普陀区六横镇协丰村老屋弄某号、某某号房屋，后以分书形式作了分割，因原件遗失，原、被告在众亲见证下于 2006 年 1 月 2 日，按原意重新进行了约定，其中第 7 条载明："言明西首弟走路从东首出入不得阻碍，如需建造时资金共同负担。"根据林国某提供的《私人建房用地申请表》载明，1987 年 11 月 22 日，林国某作为申请人审批建房。但一直未作确权登记。根据林某永提供的集体土地使用权证载明：1999 年 12 月 27 日，舟山市土地管理局普陀分局作为填证机关对林某永（登记名称为林某勇）的宅基地进行了确权登记，中堂属原、被告共有，各占 1/2，且中堂直出道地包括林国某屋前的道地，亦属原、被告按份共有，各占 1/2，且填证单位未进行明确的界址划分。原告林某永长年不在涉案房屋居住，两兄弟的道地上一直未修建围墙，也未进行分割，直到 2016 年，被告对自己所属房屋进行修建时，一并以中堂山墙直出位置为直线在道地上构筑了一条围墙。原、被告为此产生纠纷。

① 参见浙江省舟山市中级人民法院民事判决书，(2018) 浙 09 民终 130 号。

原告林某永请求判令：被告林国某拆除建于舟山市普陀区六横镇协丰村老屋弄某号与舟山市普陀区六横镇协丰村老屋弄某某号房屋道地上的围墙。

一审法院审理认为，国家行政机关对原告林某永享有的宅基地集体土地使用权进行了确权登记。但被告林国某不顾涉案道地系原被告按份共有各占 1/2，擅自将共有的道地分割给己方使用，侵害了原告的物权，对原告要求拆除围墙的诉请，予以支持。判决：被告林国某拆除建于舟山市普陀区六横镇协丰村老屋弄某号与舟山市普陀区六横镇协丰村老屋弄某某号房屋道地上的围墙。

二审审理期间，因林国某不服林某永持有的案涉集体土地使用权证而提起行政诉讼。浙江省舟山市普陀区人民法院于 2018 年 9 月 5 日作出（2018）浙 0903 行初 14 号行政判决书，判决撤销舟普集用（1999）字第 21-1316 号集体土地使用权证。现该行政判决已生效。

二审法院审理认为，在一审中，林某永是以其拥有案涉土地的土地使用权为由，以物权保护作为本案的请求权基础。虽然林某永所拥有案涉土地的土地使用权证，已被人民法院的生效裁判所撤销，即无证据可证明林某永是案涉土地的合法使用权人，但堂前间系双方当事人共有，而林国某所建造的案涉围墙确已妨碍了林某永对该堂前间的正常使用，侵犯了林某永的合法权益，故一审判令林国某拆除该围墙并无不当，应予以维持。判决：驳回上诉，维持原判。

分析： 根据《物权法》第 35 条（《民法典》第 236 条）的规定，妨害物权或者可能妨害物权的，权利人可以请求排除妨害或者消除危险。

本案原、被告系兄弟关系，但双方已分家。原、被告原来以分书形式对双方共有财产作了分割。但后来分书原件遗失。为防止纠纷，2006 年 1 月 2 日，原、被告在其他亲属的见证下按原意重新进行了约定，并写下新的分书。从条文中可以看出，堂前间系双方当事人共有。尽管在二审中，法院根据林国某的诉请，另案判决撤销了林某永的集体土地使用权证，但这并未影响到林某永对涉案通道的使用权。林国某在该通道上建造围墙，妨碍了林某永对该堂前间的正常使用，侵犯了林某永的合法权益，故二审法院亦认为林国某应当拆除涉案围墙，并判决驳回上诉，维持原判。

【风险提示】

超出自己土地使用权的范围建造围墙，即使占用的土地不属于其与相邻人共有，但只要侵害到他人的合法权益，则依法亦应当予以拆除。

问题 2：相邻一方在建设施工过程中是否应当采取措施防护相邻各方建筑物及地基等不发生动摇、损害？

【解答】

进行建筑施工的相邻一方在进行施工时，负有义务防止相邻其他各方的地基、地上建筑物发生动摇、损害。施工方未尽上述义务导致相邻人损失的，应当依法予以赔偿。

【案例】

相邻方在建设施工过程中应当防护相邻各方建筑物
——某印刷厂诉华某公司相邻关系纠纷案[①]

案情：1991 年 4 月，华某公司在毗邻某印刷厂开始建设华某大厦的基础工程。施工过程中，华某公司未作维护即开展敞开式开挖，并大量抽排地下水。一个月后，施工现场周围地面下沉，华某公司不得不暂停施工。调整施工方案后，该大厦又于同年 7 月 28 日恢复施工，并开挖孔桩。同年 10 月，某印刷厂发现其印刷厂厂房的墙壁与地面开裂，卷筒纸胶印机出现异常，印刷质量明显下降，印刷机严重受损，且厂房墙体受损危及人员安全。

事发后，某印刷厂委托专业机构对事故原因进行了鉴定，鉴定意见认为：华某大厦基础工程施工大量抽排地下水是造成某印刷厂厂房和印刷机受损的直接原因。

原告某印刷厂请求判令：被告华某公司赔偿原告各项经济损失。

一审法院审理认为，华某公司在建设大厦时，未充分考虑相邻建筑物的安全，在施工期间大量抽排地下水，在发现问题后又未及时采取防护措施，使某印刷厂地面发生沉降，造成损失。华某公司违背了相邻关系原则造成日报社巨大损失，应全额赔偿。判决：华某公司于判决生效后 30 日内赔偿某印刷厂各项损失 1388 万余元。

一审宣判后，华某公司提起上诉。二审法院判决：驳回上诉，维持原判。

---

① 祝铭山主编：《相邻关系纠纷》，中国法制出版社 2004 年版，第 26 页。转引自最高人民法院中国应用法学研究所编：《人民法院案例选（民事卷）》（1992—1999 年合订本），中国法制出版社 2000 年版。

分析： 相邻各方在进行建筑施工过程中，对其他相邻各方负有防护相邻建筑物及其地下基础的义务。这要求相邻方施工前必须先仔细勘察施工地的地质构造及周围情况，并就防护义务制订完备的设计和施工方案。在施工过程中，将预先制定的防护措施落实到位，以切实履行对相邻各方的防护责任。

本案华某公司在施工前未作必要的勘察，也未作防护设计和预案。开始施工后就盲目采取敞开式开挖，并大量抽排地下水，导致施工一个月后工地现场附近出现地面下沉。但是，华某公司并未引起重视，也未要求施工单位采取有效补救性的防护措施。这说明其在前期施工勘察方面准备不足。在其复工后不久，施工又引发印刷厂房屋和地基开裂、沉降，进而导致印刷厂内各种设备损坏、危害相邻人员安全。经专业机构鉴定，相邻方的上述损害是由华某公司相关的施工行为直接导致。因此，华某公司未尽防护义务侵害相邻人合法权益的侵权行为证据充分。印刷厂在整个事件过程中并无过错，不应对产生的损失承担责任。

【风险提示】

相邻方在建筑物施工过程中，应当履行必要的防护义务，以保护其他相邻当事人的合法权益不受侵害。

问题 *3*：无证据证明对争议土地享有合法使用权的相邻人，是否有权要求他人返还该土地？

【解答】

享有合法使用权的相邻人有权要求土地占用人返还土地。因此，返还人应当举证证明其对争议土地享有合法的土地使用权。未举证证明或所举证据不足以证明的，无权要求他人返还争议土地。

如果涉及土地使用权、土地所有权纠纷的，应当由当地政府先行处理。对处理结果不服的，再行提起诉讼。未经行政机关处理而起诉的，应当驳回起诉。

【案例】

对争议土地不享有合法使用权的相邻人无权要求他人返还土地

——毛某龙诉毛某胜、毛某姣土地使用权纠纷案

案情：原告毛某龙与被告毛某胜、毛某姣系同村村民，两被告系夫妻。衢州市衢江区周家乡某村地名山山沿有原告2.4顷的承包田，被告的房屋坐落在原告承包田的西面。2008年2月22日，因两被告修筑自村道通往自家门前的道路，途中架设四块水泥板，需占用原告承包田，经与原告协商，达成协议，协议约定：(1)被告毛某胜因需修路，经过原告毛某龙田边，需加水泥板四块，将原来的路拓宽；(2)因原告毛某龙要求，由被告毛某胜一次性支付原告毛某龙人民币1000元，作为土地损失费。2009年5月12日，原告以被告于2008年10月14日趁原告不备之际，侵占原告约12平方米土地，要求退还，并清理土地上的砂石。

原告毛某龙请求判令：与被告毛某胜、毛某姣退还侵占的12平方米土地及清理该土地上的砂石。

一审法院认为，在诉讼中，当事人对自己提出的主张，有责任提供证据，没有证据或者证据不足以证明当事人的事实主张的，由负有举证责任的当事人承担不利后果。现原告要求被告退还侵占的12平方米土地及清理该土地上的砂石，无证据证实，不予支持。判决：驳回原告的诉讼请求。

二审法院认为，原、被告的纠纷实质是土地使用权纠纷。本案应由有关人民政府先行处理，上诉人的起诉不符合起诉条件，应予驳回。裁定：撤销原判，驳回起诉。

分析：第一，关于原告是否有权要求返还土地问题。主张返还土地使用权的民事主体必须享有合法的土地使用权。换言之，返还人必须举证证明自己对讼争土地享有合法的土地使用权。否则，其无权主张返还土地。

本案原告虽然先行使用讼争土地，但不能由此推定其是讼争土地的合法权利人。原告必须提供合法的土地使用权证或其他证据证明其对讼争土地使用的合法性。但是原告未能提供证据证明。因此，原告的诉讼请求无法获得支持。

第二，关于土地使用权纠纷的处理程序问题。《土地管理法》（2004年修正）第16条规定："土地所有权和使用权争议，由当事人协商解决；协商不成的，由人民政府处理。单位之间的争议，由县级以上人民政府处理；个人之间、个人

与单位之间的争议，由乡级人民政府或者县级以上人民政府处理。当事人对有关人民政府的处理决定不服的，可以自接到处理决定通知之日起三十日内，向人民法院起诉……”[①] 因此，涉及土地所有权和土地使用权的纠纷，法律规定的前置程序是先经人民政府处理。对人民政府处理不服的，当事人有权提起诉讼。未经人民政府处理的，不得提起诉讼。

本案原、被告双方的争议直接指向讼争土地使用权。对于讼争土地使用权的纠纷，依照《土地管理法》第 16 条规定，应当由当地人民政府先行处理。如果原告对人民政府的处理决定不服的，再起诉。本案原告在未经人民政府处理的情况下直接向人民法院起诉，违反了法定前置程序。本案原告在人民政府处理前不符合起诉条件，依法不应受理。因此，二审法院在审查案件实质性争议的基础上，裁定驳回原告的起诉。

【风险提示】

对于涉及土地所有权或者土地使用权争议的纠纷，应当依照《土地管理法》规定的程序进行处理。未经法定前置程序处理的，当事人不得直接提起诉讼。

第五节　相邻通风、采光纠纷

问题 1：什么是相邻通风权？什么情况下会侵害相邻通风权？

【解答】

相邻关系中的通风权，是指不动产的物权人（包括所有权人和使用权人）为保证其在使用不动产时室内空气与室外空气实现交换、交流，而要求相邻关系人给以方便的权利。

当相邻关系人的不动产或动产对相邻的不动产的通风产生阻碍时，即侵害了相邻通风权。例如，相邻建筑物相距过近，未保持合适距离而影响通风。又如，相邻人的林木、车辆等阻碍了权利人不动产的通风。

---

① 2019 年修正的《土地管理法》为第 14 条。

问题 2：相邻人封闭了相邻墙壁上的门窗，是否能够要求其重新开启门窗？

【解答】

是否有权要求相邻人将被封闭了的门窗重新开启，取决于权利主张人是否因讼争门窗的封闭受到影响。如果其通风权确实因相邻人的门窗封闭受到影响，则其有权主张重新开启门窗。如果其通风权未受到门窗封闭的影响，则其无权主张重新开启。

【案例】

未受影响的相邻人无权要求其他相邻人重新开启门窗
——朱某裕诉朱某启相邻通风权纠纷案①

案情：原告朱某裕与被告朱某启系同胞兄弟，被告朱某军系朱某启儿子。原告朱某裕的房屋南墙与被告朱某启共用。2000 年 4 月初，被告在靠墙处的自家天井内建造了约 4 平方米的批屋，该共用墙的窗户被批屋盖在里面，致使原告的通风、采光受到影响。2000 年 10 月 18 日，原告曾向原金华县人民法院起诉，后于 2000 年 11 月 30 日达成调解协议。后经本院强制执行，被告朱某启履行了调解书确定的义务。2015 年，朱某军、朱某启将批屋南边上的窗封闭。

2017 年 6 月 26 日，原告朱某裕向金华市婺城区人民法院起诉，要求被告重新开启批屋南边墙上的窗，恢复原状。

一审法院审理认为，靠近原告墙边的部分明瓦已经被原告捅破，原告房屋的通风已不受影响。由于被告南边墙面对的是客厅，厅堂不是一个开放的空间，原告要求被告批屋南边墙上开窗，并不能解决原告的通风问题。故原告要求被告开窗的请求，没有充分的事实与法律依据，依法不予支持。判决：驳回原告的诉讼请求。一审宣判后，当事人未上诉。该判决已生效。

分析：不动产相邻各方，应当按照有利于生产、方便生活、团结互助、公平合理的精神，正确处理截水、排水、通行、通风、采光等方面的相邻关系。本案中，原、被告系相邻关系，又系同胞兄弟，本应通过平等协商，正确处理相邻关系。本案争议焦点在于被封闭了的门窗是否应当重新开启。这取决于权利主张人

① 参见浙江省金华市婺城区人民法院民事判决书，（2017）浙 0702 民初 8827 号。

是否因讼争门窗的封闭而受到影响。如果确实受到门窗被封闭影响的，应当准许重新开启门窗的诉讼请求。

本案中，原告要求被告把批屋上方瓦片全部换成明瓦后，已经不影响采光。原告将靠近墙边的部分明瓦捅破，原告房屋的通风已不受影响。因此，原告通风权未受到被告封闭门窗的影响，不得要求重新开启门窗。此外，由于被告南边墙面对的是客厅，厅堂不是一个开放的空间。原告要求开窗的诉请，不能解决原告的通风问题。因此，原告诉讼请求不能得到支持。

【风险提示】

确实因相邻人的部分行为使自己的通风权受到影响，权利人才能主张相邻通风权。否则，无权干涉相邻人的行为。

问题 *3*：什么是相邻采光权？

【解答】

相邻采光权，指相邻不动产物权人有权为保证其所有或使用的不动产获得适度光源而要求相邻关系人给予方便的权利。

问题 *4*：侵害相邻采光权的方式有哪些？

【解答】

侵害相邻权人获得适度的采光的行为主要有两类：（1）相邻人的不动产或动产遮挡了光源，导致权利人室内无法获得足够的光源；（2）因相邻人的因素导致权利人室内照射了过量的光照。

问题 *5*：通风、采光妨害的救济方式是什么？

【解答】

相邻他方对一定程度上的通风、采光影响，负有容忍的义务。对于超出此程度的通风、采光妨害，应当根据案件实际情况选择救济方式。符合条件的，应当排除妨碍或者恢复原状，以保障相邻人的通风、采光权。无法排除妨碍、恢复原状的，应当由侵害方赔偿损失。

【案例】

妨害通风、采光的救济方式
——甲诉乙相邻通风、采光纠纷案

案情： 甲房屋建于前，乙房屋建于后。在乙房屋建好后，甲房屋的日照时间由之前的日均 3 小时缩短为 0.5 小时。甲房屋居民的生活大大受到影响。

甲房屋居民起诉要求乙房屋拆除建筑物。

人民法院审理认为，甲房屋的冬至日满窗日照时间由 3 小时缩短至不足 1 小时，已符合规划管理技术规定，乙对甲房屋的采光妨害已经构成。但是是考虑到乙房屋已经实际建成，拆除乙房屋将造成巨大损失，不应予以支持。但是甲方有权另行要求乙方进行损害赔偿。

分析： 对于超出一定限度的采光影响，构成采光妨害。相邻人有权要求相邻他人保障其采光权。已经构成采光妨害的，应当视情况采取救济措施。

本案甲方是不动产先建方，乙方是不动产后建方。后建方对于先建方负有保障先建方采光权的义务。违背该义务的构成妨害采光侵权，应当承担民事侵权责任。由于乙方房屋的建设，甲方日照时间已由之前的 3 小时减少到不足 1 小时。乙方建筑物的建设构成了对甲方采光的妨害。对甲方采光权应当采取合适的救济措施。

排除妨害是救济措施的首选。但是该措施在本案中并不符合社会经济利益。本案乙方房屋已经建造，并已入住。如果强制要求乙方拆除房屋，不但经济成本巨大，而且无法保障乙方居民的居住权，容易引发社会问题。因此，法院不应判决拆除乙房屋。《侵权责任法》第 15 条规定："承担侵权责任的方式主要有：……（二）排除妨害……（五）恢复原状；（六）赔偿损失……"（《民法典》第 179 条）因此，在排除妨害与恢复原状无法适用时，乙房屋权利人应当补偿或赔偿甲方因日照不足造成的损失。

【风险提示】

在排除妨害会造成巨大经济损失、引发利益失衡的后果时，即使后建不动产妨害在前不动产的采光权，也不应当选择排除妨害的救济方式。此时，应当采取赔偿损失的救济途径。

第六节　相邻污染侵害纠纷

问题 1：什么是相邻污染侵害？

【解答】

相邻污染侵害指相邻人产生的污染严重影响到相邻权人正常的生活、生产的侵权行为。此种行为亦属于侵犯了周边权利人的相邻权。

问题 2：在居民楼内进行经营性加工，并产生噪声影响周围居民生活的，是否应当承担侵权责任？

【解答】

在居民楼内从事经营性加工，加工产生的噪声影响周围居民生活的，该行为不具合法性。行为人应当停止侵权行为，并酌情赔偿受害人损失。

【案例】

产生噪声影响周围居民生活的相邻人应承担侵权责任
——李某美、潘某清诉王某梅、梅某相邻纠纷案

案情： 原告李某美、潘某清系嘉兴市阳海景怡北区 19 幢某某室房屋业主，被告王某梅、梅某系嘉兴市阳海景怡北区某幢某室房屋业主。两被告房屋内设置拷边机 1 台，电动缝纫机两台，以及 1 整套加工设备，用于加工服装，但未办理相关营业执照。

自 2015 年 5 月 1 日起至本案审理期间，被告王某梅时而在白天加工服装，时而在夜间加工服装，产生噪声对两原告造成影响，两原告上门劝阻无效，多次报警。经社区协调，两被告多次搬出机器设备，之后又搬回机器设备，继续加工服装。2018 年 9 月 20 日，秀洲区工商局对两被告家中的机器设备予以查封，限 1 个月关停整顿。

另外，原告李某美产生医疗费 1386.75 元。

原告李某美、潘某清请求判令：（1）被告王某梅、梅某停止在其房屋及车库内使用电动缝纫机等设备加工服装，消除噪声妨害；（2）被告王某梅、梅某赔偿原告李某美、潘某清各项经济损失。

一审法院审理认为，两被告使用电动缝纫机并非家庭自用，而是以营利为目的，在居民楼内加工服装，该行为不具有合法性，两被告使用电动缝纫机产生的噪声，尤其是夜间产生的噪声，侵害了原告的身体健康和生活环境，两被告有义务停止侵害、排除妨碍，并赔偿合理损失。判决：一、被告王某梅、梅某停止在其房屋及车库内使用电动缝纫机等设备加工服装，消除噪声妨害；二、被告王某梅、梅某赔偿原告李某美、潘某清医疗费 1000 元；三、驳回原告李某美、潘某清的其他诉讼请求。一审宣判后，当事人未上诉。该判决已生效。

分析：不动产相邻权利人应按照法律、法规及社会公德，本着方便生活、团结互助、公平合理的精神，正确处理安全、通风、通行、采光、噪声等各方面的相邻关系。相邻人产生噪声对相邻他人生产、生活产生影响的，应当承担停止侵害、排除妨害、赔偿损失等民事责任。

本案中，两原告以两被告加工服装行为对两原告造成噪声污染为由，诉请两被告停止侵害、排除妨害，本案基础法律关系为相邻污染法律关系，因此案由为相邻污染侵害纠纷。两原告虽未提供证据证明两被告使用电动缝纫机产生的噪声超标，但两被告使用电动缝纫机明显产生了噪声。尤其是夜间产生噪声，侵害了原告的身体健康和生活环境。原告主张被告立即排除妨害、停止在房屋内生产作业的要求成立，应当予以支持。

除了停止侵害之外，被告还应赔偿原告因噪声污染产生的损失。因两被告长期反复、不分日夜加工服装产生的噪声，确会对原告李某美的身体健康造成影响；原告多次交涉噪声问题，仍未得到解决；因此，原告主张被告赔偿原告医药费 1386.75 元，法院酌定被告赔偿原告医疗费 1000 元。因原告未能举证证明其达到严重精神损害的情形，原告主张被告赔偿精神损害费 2 万元的诉请，法院不予支持。

【风险提示】

噪声污染也会构成相邻污染侵害。对于因噪声污染产生的损失，侵权人也应当依法予以赔偿。如果未能举证证明受害人达到严重精神损害程度的，对受害人主张精神损害抚慰金的诉讼请求，法院不予支持。

问题 3：相邻人向邻地直接排放污染物，相邻他方是否有权要求停止侵害？

【解答】

相邻人向邻地直接排放污染物，对他人构成侵害的，相邻他方有权要求停止侵害。已停止侵害行为的，人民法院不再处理。

【案例】

相邻人有权要求相邻他方停止排放污染物
——姜某根诉姜某武、缪某仙相邻污染侵害纠纷案

案情：原告姜某根与被告姜某武、缪某仙均为江山市贺村镇淤头村和村村民；两被告系夫妻，原、被告系邻居，被告新建房屋与原告斜屋相距 2.2 米~2.3 米。2013 年 1 月，两被告在新建房屋靠近原告一侧修建了排污管道，将生活的尿粪及其他生活污水直排在原、被告房屋间空地。此外，被告家烟囱仅留有一个出烟口，出烟口直接向原告房屋方向排烟。

原告姜某根请求判令：被告姜某武、缪某仙停止排放污水，并移除烟囱覆盖物。

诉讼过程中，两被告清除了排放的污物，并将烟囱的覆盖物移开，变为垂直排烟。

一审法院审理认为，给相邻方造成妨碍的，应当停止侵害。本案中，被告在原、被告房屋的间隔排放污物，恶臭的气味严重影响到原告的生活，现原告主张被告停止排放污物的要求于法有据，对其诉讼请求予以支持。现被告在法院的说服教育下，已经将烟囱周围的覆盖砖块移开，故其所主张的烟囱的排烟影响其生活的请求已不存在。故对该诉讼请求不予支持。判决：一、被告缪某仙在判决发生法律效力后十日内停止往与原告姜某根房屋交界地址处排放尿粪等污物污水；二、驳回原告姜某根的其他诉讼请求。一审宣判后，各方当事人未上诉。该判决已生效。

分析：相邻人在排放污染物的时候应当遵守法律、法规的相关规定，并且不

得对其他相邻人造成妨害。造成妨害的，应当停止侵害。如果给其他相邻人造成损失的，应当赔偿损失。

本案中，原、被告房屋相距仅 2.2 米 ~2.3 米，两被告在原、被告房屋的间隔排放污物。其污染气味不可避免会严重影响到原告的正常生活，并且污染周边环境。原告要求两被告停止排放污染物的请求符合常理，对其诉讼请求应当予以支持。

至于两被告向原告直接排烟。原本该行为与上述行为的属性一致，都属于相邻污染物侵害行为，依法应当停止侵权行为。但是在本案纠纷审理过程中，两被告经人民法院劝说，主动将烟囱周围的覆盖物移开，烟囱排烟的方向已作改变，对原告的侵害行为已经停止。因此，该诉讼请求无须再处理。如果两被告再有类似行为，原告有权依据新的客观事实另行提起诉讼。

【风险提示】

相邻人直接向周围排放污染物，违背了党中央关于美丽乡村建设的“乡风文明、村容整洁”具体要求，既不利于保护乡村环境，又极易引发相邻纠纷。为此，应当积极做好相关污染物的收集、处理工作，保护好美丽乡村的良好环境。

问题 4：因相邻方排放污水导致养殖动物死亡的，相邻方是否应当承担责任?

【解答】

因相邻方排放污水导致养殖的动物死亡的，证明排放污染与养殖物死亡具有因果关系，污水排放方应当承担赔偿责任。养殖人对养殖物有一定过错的，应当适当减轻对方责任。

问题 5：因污染环境产生纠纷的，就免除、减轻责任及污染与损害之间的因果关系等证明对象，应当由哪方承担举证责任?

【解答】

因污染环境产生纠纷的，应当由污染者就其得以免除、减轻责任及污染行为与损害后果不存在因果关系承担举证责任。

【案例】

因污染环境产生纠纷的，应当由污染者承担举证责任
——赵某根诉葛某明相邻污染侵害纠纷案

案情： 2009年12月1日，原告赵某根承包的5亩鱼塘发生死鱼事故，共造成经济损失4320元。原告赵某根承包的鱼塘上游有被告葛某明经营的养猪场。原告赵某根承包的鱼塘发生死鱼事故后，经环保部门监测，其鱼塘内的水为劣V类水质，其氨氮含量过高。关于损失的赔偿问题，经渔政部门调解无效，原告赵某根于2010年1月14日诉至法院，要求被告葛某明赔偿渔业经济损失4320元。另外，原告赵某根曾于2009年4月给鱼喂过猪粪。

原告赵某根请求判令：被告葛某明赔偿原告赵某根各项损失。

一审法院审理认为，污染环境造成他人损害的，应当依法承担民事责任。本案中，原告赵某根承包的鱼塘发生死鱼事故，系因其鱼塘的水中氨氮含量过高，被告葛某明并未就免责事由及其行为与损害结果之间不存在因果关系提交相应证据。因此，对原告赵某根因死鱼事故造成的损失被告葛某明应承担相应的赔偿责任。原告赵某根在2009年4月曾经给鱼喂过猪粪，对死鱼事故的发生也负有一定的责任，原告赵某根也应当负担部分损失。据此判决：一、被告葛某明赔偿原告赵某根损失3000元。二、驳回原告赵某根的其他诉讼请求。一审宣判后，赵某根上诉。二审过程中，赵某根撤回上诉。上述判决已生效。

分析： 第一，关于因污染环境产生的纠纷，应当由哪方承担举证责任的问题。《侵权责任法》第66条规定："因污染环境发生纠纷，污染者应当就法律规定的不承担责任或者减轻责任的情形及其行为与损害之间不存在因果关系承担举证责任。"（《民法典》第1230条）因此，因污染环境产生的纠纷，适用举证责任倒置制度。只要证明污染环境的事实存在，就应当由污染者就上述事实承担举证责任。举证不能或者举证不力的，应当承担不利后果。

本案被告葛某明向下游排放养猪废水，产生了污染环境的客观事实。同时，原告赵某根养殖的鱼塘也因鱼塘内的水为劣V类水质，其氨氮含量过高，导致养殖的鱼大量死亡。此时，不应由赵某根就鱼类死亡与污染事件的因果关系承担举证责任，而是应由污染者葛某明就损害与污染事件不存在因果关系承担举证责任。葛某明未能举证证明，法院依法推定两者之间存在因果关系。

第二，关于污染者葛某明应当就赵某根损失如何承担责任的问题。根据《侵

权责任法》第66条规定，在认定赵某根养殖的鱼类与葛某明造成的污染之间存在因果关系的基础上，葛某明应当就赵某根所养殖的鱼类死亡承担赔偿责任。至于承担责任的大小，同理也应由葛某明承担减轻或免除责任进行举证。本案审理过程中，赵某根认可其曾向鱼塘投喂过猪粪。这也是导致鱼塘水质变差、氨氮含量过高的原因之一。此为赵某根存在过错，葛某明由此得以减轻赔偿责任。一审法院据此酌情减轻了葛某明的部分责任，由其承担了大部分鱼塘损失。

【风险提示】

在污染环境产生的纠纷中，不能根据民事诉讼的一般规则适用“谁主张、谁举证”的证据规则，而应适用举证责任倒置规则，由此减轻受害人的举证负担，平衡侵权人与受害人的利益。

问题6：相邻人对相邻他方的妨碍行为是否负有一定程度的容忍义务？

【解答】

如果确因客观条件所限，相邻人的行为不得不对相邻他方有影响，并且该影响在较轻程度范围之内，那么相邻他方对此负有容忍义务，不得以妨害为由要求排除妨害。

【案例】

相邻人对相邻他方的妨碍行为负有一定程度的容忍义务
——赵某明诉蔡某坤相邻污染侵害纠纷案[①]

案情：嘉兴市秀洲区新塍镇西北大街系该镇的老街，街道较狭窄，居民均沿街对门而居。原告赵某明与被告蔡某坤系对门邻里，一直而来相安无事。2011年7月，被告家安装空调时将空调外机安装在其门左上角，与原告家的门斜对。原告认为被告安装的空调与其房屋相距不足3米，影响其生活。

原告赵某明请求判令：被告蔡某坤拆除已安装的空调。

一审法院审理认为，虽被告所安装的空调距离原告房屋不足3米，被告使用

① 参见浙江省嘉兴市中级人民法院民事判决书，(2012)浙嘉民终字第602号。

空调可能对原告有一定的影响，但并未对原告的正常生活造成妨碍，基于客观条件的限制，被告也无其他合适的地方另行安装空调，原告对此应予以必要的忍耐。据此判决：驳回原告的诉讼请求。一审宣判后，原告赵某明上诉。二审法院判决：驳回上诉，维持原判。

分析：邻里之间应互解互谅，妥善正确处理好邻里关系，才能使双方的邻里关系更加和睦。为此，各方应当按照有利生产、方便生活、团结互助、公平合理的原则，正确处理相邻关系。由于不动产均处于一个有限的空间内，相邻各方的空间需要无法得到无限满足。因此，必须要求各方互谅互让，对对方轻微的妨碍负有一定程度的容忍义务。

本案中，原、被告双方居住的地方是老街道，历史由来已久，街道狭窄是无可改变的事实。因被告年事已高，家中安装空调是为其日常正常生活所需。虽空调距离原告房屋不足 3 米，被告使用空调可能对原告有一定的影响，但并未对原告的正常生活造成足够的妨碍。由于客观条件限制，被告也无其他合适的地方另行安装空调，原告作为相邻人，对此应予以必要的忍耐，不得滥用自身排除妨碍的相邻权利。

【风险提示】

在相邻关系中，并不是有妨碍都必须排除。有部分轻微妨碍是相邻人在有限空间下的不得已的选择，也是相邻他方有义务予以容忍的。

第七节　相邻损害防免关系纠纷

问题 *1*：什么是相邻损害防免关系？

【解答】

不动产权人有义务采取必要措施，防止其不动产或行为对相邻人构成侵害危险。具体来看，有以下三类相邻防险关系：（1）防止建筑物或建筑物上的搁置物、悬挂物给相邻人造成损害；（2）建筑、维修、添附其不动产时，防止使相邻人处于危险状态；（3）从事高度危险作业时，采取有效的防范措施，确保相邻人安全。

问题 2：相邻人之间签订的相邻损害防免关系的协议是否有效？相邻人是否应当按照协议履行？

【解答】

在不违反法律、法规的前提下，相邻人之间签订的相邻损害防免关系协议应为合法有效，各方当事人均应按照协议履行协议约定的损害防免的义务。当事人违反协议的，相邻他方有权请求其承担停止侵害、排除妨害、恢复原状等侵权责任。

【案例】

相邻人应当按相邻损害防免关系协议履行义务
——郎某云诉郎某海相邻损害防免关系纠纷案

案情：郎某云、郎某海是同胞兄弟。1997 年 12 月 27 日，因郎某海准备建造新房，兄弟俩为调换旧房及相邻关系等事项订立协议书，其中约定：郎某云将“原厨房门（也称南门）自行封闭，另行开门”。1998 年 9 月 18 日，郎某云的妻子以郎某云的名义、郎某海的妻子以郎某海的名义，在同村村民郎某某作为中证人的情况下，订立补充协议一份，其中约定：“屋后郎某云猪圈门口，郎某海应留足一米通往公路的出入道路，不得以任何借口堵塞”。2002 年 11 月，郎某海在自己的新房门前构筑路面时，因地基高低的因素和为了达到整齐、美观的效果，将郎某云猪圈门口处通往其住宅的部分通道垒高近 60 厘米，影响郎某云生活和生产。为此，双方发生纠纷，后经大同镇政府司法所调解，未能解决。

郎某云于 2003 年 2 月 10 日诉至法院，要求法院判决郎某海拆除通道上超过一米的平台。

一审法院审理认为，郎某海在建造房屋时，与郎某云方就郎某云通道问题已经达成留足一米的补充协议，依法应当认定有效。郎某海在构筑新房门前的路面时，擅自侵占了郎某云用于通行的部分路面，违反了双方关于相邻通行的约定，妨碍了郎某云的正常生产、生活，依法应当承担恢复原状民事责任。据此判决：郎某海于判决生效后十日内将郎某云猪圈门前的（郎某云住宅通往公路）通道宽一米以内的构筑物予以拆除，并恢复路面原状。一审宣判后，郎某海上诉。二审法院判决：驳回上诉，维持原判。

分析： 不动产的相邻各方，应当按照有利生产、方便生活、团结互助、公平合理的精神，正确处理截水、排水、通行、通风、采光等方面的相邻关系。给相邻方造成妨碍或者损失的，应当停止侵害、排除妨碍、赔偿损失。

相邻人之间为了确定各自的权利义务，防范相邻损害、相邻纠纷的发生，相互之间约定相邻关系协议，这种方式是法律与法规均不禁止的。因此，只要协议不违反法律、法规的禁止性规定，且系各方当事人的真实意思表示，就应当认定为合法有效，对各相邻方都有拘束力。违反相邻关系协议的行为应当承担民事责任。

本案中，郎某云、郎某海于1997年12月27日签订的协议以及于1998年9月18日签订的补充协议，无论是内容还是形式上均符合法律规定和当事人的实际需要。郎某海称该协议违反真实意思表示，但无证据证明，其抗辩理由不能成立。据此，应当认定涉案两份协议合法有效，当事人应当按照两份协议予以履行。但郎某海在2002年11月在自己的新房门前构筑路面时，不考虑郎某云通行的实际需要和双方协议规定，将郎某云猪圈门口处通往其住宅的部分通道垒高近60厘米。该行为影响了郎某云的生活和生产，并且违反双方约定。郎某海应当承担排除妨碍、恢复原状的民事责任。郎某云诉讼请求合理、合法，应当予以支持。

【风险提示】

相邻人之间达成的相邻关系协议，是确定相邻各方权利义务的重要依据。为了避免日后纠纷产生，应当尽可能地采用书面形式约定，并交各方签名、捺印。

问题3：相邻人是否有权禁止相邻他方使用建筑物外墙悬挂广告牌?

【解答】

建筑物的各所有权人对建筑物的外墙面享有共同所有权、使用权。任何一方所有权人在使用建筑物外墙面时，应当在合理范围内使用，避免给相邻他人造成妨碍。未给他人造成妨碍的合理使用，相邻他方有容忍的义务。

【案例】

相邻人合理范围内利用公共外墙，相邻他方权利未受侵害时，有容忍的义务

——袁某勇诉苗某、孙某昌相邻损害防免关系纠纷案[①]

案情：宁波市江东区彩虹南路某房屋系原告袁某勇所有。被告苗某承租被告孙某昌所有的宁波市江东区彩虹南路某号房屋用于开设经营“乐物超市”门店。原告房屋与被告使用的房屋为上、下相邻，原告房屋窗户位于上、下相邻外墙面上方。2013年11月8日，宁波市江东区城市管理局出具行政许可决定书，同意被告占用城市道路用于店面装修。后被告苗某在外墙面上支架安装“乐物超市”标牌。

原告袁某勇于2013年12月9日诉至法院，要求：被告支付原告经济损失10 000元；拆除广告招牌，恢复外立面原状。

一审法院审理认为，原告袁某勇作为相邻方，在被告行使权利的时候，应提供必要的便利，原告对于被告合理使用外墙面悬挂广告牌应负有一定的容忍义务，从而实现整体建筑物的有序管理和利用。故对原告要求被告拆除广告招牌，恢复外立面原状的诉讼请求，不予支持。据此判决：驳回原告袁某勇的诉讼请求。一审宣判后，原告袁某勇不服，提起上诉。二审法院判决：驳回上诉，维持原判。

分析：建筑物的各所有权人对建筑物的外墙面享有共有所有权，任何一方所有权人在使用建筑物外墙面时，应当在合理范围内使用。未超出合理范围的使用，相邻他方应当容忍。超出合理范围的使用，给相邻他方造成妨害的，应当排除妨害、恢复原状。

本案中，在对连接处外墙面利用的过程中，原告袁某勇与两被告苗某之间的权利和义务是对等、相互的。被告并非不能在其房屋外墙面的公共部位安装标志牌。但被告在使用外墙面时，要受到作为相邻方的原告权利的制约和限制，不得损害原告的权利。同时，原告作为相邻方，在被告行使权利的时候，应提供必要的便利，原告对于被告合理使用外墙面悬挂广告牌应负有一定的容忍义务。本案原告提供的证据并不足以证明被告的门面装潢给其房屋的通风、采光等造成了妨碍。因此，其诉讼请求不能成立，不应予以支持。

---

① 参见浙江省宁波市中级人民法院民事判决书，（2014）浙甬民二终字第186号。

【风险提示】

相邻人在利用公共外墙时应当在合理范围内使用。相邻他方在权利未受侵害时，应当提供便利，对该利用负有必要的容忍义务。

问题 4：能否以被征收的房屋受侵害为由，主张相邻损害防免的权利？

【解答】

被人民政府依法征收的房屋，已不具备居住使用目的。原房屋所有人不得以相邻损害防免为由主张相邻权利。

【案例】

原房屋所有人不得以被人民政府依法征收的房屋主张相邻权利

——上官某诉中铁公司相邻损害防免关系纠纷案[①]

案情：坐落于浙江省苍南县龙港镇沿江西路某号房屋系原告上官某所有。温州龙港大桥经依法审批后，由中铁公司承建并于 2013 年 12 月 1 日开始进场施工。

2013 年 5 月 15 日，苍南县人民政府房屋征收办公室、苍南县鳌江流域跨江桥梁建设指挥部发布关于苍南县龙港大桥改建工程房屋征收范围及有关事项公告。2013 年 11 月 26 日，苍南县鳌江流域跨江桥梁建设指挥部对建设项目征收房屋初步调查情况进行公示，原告所有的涉案房屋在调查范围内。2014 年 8 月 13 日，经委托，温州某房地产估价有限公司出具评估报告。2014 年 6 月 4 日，苍南县鳌江流域跨江桥梁建设指挥部对相关建设项目房屋分户初步评估结果进行公示，公示期间为 2014 年 6 月 4 日至 2014 年 6 月 17 日。2014 年 10 月 8 日，苍南县人民政府作出改建工程项目房屋征收的决定，并于 2014 年 10 月 17 日张贴公告，规定被征收人对房屋征收决定不服，可自公告发布之日起 60 日内申请行政复议或 3 个月内提起行政诉讼。原告所有的涉案房屋在工程项目规划房屋征收红线范围内。苍南县人民政府作出房屋征收决定的同时，依法收回红线范围内的国有土地使用权，并公布征收与补偿实施方案。原告至今未签订房屋征收补偿安置协议。

---

① 参见浙江省苍南县人民法院民事判决书，（2014）温苍民初字第 1593 号。

原告上官某请求判令：被告停止龙港大桥改建工程大桥路段靠近沿江路段工程的施工，并赔偿其财产损失187 510元。

经鉴定，原告原房屋存在的室外地坪隆起、室外污水管道破损现象与龙港大桥（鳌江一桥）改建工程苍南段施工存在因果关系。经评估，原告原房屋的修复工程造价为187 510元。

一审法院审理认为，原告在规定的期限内并未申请行政复议或提起行政诉讼，虽其未在征收补偿规定的期限内签订补偿协议，但涉案房屋已因公共利益被苍南县人民政府依法征收，已不具备居住使用目的。原告请求被告停止龙港大桥改建工程大桥路段靠近沿江路段工程的施工，并赔偿其财产损失187 510元，于法无据，不应予以支持。一审宣判后，原告不服，提起上诉。二审法院判决：驳回上诉，维持原判。

分析：政府部门有权依照《国有土地上房屋征收与补偿条例》的规定，征收原告国有土地上的房屋。被征收人对房屋征收决定不服的，可以依法申请行政复议，也可以依法提起行政诉讼。房屋征收部门与被征收人在征收补偿方案确定的签约期限内达不成补偿协议，由房屋征收部门报请作出房屋征收决定的市、县级人民政府依照条例的规定，按照征收补偿方案作出补偿决定。被征收人对补偿决定不服的可以依法申请行政复议，也可以提起行政诉讼。

本案中，苍南县人民政府作出龙港大桥改建工程项目房屋征收的决定并进行公告后，原告在规定的期限内并未申请行政复议或提起行政诉讼。因此，苍南县人民政府所作的相关改建工程项目征收决定已生效。现原告虽未在征收补偿规定的期限内签订补偿协议，但涉案房屋已因公共利益被苍南县人民政府依法征收。该房屋已不具备居住使用用途。原告要求停止侵害、恢复原状的诉讼请求，均是以涉案房屋的居住使用用途为基础的。现其诉讼请求基础已丧失，其相邻侵害防免的请求权不能获得支持。

【风险提示】

已丧失居民使用用途的被征收房屋，即使其未签订征收补偿协议的，也不得要求依法施工单位停止施工、恢复原状，不得主张相邻损害防免的权利。

问题 5：因翻建而遗留的垃圾，相邻人是否应当将其遗留的垃圾予以清理，并恢复原状？

【解答】

因翻建将垃圾堆放在相邻人的土地上，在翻建完成后没有及时清除，显然侵害了相邻他方的合法权益，应当予以清理，并恢复原状。

【案例】

相邻人对因翻建而遗留的垃圾应当清理
——郑某标诉郑某土相邻损害防免关系纠纷案

案情：原告郑某标与被告郑某土系叔侄关系。1968 年，原告的母亲徐某凤将自己名下的房屋分给原告和郑雄某，郑雄某先后将自己名下分得的房屋分给郑某土。虽然经过分割，原、被告双方房屋结构仍然属于一个整体。为了改善居住状况，2009 年 3 月，被告将房屋部分拆除翻建，翻建的过程中把双方共有的房屋横条锯断，将部分板壁拆掉，把泥巴堆放在原告的空宅基地上。被告房屋建成后，为修复横条和板壁，被告仅以砖头做墙体加固，但是一直没有将原告空地上的建筑物垃圾、泥巴清除。

原告郑某标请求判令：被告郑某土将堆放在原告郑某标房屋周围的建筑物垃圾、泥巴予以清除。

一审法院审理认为，本案被告因翻建房屋将垃圾堆放在原告的宅基地上，在翻建完成后没有及时清除，显然侵害了原告的合法权益，故对于原告的诉讼请求予以支持。据此判决：被告郑某土于本判决生效后十日内将堆放在原告郑某标房屋周围的建筑物垃圾、泥巴予以清除。一审宣判后，郑某标不服，提起上诉。二审法院审理后判决：驳回上诉，维持原判。

分析：不动产的相邻权利人应当按照有利生产、方便生活、团结互助、公平合理的原则，正确处理相邻关系。借用相邻人土地，为自身翻建房屋提供便利的，在其使用完毕后应当恢复原状。

本案被告因翻建将垃圾堆放在原告的宅基地上，原告同意，并提供便利。被告在使用完涉案土地、翻建完成后应当及时清除由其翻建产生的垃圾。但被告没有及时清除，显然侵害了原告的合法权益，也不利于形成团结互助的邻居关系。

因此，原告要求被告清理其在翻建房屋时在原告宅基上堆放的垃圾，合情合理，应当予以支持。

【风险提示】

相邻人在利用相邻他方土地供自己所用后，有义务对其改变原状的利用予以恢复。未自觉恢复的，相邻他方有权请求人民法院支持。

第八章
其他涉农法律纠纷

第一节 导 读

一、其他常见涉农法律纠纷的类型

除了以上几大类型的纠纷之外，农村生产经营过程中遇到较多，也较为常见的法律纠纷有以下几类：

（一）农资产品责任纠纷

产品责任，又称为产品侵权责任，是指产品的生产者、销售者、运输者、仓储者等主体因生产、销售有缺陷产品以及运输、仓储中的侵权行为致人身损害、财产损失，由此产生的侵权责任。农资产品责任纠纷是指农业生产资料的生产经营各环节的主体因其侵权行为致人损害而应承担的侵权责任。常见的农业生产资料有种子、化肥、农药等。

（二）损害赔偿纠纷

损害赔偿责任，包括人身损害赔偿和财产损害赔偿，是指侵权人因其侵权行为导致他人人身损害或财产损害而应承担赔偿损失的责任。损失赔偿纠纷就是指因损害赔偿产生的法律纠纷。根据受损害的对象不同，损害赔偿纠纷可分为人身损害赔偿纠纷和财产损害赔偿纠纷。

（三）劳动争议纠纷

劳动争议纠纷，是指劳动者与用人单位在订立、履行、变更、终止劳动关系过程中发生的法律纠纷。主要有以下几类：（1）劳动者与用人单位在履行劳动合同过程中发生的纠纷；（2）劳动者与用人单位之间没有订立书面劳动合同，但已形成事实劳动关系后发生的纠纷；（3）劳动者退休后，与尚未参加社会保险统筹的原用人单位因追索养老金、医疗费、工作保险待遇和其他社会保险费而发生的纠纷。

（四）不当得利纠纷

不当得利，是指没有合法根据取得利益而使他人遭受损失的情形。不当得利纠纷是指受损人与受益人因上述不当得利情形而产生的债务纠纷。

（五）无因管理纠纷

无因管理，是指没有法定或约定的义务，为了避免他人利益受损而自愿管理他人事务或提供服务的行为。无因管理纠纷是指基于无因管理，管理人与受管理人之间产生的债权债务纠纷。

（六）申请确定选民资格案件

此类案件为《民事诉讼法》规定的特别程序的案件。申请确定选民资格案件是指公民对选举委员会确定的选民资格名单有不同意见时，经向选举委员会申诉后仍不服委员会处理决定的，依法向人民法院起诉的案件。

（七）申请宣告公民无/限制民事行为能力案件

申请宣告公民无/限制民事行为能力案件是指申请人依据一定的事实或依据，向人民法院申请宣告特定公民为无/限制民事行为能力人。

二、相关法律规定

1.《中华人民共和国民法典》（2020 年 5 月 28 日）；

2.《中华人民共和国民法总则》（2017 年 3 月 15 日）；

3.《中华人民共和国民事诉讼法》（2017 年 6 月 27 日修正）；

4.《中华人民共和国全国人民代表大会和地方各级人民代表大会选举法》（2015 年 8 月 29 日修正）；

5.《中华人民共和国涉外民事关系法律适用法》（2010 年 10 月 28 日）；

6.《中华人民共和国劳动法》（2018 年 12 月 29 日修正）；

7.《中华人民共和国劳动合同法》（2012 年 12 月 28 日修正）；

8.《中华人民共和国劳动争议调解仲裁法》（2007 年 12 月 29 日）；

9.《最高人民法院关于审理劳动争议案件适用法律若干问题的解释》（法释〔2008〕18 号修正　2008 年 12 月 16 日）；

10.《最高人民法院关于审理劳动争议案件适用法律若干问题的解释（二）》（法释〔2006〕6 号　2006 年 8 月 14 日）；

11.《最高人民法院关于审理劳动争议案件适用法律若干问题的解释（三）》

（法释〔2010〕12号 2010年9月13日）；

12.《最高人民法院关于审理劳动争议案件适用法律若干问题的解释（四）》（法释〔2013〕4号 2013年1月18日）；

13.《最高人民法院关于贯彻执行〈中华人民共和国民事通则〉若干问题的意见（试行）》[法（办）发〔1988〕6号 1988年4月2日]；

14.《最高人民法院关于适用〈中华人民共和国民事诉讼法〉的解释》（法释〔2015〕5号 2015年1月30日）。

第二节 农药化肥种子产品责任纠纷

问题 1：村民因使用假农药造成的农作物损失，是否能够要求假农药的生产者与销售者共同赔偿损失？

【解答】

村民购买的假农药可适用产品质量法调整。受害村民在诉讼中要求假农药生产者与销售者共同赔偿损失的，符合法律规定，依法应予支持。

【案例】

农户对因使用假农药造成的农作物损失有权
要求假农药的生产者与销售者共同赔偿
——王某智诉虞某平等产品责任纠纷案[①]

案情： 自2014年年初，史某华冒用“三六”牌75%“赤霉酸”结晶粉的包装，组织生产有效成分含量极低或者无有效成分的伪劣“赤霉酸”农药，并对外销售。陈某英、印某方在明知史某华生产、销售的“赤霉酸”系伪劣农药的情况下，仍受其安排，分别负责加工、包装和对外发货。2014年2月、3月和8月，虞某平明知史某华所生产、销售的“赤霉酸”为伪劣农药，仍以每箱1500元的价

① 参见山东省威海市中级人民法院民事判决书，（2018）鲁10民终2933号。

格向史某华购买“赤霉酸”两箱，后以每箱2500元的价格销售给威海地区经销商。包括本案45名原告在内的101名威海市文登区西洋参种植户购买并使用上述伪劣“赤霉酸”浸泡西洋参种子后，种子无法正常开口发芽；众被害人的经济损失共计人民币8 799 838元。2014年7月29日，牛某明从袁某波处购进赤霉酸230包，8月21日购进该生产批次的赤霉酸200包。原告毕某某等户的农药是从被告吴某学经营的丰农经营部处购买的。被告牛某明、吴某学、丰农经营部的农药系从袁某建、圣某合作社处购得。

原告王某智请求判令：被告虞某平、史某华、印某方、牛某明、威海经济技术开发区圣某果蔬专业合作社共同赔偿原告王某智等财产损失。

一审法院认为，虞某平、史某华、印某方作为假冒产品的生产者，其生产、销售的产品造成原告经济损失，应依法承担赔偿责任。因产品存在缺陷造成他人财产损害的，受害人可以向产品的生产者要求赔偿，也可以向产品的销售者要求赔偿。属于产品的生产者的责任，产品的销售者赔偿的，产品的销售者有权向产品的生产者追偿。因此，作为销售商的牛某明、圣某合作社、吴某学、丰农经营部可另案向虞某平、史某华、印某方等追偿。各被告对原告的损失应负全部赔偿责任。众原告的损失共计6 313 900元，仅主张300 000元，予以准许。判决：被告虞某平、史某华、印某方、牛某明、威海经济技术开发区圣某果蔬专业合作社共同赔偿原告王某智等财产损失300 000元等内容。

一审宣判后，威海经济技术开发区圣某果蔬专业合作社提起上诉。二审法院认为一审认定事实清楚，适用法律正确，判决驳回上诉，维持原判。

分析：从产品责任角度看，农药属于产品，农户亦属于产品用户。《产品质量法》第43条规定，对因产品缺陷造成损害的，受害人可向生产者要求赔偿，也可向销售者要求赔偿。对于受害者是否能够要求生产者与销售者同时赔偿，该法未作规定。因使用伪劣农药造成的经济损失，本案的受害农户也不知晓向哪方主张更为有利。因此是否赋予受害者向伪劣农药的生产者和销售者要求共同赔偿的权利，成为本案焦点。

对此，可以从侵权法的角度来分析该问题。当数名侵权人构成共同侵权时，各侵权人应对受害人承担共同赔偿责任。区别于其他侵权行为，共同侵权以侵权人具有“意思共同”为要件。意思共同包括共同故意和共同过失。具体到本案，史某华组织生产伪劣“赤霉酸”农药，其主观上肯定为故意。其他伪劣农药的销售者：虞某平、印某方、牛某明、威海经济技术开发区圣某果蔬专业合作社，在明知是伪劣农药的情况下，仍然对农药进行销售，亦属故意。两者结合构成共同故意，客观上侵犯了农户的合法权益，构成共同侵权。因此，生产者与销售者也应承担共同赔偿责任。

【风险提示】

农户在主张自身赔偿权利时，应尽可能选择有履行能力的责任主体作为被告。为保护村民的合法权益，法院也可以通过释明权引导农户选择适当的、有履行能力的民事责任主体。产品的生产者与销售者在对用户承担赔偿责任后，有权向真正的责任主体追偿。

【法律规定速查】

《中华人民共和国产品质量法》（2018年12月29日）

第四十三条 因产品存在缺陷造成人身、他人财产损害的，受害人可以向产品的生产者要求赔偿，也可以向产品的销售者要求赔偿。属于产品的生产者的责任，产品的销售者赔偿的，产品的销售者有权向产品的生产者追偿。属于产品的销售者的责任，产品的生产者赔偿的，产品的生产者有权向产品的销售者追偿。

问题2：种子销售商销售未经审定的种子，造成种植户农作物损失的，是否应当承担赔偿责任？

【解答】

种子销售经营者对其销售经营的农作物品种应当有全面正确的了解和认识，应当经营通过审定的符合法律法规规定的农作物品种。销售经营者在本地推广使用未经审定的种子，所致种植户减产损失的，应当承担相应的赔偿责任。

【案例】

销售未经审定的种子的销售商应当对造成种植户农作物的损失予以赔偿

——马某超诉魏某力产品销售者责任纠纷案①

案情： 2015年5月，马某超委托案外人朱某从魏某力处购买“两优0293”水稻种子5斤，马某超将水稻种子种植后发现水稻出现质量问题，造成了产量损失，遂诉至一审法院要求赔偿。

2015年9月25日，徐州市铜山区农作物生产事故技术鉴定管理处作出鉴定意见：被鉴定品种“两优0293”不宜在当地推广使用。

原告马某超请求判令：魏某力赔偿马某超各项经济损失。

一审法院判决：魏某力于判决生效后十日内赔偿马某超损失4512.3元。案件受理费50元、保全费250元、鉴定费430元，总计730元由魏某力负担。一审宣判后，魏某力提起上诉。

二审法院审理认为，《种子法》（2013年修正）第17条第1款规定：“应当审定的农作物品种未经审定通过的，不得发布广告，不得经营、推广。”第32条第1款规定：“种子经营者应当遵守有关法律、法规的规定，向种子使用者提供种子的简要性状、主要栽培措施、使用条件的说明与有关咨询服务，并对种子质量负责。”本案中，经鉴定，涉案稻种为水稻穗颈瘟的高感品种，且该稻种的审定适宜区域并不包括本地，其为未审定品种，不宜在本地推广使用。魏某力作为种子销售经营者，对其销售经营的农作物品种应当有全面正确的了解和认识，应当经营通过审定的符合法律法规规定的农作物品种。魏某力销售经营未经审定，不宜在本地推广使用的涉案稻种，所致被上诉人马某超的减产损失，应当承担相应的赔偿责任。一审法院认定涉案稻种系由魏某力出售并无不当，魏某力的该项上诉主张，依据不足，不予支持。判决：驳回上诉，维持原判。

分析： 种子经营者应当依法经营，不得违反法律。《种子法》（2013年修正）第17条第1款规定，未经审定的农作物品种不得经营。第32条规定，种子经营者应当对种子的质量负责。据此，种子经营者对其经营的种子负有保证经过审定的义务，并且必须对其经营的种子质量负责。如果种子经营者未尽上述义务，

---

① 参见江苏省徐州市中级人民法院民事判决书，（2016）苏03民终6167号。

即可认定为存在违法行为，并且在主观上存在过错。本案中，魏某力出售未经审定的“两优0293”水稻种子，即非法经营行为。该水稻种子被种植后，不适应当地自然条件，导致出现质量问题，产生农作物损失。魏某力的违法行为与马某超种植水稻出现减产损失存在因果关系，并且其主观上具有过错。因此，魏某力应当予以赔偿。

【风险提示】

农户在选择农作物种子时，应选择合法、正规的经销商处购买，并且种植经过审定的种子。这是对村民合法权利的保护。

【法律规定速查】

《中华人民共和国种子法》（2015年11月4日修订）

第二十三条第一款　应当审定的农作物品种未经审定的，不得发布广告、推广、销售。

第三节　损害赔偿纠纷

问题1：损害赔偿指什么？损害赔偿有哪些种类？

【解答】

损害赔偿，是指侵权人因不法侵害受害人的人身或者财产权利而应当对受害人人身或者财产损失予以赔偿。根据受损害的对象不同，损害赔偿可分为人身损害赔偿和财产损害赔偿。

问题2：由于正当防卫致人损害是否承担民事责任？

【解答】

构成正当防卫的，造成不法侵害人的损害在正当限度范围内，防卫人不承担民事责任。如果损害超出正当限度范围，造成不法侵害人不应有的损害的，防卫人应当承担适当的民事责任。

【案例】

防卫过当的防卫人应承担适当民事责任

——刘某诉杨某红健康权纠纷案[①]

案情: 2016年3月8日晚，被告杨某红电话联系原告刘某催讨债务，双方在电话中发生口角，原告遂伙同案外人巩某松、王某虎到被告住处，三人共同殴打被告，被告予以还击，双方相互扭打。被告被殴打致左胸第9肋骨骨折、右膝部皮肤创口、右膝关节前交叉韧带损伤。在扭打过程中被告用匕首刺伤原告，致原告膈肌破裂、脾破裂，案发后双方均到医院治疗，原告在舟山医院住院治疗14天，出院后又进行门诊治疗。经舟山市公安局普陀分局鉴定，原告的损伤程度属重伤二级，被告的损伤程度属轻微伤。原告于2016年8月22日委托杭州华硕司法鉴定所舟山分所进行司法鉴定，并支付鉴定费2040元，该所于2016年9月6日出具鉴定意见书：评定原告为人体损伤九级伤残，护理期限45天、营养期限60天、休息期限150天较为合理。

另，生效的刑事判决书认定杨某红遭受不法侵害在先，其行为具有明显的防卫性质，但其防卫行为明显超过必要限度，属于防卫过当，判决杨某红犯故意伤害罪，判处有期徒刑二年。

原告刘某请求判令：被告杨某红赔偿给原告刘某各项损失。

一审法院审理认为，原告伙同他人对被告实施不法侵害在先，被告在还击过程中用匕首将原告捅伤，其行为构成防卫过当，被告应承担适当责任，同时原告等三人特意赶到被告住处殴打被告，对损害的发生有过错，可以减轻被告的责任。法院综合考虑纠纷起因及经过、原告等三人的过错、被告防卫过当造成的后果，酌定被告对原告的各项损失承担60%的赔偿责任。判决：被告杨某红于本判决生效之日起三十日内赔偿原告刘某各项损失合计145 548.1元。该判决已生效。

分析: 根据《民法总则》第181条（《民法典》第181条）规定，正当防卫造成不法侵害人损害的，防卫人不负民事责任。但是如果防卫超过必要限度给不法侵害人造成了不应有的损害，防卫人应当承担适当的民事责任。因此，防卫人对防卫过当造成的损害，应当承担民事责任。

本案中，原告伙同他人对被告实施不法侵害在先，被告在还击过程中用匕首

---

① 参见浙江省舟山市普陀区人民法院民事判决书，（2016）浙0903民初2781号。

将原告捅伤，其行为构成防卫过当。被告应承担适当责任。同时原告等三人特意赶到被告住处殴打被告，对损害的发生有较大的过错，可以减轻被告的责任。因此，一审法院酌情确定由被告对原告合理损失承担60%的责任。其余损失由原告自行承担。

【风险提示】

正当防卫不负法律责任。但防卫过当不仅可能应承担刑事责任，还应当承担适当的民事赔偿责任。

【法律规定速查】

◎ 民法典新规

第一百八十一条　因正当防卫造成损害的，不承担民事责任。

正当防卫超过必要的限度，造成不应有的损害的，正当防卫人应当承担适当的民事责任。

问题3：因紧急避险不当或者过度造成的损害应当由谁承担，避险人、险情引发人还是受益人？

【解答】

因紧急避险措施不当、过度造成的损害，应当由险情引发人、避险人根据各自过错承担相应的民事责任。此外，避险受益人应当对损失人给予适当补偿。

【案例】

因紧急避险不当造成的损害应由避险人、险情引发人和受益人分担

——章某炎诉某岭水库管理处等财产损害赔偿纠纷案[1]

案情：2010年11月4日，原告章某炎用挖掘机对河道进行清淤，因缺少铁板铺底，不能开回到岸上。11月5日下午1时许，被告顾某志开办的位于被告水某村的台州市黄岩某明纸品厂起火。1时30分许，黄岩消防队将火扑灭。火灾发生当时，被告水某村干部等就打电话要求被告某岭水库放水灭火。某岭水库于1时

---

① 参见浙江省台州市中级人民法院民事判决书，(2013)浙台民终字第203号。

45 分打开总闸放水，将水放入东渠，因泄洪道闸门漏水，结果水流入泄洪道。被告某海公司管理人员通知原告将河道中的挖掘机开到岸上，因无法移位，水流淹没了原告的挖掘机至驾驶室底盘处，1 个小时左右火灭后水库关闸，泄洪道水位即退去。

一审法院审理认为，本案放水灭火造成原告挖掘机受淹系紧急避险行为所致。被告某岭水库在放水过程中因泄洪道闸漏水造成原告挖掘机不应有的损失，系紧急避险采取措施不当，应承担适当责任；被告顾某志厂内起火，是引起险情发生的人，应依法承担责任；被告水某村系火灾厂房所有人，是灭火的受益人，对原告的损失应予适当补偿。原告用挖掘机清淤过程中，因缺少必要设备和安全措施，致使挖掘机陷入泄洪道中不能移动，挖掘机受淹后，未及时采取防护措施，导致损失扩大，自身存有重大过错，应自负相应责任。判决：一、被告某岭水库管理处赔偿原告章某炎经济损失 15 000 元。二、被告顾某志赔偿原告章某炎经济损失 10 000 元。三、被告台州市黄岩区院桥镇水某村村民委员会补偿原告章某炎经济损失 5000 元。四、驳回原告章某炎的其他诉讼请求。一审宣判后，章某炎不服，提起上诉。二审法院认为，一审认定事实清楚，适用法律正确，判决：驳回上诉，维持原判。

【分析】

《侵权责任法》第 31 条规定："因紧急避险造成损害的，由引起险情发生的人承担责任。如果危险是由自然原因引起的，紧急避险人不承担责任或者给予适当补偿。紧急避险采取措施不当或者超过必要的限度，造成不应有的损害的，紧急避险人应当承担适当的责任。"（《民法典》第 182 条）第 26 条规定："被侵权人对损害的发生也有过错的，可以减轻侵权人的责任。"（《民法典》第 1173 条）根据上述规定，对于因紧急避险不当产生的损失，不当避险人、险情引发人、受益人均应当承担适当责任。受害人自身对损害有过错的，也应承担适当责任。

本案中，顾某志所经营的厂房起火，其系引起险情发生的人，依法应承担相应的民事责任。某岭水库因水某村的通知，为了灭火而开闸放水，但由于泄洪道闸漏水而造成上诉人挖掘机损坏，某岭水库系紧急避险人，其应当对避险措施不当即泄洪道闸漏水承担适当的民事责任。章某炎在清淤过程中，由于自身未尽必要的注意义务，致作业过程中的挖掘机陷入泄洪道淤泥之中，当某海公司通知其某岭水库要放水灭火时，无法及时将挖掘机开至安全地带致挖掘机水淹受损，对此章某炎自身存在着较大的过错。而水某村作为起火厂房的所有权人，其在某岭水库实施紧急避险行为中当属受益人，故应对上诉人损失予以适当的补偿。

【风险提示】

因紧急避险造成的损害，其损失的承担应当区分避险造成的合理损失、因避险不当造成的损失、因受害人过错扩大的损失等。不同的成因导致损失的责任人各不相同。

【法律规定速查】

《中华人民共和国民法总则》（2017年3月15日）

第一百八十二条　因紧急避险造成损害的，由引起险情发生的人承担民事责任。

危险由自然原因引起的，紧急避险人不承担民事责任，可以给予适当补偿。

紧急避险采取措施不当或者超过必要的限度，造成不应有的损害的，紧急避险人应当适当的民事责任。

◎ 民法典新规

第一百八十二条　因紧急避险造成损害的，由引起险情发生的人承担民事责任。

危险由自然原因引起的，紧急避险人不承担民事责任，可以给予适当补偿。

紧急避险采取措施不当或者超过必要的限度，造成不应有的损害的，紧急避险人应当承担适当的民事责任。

问题 4：教唆他人实施侵权行为造成损害的，是否应当承担民事责任？应当承担何种民事责任？

【解答】

教唆、帮助他人实施侵权行为的，应当与行为人承担连带责任。

【案例】

教唆他人实施侵权行为的教唆人应与行为人承担连带责任
——何某菊诉阮某英、阮某旦生命权、健康权、身体权纠纷案[1]

案情: 何某菊家的住房与阮某英家的住房相邻。2015 年 3 月 16 日上午,阮某旦听说何某菊至乡政府告阮某旦将何某菊家猪栏瓦片打破。阮某旦回到家后将此事告知了母亲即阮某英,阮某英当即走至何某菊家门前,双方在何某菊家门前对骂。阮某旦对其母亲即阮某英说:你叫骂去好了,打去好了,医药费他(阮某旦)会出的。后阮某英边骂边走近何某菊身旁,阮某英与何某菊发生扭打。在此冲突过程中,何某菊与阮某英身体均构成轻微伤。当日,何某菊至桐庐县第一人民医院治疗,并于次日入住该院治疗,住院治疗 6 天,于 2015 年 3 月 23 日出院。出院后至 2015 年 6 月 29 日,何某菊先后至桐庐县第一人民医院、桐庐县中医院、桐庐县新合乡社区卫生服务中心、桐庐县凤川街道社区卫生服务中心等医疗机构门诊治疗。治疗期间,医生诊断为何某菊身体头部外伤,头面部软组织挫伤。

一审法院判决:一、何某菊因打架致身体轻微伤产生的各项经济损失 8424.37 元,由阮某英赔偿 70% 即 5897.06 元,由阮某旦承担连带责任。二、驳回何某菊的其他诉讼请求。一审宣判后,阮某旦不服,提起上诉。

二审法院审理认为,本案纠纷系阮某英走近何某菊门前,与何某菊对骂、扭打所致,阮某旦非但没有劝架,反而教唆阮某英实施侵权行为,故一审认定阮某英承担主要过错责任,何某菊承担次要过错责任,阮某旦与阮某英承担连带责任并无不当。据此判决:驳回上诉,维持原判。

分析:《侵权责任法》第 9 条规定:"教唆、帮助他人实施侵权行为的,应当与行为人承担连带责任。教唆、帮助无民事行为能力人、限制民事行为能力人实施侵权行为的,应当承担侵权责任;该无民事行为能力人、限制民事行为能力人的监护人未尽到监护责任的,应当承担相应的责任。"(《民法典》第 1169 条)根据该规定,教唆无民事行为能力人与限制民事行为能力人的,教唆人即为侵权人,直接承担侵权责任。教唆完全民事行为能力人的,教唆人是连带责任人,应与行为人承担连带责任。

---

① 参见浙江省杭州市中级人民法院民事判决书,(2015)浙杭民终字第 3090 号。

本案中，何某菊与阮某英的住房相邻，作为邻居，双方应团结互助，遇纠纷应友好沟通协商解决。当阮某旦听说何某菊至乡政府告阮某旦将何某菊家猪栏瓦片打破时，阮某旦回到家后将此事告知了其母阮某英。阮某旦看见阮某英走向何某菊家门前，双方即将发生争吵时，不但没有制止，反而对其母亲说：你叫骂去好了，打去好了，医药费他（阮某旦）会出的。这种言语是一种教唆行为，教唆阮某英与何某菊争吵。因此，对于争吵导致的肢体冲突，阮某旦应当与阮某英承担连带责任。

【风险提示】

当教唆人教唆的是无民事行为能力人或者限制民事行为能力人时，教唆人应当直接承担侵权责任，而不是与行为人承担连带责任。

【法律规定速查】

《中华人民共和国侵权责任法》（2009 年 12 月 26 日）

第九条　教唆、帮助他人实施侵权行为的，应当与行为人承担连带责任。

教唆、帮助无民事行为能力人、限制民事行为能力人实施侵权行为的，应当承担侵权责任；该无民事行为能力人、限制民事行为能力人的监护人未尽到监护责任的，应当承担相应的责任。

◎ 民法典新规

第一千一百六十九条　教唆、帮助他人实施侵权行为的，应当与行为人承担连带责任。

教唆、帮助无民事行为能力人、限制民事行为能力人实施侵权行为的，应当承担侵权责任；该无民事行为能力人、限制民事行为能力人的监护人未尽到监护职责的，应当承担相应的责任。

问题 5：未成年人致人损害的，相关损失应由谁来承担?

【解答】

对损害赔偿纠纷，应当先由其本人的财产赔偿，不足部分再由监护人赔偿。“十六周岁以上的未成年人，以自己的劳动收入为主要生活来源的”限制民事行为能力人致人损害的，该行为人为侵权人，由其自己承担侵权责任。

【案例1】

未成年人的侵权责任应先由其本人财产赔偿，不足部分再由监护人承担

——汪某俊诉周某豪、周某、陆某莲健康权纠纷案[①]

案情：2018年1月13日，周某豪伙同其他人在南浔镇东长兴港石锅鱼附近酒后无故殴打汪某俊，其中周某豪用铁棍打击汪某俊头部数下，造成汪某俊头部受伤，后周某豪等人被依法查获。同日，汪某俊被送往湖州市南浔区中医院接受治疗。2018年5月7日，湖州浙北司法鉴定所出具司法鉴定意见书，鉴定意见为：汪某俊于2018年1月13日外伤致头部外伤，头皮挫裂伤，右肘部皮肤裂伤，其误工期限（含住院）拟为1个月，护理期限（含住院）拟为半个月；营养期限拟为半个月。

一审法院审理认为，周某豪等人酒后无故殴打汪某俊，造成汪某俊受伤，应对原告的受伤承担全部赔偿责任。周某豪未满18周岁，为限制民事行为能力人，周某、陆某莲系周某豪的法定监护人，周某豪以其本人财产支付上述赔偿费用，不足部分，由其监护人即周某、陆某莲赔偿。据此判决：一、被告周某豪赔偿原告汪某俊因本次人身损害造成的各项损失10 877.1元，被告周某豪本人财产不足部分，由被告周某、陆某莲承担赔偿责任；二、驳回汪某俊的其他诉讼请求。一审宣判后，各方均未上诉。该判决已生效。

分析：有财产的无民事行为能力人、限制民事行为能力人造成他人损害的，从本人财产中支付赔偿费用。不足部分，由监护人赔偿。因此，实施侵权行为的未成年人、未成年人监护人均是损害赔偿的民事责任人。

本案中，周某豪伙同其他人在南浔镇东长兴港石锅鱼附近无故殴打汪某俊。该侵权行为的实施人为周某豪。但是周某豪是未成年人，且不清楚其主要收入状况，因此，其监护人应当依法作为侵权责任人。本案汪某俊遭受的人身损害应当先由周某豪在其财产中支付赔偿。不足部分再由周某豪的监护人依法承担。因此，未成年人造成的损害赔偿案件，其自身、其监护人均为民事责任人。

---

① 参见浙江省湖州市南浔区人民法院民事判决书，（2018）浙0503民初2511号。

【案例 2】

以自己的劳动收入为主要生活来源的十六周岁以上的未成年人应自行承担侵权责任

——洪某金、陈某富、陈某芬诉张某庆机动车交通事故责任纠纷案[①]

案情：死亡受害人陈某宝出生于 1950 年 12 月 30 日，原告洪某金系受害人之妻，原告陈某富系受害人之子，原告陈某芬系受害人之女。被告张某权、王某系被告张某庆的父母。

2017 年 1 月 18 日，被告张某庆未取得机动车驾驶证驾驶轻便二轮摩托车从台州市路桥区新桥镇驶往椒江区洪家街道。19 时 49 分许，张某庆由南往北途经路桥区路南街道茅林村 1 区 44 号岔路口，遇同向前方由陈某宝驾驶电动自行车行至该路口往西左转弯时，两车发生碰撞，造成陈某宝受伤及两车局部受损的道路交通事故。事故发生后，陈某宝被送至台州恩泽医疗中心恩泽医院进行抢救治疗。入院诊断为创伤性脑疝、颅底骨折等。后陈某宝于 2017 年 7 月 20 日不幸在家去世。2017 年 3 月 2 日，台州市公安局交通警察局直属三大队对此次交通事故作出道路交通事故认定书，认定张某庆、陈某宝均负本次事故的同等责任。

原告方起诉要求三被告赔偿原告因事故造成受害人死亡产生的各项损失 1 000 193. 7 元。

一审法院审理认为，根据《民法总则》第 18 条第 2 款的规定："十六周岁以上的未成年人，以自己的劳动收入为主要生活来源的，视为完全民事行为能力人。"被告提交了证据证明被告张某庆在事故发生时，以自己的劳动收入作为主要生活来源，视为完全民事行为能力人。另外，本案被告张某庆在侵权行为发生时不满 18 周岁，在诉讼时已满 18 周岁，并有经济能力，依据《最高人民法院关于贯彻执行〈中华人民共和国民法通则〉若干问题的意见（试行）》第 161 条的规定应承担民事责任。据此判决：一、被告张某庆赔偿原告洪某金、陈某富、陈某芬人民币 496 160. 2 元。二、驳回原告的其他诉讼请求。一审宣判后，原告不服，提起上诉。二审法院判决：驳回上诉，维持原判。

分析：《民法总则》第 18 条第 2 款规定，16 周岁以上的未成年人，以自己的

---

① 参见浙江省台州市中级人民法院民事判决书，（2018）浙 10 民终 1374 号。

劳动收入为主要生活来源的，视为完全民事行为能力人。根据该法律规定，其可以独立实施民事法律行为，自行承担从事民事活动的法律后果。

张某庆先后在台州市龙某池桑拿有限公司、杭州某途汽车代驾服务有限公司、浙江金某泵业有限公司、温岭某达国际大酒店有限公司从事工作，并且银行流水明细证明，被告张某庆在事故发生时，以自己的劳动收入作为主要生活来源。因此，应将张某庆视为完全民事行为能力人。对此次交通事故所产生的民事责任，张某庆具有相应的民事行为能力承担。并且诉讼时，张某庆已年满 18 周岁，有能力同时也应当自行承担法律后果。

【风险提示】

并非未成年人都是限制民事行为能力人。以自己劳动收入为主要生活来源的年满 16 周岁的未成年人，不是限制民事行为能力人，而是视为完全民事行为能力人。

【法律规定速查】

《中华人民共和国侵权责任法》（2009 年 12 月 26 日）

第三十二条 无民事行为能力人、限制民事行为能力人造成他人损害的，由监护人承担侵权责任。监护人尽到监护责任的，可以减轻其侵权责任。

有财产的无民事行为能力人、限制民事行为能力人造成他人损害的，从本人财产中支付赔偿费用。不足部分，由监护人赔偿。

《中华人民共和国民法总则》（2017 年 3 月 15 日）

第十八条第二款 十六周岁以上的未成年人，以自己的劳动收入为主要生活来源的，视为完全民事行为能力人。

◎ 民法典新规

第十八条 成年人为完全民事行为能力人，可以独立实施民事法律行为。

十六周岁以上的未成年人，以自己的劳动收入为主要生活来源的，视为完全民事行为能力人。

第一千一百八十八条 无民事行为能力人、限制民事行为能力人造成他人损害的，由监护人承担侵权责任。监护人尽到监护职责的，可以减轻其侵权责任。

有财产的无民事行为能力人、限制民事行为能力人造成他人损害的，从本人财产中支付赔偿费用；不足部分，由监护人赔偿。

第四节　劳动争议纠纷

问题 1：劳动争议纠纷是什么？它有哪些特征？

【解答】

劳动争议纠纷，是指用人单位与劳动者在劳动过程中在劳动关系中产生的纠纷。劳动争议具有以下特征：（1）劳动争议的主体是劳动者与用人单位；（2）双方关系之间存在隶属关系，即用人单位与劳动者在劳动过程中存在管理与被管理关系；（3）争议内容涉及劳动合同、劳动报酬、劳动福利、劳动时间与休息休假等。

问题 2：用人单位与劳动者未签订书面合同，导致无法确认劳动者在试用期工资的，用人单位应当按照什么标准支付试用期工资？

【解答】

用人单位与劳动者未签订书面劳动合同，导致无法确认劳动者试用期工资的，用人单位应当按照试用期后的工资标准全额支付。

问题 3：由于劳动者的原因导致其与用人单位未签订书面劳动合同的，劳动者是否有权主张双倍工资？

【解答】

用人单位已通知劳动者签订书面劳动合同，但因劳动者的原因最终未能签订书面劳动合同的，用人单位无过错，不应对劳动者支付双倍工资。劳动者的双倍工资主张不应获得支持。

【案例】

因劳动者一方原因致未签订书面劳动合同的，劳动者无权主张双倍工资

——姜某浩诉中通文某公司纠纷案

案情：2016年8月26日，姜某浩在中通文某公司招聘人员录用审批表上填写个人信息及岗位，中通文某公司工作人员在薪资建议处填写工资合计13 000元/月（试用期8折），部门主管意见处签字“同意试用”。自2016年9月起，中通文某公司开始为姜某浩缴纳社会保险。2016年9月15日，中通文某公司工作人员邵某容在QQ群通知包括姜某浩在内的4名员工前往1801室签订劳动合同，但姜某浩最终未与中通文某公司签订书面劳动合同。2017年5月26日，姜某浩向中通文某公司提交申请提出辞职。另查明：中通文某公司共计向姜某浩工作期间支付工资101 800元。

2018年1月12日，姜某浩向杭州市西湖区劳动人事争议仲裁委员申请仲裁，杭州市西湖区劳动人事争议仲裁委员会仲裁裁决书裁决：一、中通文某公司支付姜某浩工资差额17 758元，该款项中通文某公司应当自裁决生效之日起七日内一次性付清；二、驳回姜某浩的其他申诉请求。

2018年4月4日，姜某浩诉至一审法院，请求判令：（1）中通文某公司支付2016年8月22日至2017年5月31日工资差额19 393.50元；（2）中通文某公司支付违法解除劳动关系赔偿金26 000元；（3）中通文某公司支付未签订劳动合同双倍工资差额部分108 193.50元。

一审法院审理认为，中通文某公司按双方约定支付工资，缴纳社会保险，未出现侵犯劳动者权利的情形，未签署书面劳动合同，非中通文某公司本意更非故意，因此，姜某浩要求中通文某公司双倍支付工资的诉请，不予支持。

二审法院审理认为，中通文某公司已经通知姜某浩签订书面劳动合同，但姜某浩未按要求前往签订书面劳动合同，系不可归责于用人单位的原因导致未签订书面劳动合同，因此，姜某浩主张二倍工资不予支持。

分析：《劳动合同法》第10条第1款规定：“建立劳动关系，应当订立书面劳动合同。”第82条第1款规定：“用人单位自用工之日起超过一个月不满一年未与劳动者订立书面劳动合同的，应当向劳动者每月支付二倍的工资。”该条规定的立法初衷是督促用人单位积极与劳动者订立书面劳动合同，因用人单位原因而未订

立书面劳动合同的，用人单位应当支付双倍工资。如果因不可归责于用人单位的原因导致书面劳动合同未订立，不应苛责用人单位，也不应当由其承担双倍工资的支付义务。对企业故意不与劳动者签订书面劳动合同，侵犯劳动者权利的行为，法律用双倍工资惩罚，是用来规范劳动市场，保护劳动者的权益。但是如果是劳动者的原因致未订立书面劳动合同，却要用人单位支付双倍工资，只会让投机者钻法律的漏洞。这不但违背了该法律的立法本意，而且有失公平。

本案中，姜某浩与中通文某公司未签订书面的劳动合同，非中通文某公司故意为之。中通文某公司提交的QQ工作群截图以及出庭作证的证人证言可以证实中通文某公司曾通知姜某浩等4名员工前往公司相关部门签订书面劳动合同，但最终姜某浩未按通知要求前往签订。姜某浩在接到中通文某公司订立书面劳动合同通知时消极应对，中通文某公司尽到企业应尽的职责。因此，对于姜某浩的双倍工资的要求，一审、二审法院均不予支持。

【风险提示】

在审查双倍工资要求的过程中，应当全面考虑用人单位的过错。如果用人单位有过错，则应当支持双倍工资。如果用人单位无过错，则不应适用该条法律规定。

问题 4：劳动者值班后是否有权请求用人单位支付加班费？

【解答】

值班不同于加班，它是指劳动者根据用人单位的要求，在正常工作时间之外负担一定的非生产性、非本职工作的责任。加班指用人单位由于生产经营需要，安排劳动者在法定工作时间以外继续从事本职工作。因此，值班的劳动者不能请求用人单位支付加班费，但有权根据约定请求其支付值班津贴。

【案例】

值班的劳动者不能请求用人单位支付加班费

——方某红诉银某公司劳动争议纠纷案[①]

案情：2007 年 1 月，方某红与银某公司签订书面劳动合同。方某红一直从事客房管理工作，自 2007 年 1 月起任客房部经理，其岗位职责包括：负责参加晨会、月度例会，客房部的日常经营管理，部门年度、月度工作计划的整体策划监控，控制大厦楼层、客房、公共区域等的清洁卫生质量和洗衣房的洗涤质量等。自 2013 年起，方某红由银某公司安排值班，值班时所负责的工作为检查大厦各个区域的卫生、运转等情况，值班时间为正常下班时间之后至第二天早上 8 时前后，银某公司提供专门用于值班休息的客房，值班津贴标准为每次 50 元。银某公司提交了 2014 年 3 月至 2015 年 3 月的值班经理日志，其中方某红共值班 32 次，银某公司已经发放值班津贴 750 元。

原告方某红请求判令：被告银某公司支付原告加班费、值班津贴。

一审法院审理认为，银某公司安排高级管理人员的值班并非加班，方某红在此过程中也属值班行为。银某公司应当提供而未能提供 2013 年至 2014 年 2 月的经理值班日志，应当承担举证不能的不利后果。2014 年 1 月、2 月则根据方某红陈述每 8 天值班 1 次的情况，认定其值班 8 次，因此，方某红 2013 年至 2015 年 3 月共值班 70 次，扣除银某公司已经支付的 750 元值班津贴，仍需支付值班津贴 2750 元。二审法院审理认为一审法院判决并无不当。

分析：值班和加班存在本质区别。加班，指用人单位由于生产经营需要，安排劳动者在法定工作时间以外继续从事本职工作。值班，是指劳动者根据用人单位的要求，在正常工作时间之外负担一定的非生产性、非本职工作的责任。一般而言，值班是单位因安全、消防、假日防火、防盗，或为处理突发事件、紧急公务等原因，临时安排或者根据制度在夜间、休息日、法定节假日等非工作时间内从事与劳动者本职无关联的工作。

本案中，银某公司为使整个大厦正常运营，安排高级管理人员处置安全、消防、假日防火、防盗，或为处理突发事件、紧急公务等原因，在夜间、休息日、法定节假日等非工作时间内从事与劳动者本职无关联的工作，且可以在客房休息。

---

① 参见浙江省杭州市中级人民法院民事判决书，(2016) 浙 01 民终 5980 号。

因此，方某红在值班时从事的工作并非本职工作，而是基于银某公司卫生和安全等保障需要而进行的工作，且可以在客房休息，应当属于值班行为。对于值班，劳动者无权请求加班费。但是如果依照用人单位规定或者双方约定应支付津贴的，值班者有权请求用人单位支付津贴。用人单位未足额支付的，应当补足不足部分。

【风险提示】

在请求加班费时，应当注意区分加班与值班的本质区别。如果从事的是非生产性、非本职性工作，属于值班，劳动者无权主张加班费。

问题 5：用人单位在工作时间之外安排劳动者加班的，应当如何支付工资报酬？

【解答】

用人单位应当按照下列标准支付高于劳动者正常工作时间工资的工资报酬：（1）安排劳动者延长工作时间的，支付不低于工资的百分之一百五十的工资报酬；（2）休息日安排劳动者工作又不能安排补休的，支付不低于工资的百分之二百的工资报酬；（3）法定休假日安排劳动者工作的，支付不低于工资的百分之三百的工资报酬。

【案例】

工作时间之外加班的工资报酬标准
——翁某康诉普陀印某公司劳动合同纠纷案[①]

案情：2012 年 7 月 1 日，翁某康至普陀印某公司担任后勤中心电力维护岗位，负责剧场部电力设施维护。双方签订书面劳动合同，约定劳动合同期限为 2012 年 7 月 1 日至 2015 年 7 月 31 日，月工资为 2000 元（基本工资 1500 元、岗位工资 500 元加上绩效工资）。2014 年 11 月 27 日，翁某康因腰椎病等至舟山医院住院治疗，同年 11 月 28 日，翁某康以短信形式向公司请假。翁某康住院治疗至 2014 年 12 月 2 日出院。出院后医嘱建议休息两周。2014 年 12 月 16 日，普陀印某公司向翁某康发出辞退通知书，明确因翁某康劳动态度差、严重违反本单位规章制度，

① 参见浙江省舟山市中级人民法院民事判决书，（2015）浙舟民终字第 212 号。

决定将其辞退。

2014 年 12 月 25 日，翁某康向舟山市普陀区劳动人事争议仲裁委员会提出仲裁申请，请求支付 2012 年 7 月至 2014 年 12 月 16 日法定节假日加班工资 5517 元等，撤销对翁某康的辞退决定并继续履行原劳动合同。该仲裁委依法裁决普陀印某公司支付翁某康法定节假日加班工资 1449 元，对翁某康的其他请求不予支持。翁某康不服仲裁裁决诉至法院，请求撤销仲裁裁决，支付加班费等。

一审法院审理认为，因翁某康对于 2013 年 12 月 17 日至 2014 年 12 月 16 日的法定节假日加班工资 1449 元无异议，翁某康法定节假日加班 7 天，翁某康实际已领取加班费 300 元，尚需发放法定节假日加班工资 1149 元，上述合计 2598 元。据此判决：普陀印某公司于判决生效之日起七日内支付翁某康法定节假日加班工资 2598 元等。

二审法院审理认为，法定休假日安排劳动者工作的，支付不低于工资的百分之三百的工资报酬，普陀印某公司关于法定节假日仅需支付翁某康二倍工资的主张不能成立。翁某康在法定节假日加班 6 天，故该段时间翁某康的法定节假日加班工资为 69 元 / 天 ×6 天 ×3=1242 元，法定节假日加班工资为 1449 元 +1242 元 =2691 元，扣除已支付的 300 元，尚余 2391 元。据此判决：普陀印某公司于 2015 年 9 月 5 日前支付翁某康法定节假日加班工资 2391 元等。

分析：根据《劳动法》第 44 条第 3 项规定，法定休假日安排劳动者工作的，支付不低于工资的百分之三百的工资报酬。因此，用人单位在安排劳动者法定节假日工作的，应当支付劳动者不低百分之三百的工资报酬。

本案中，双方已在劳动合同中约定，加班工资的计算基数为 1500 元 / 月，故应按照 1500 元 / 月 ÷21.75 天 =69 元 / 天为基数计算加班工资。普陀印某公司提供的考勤表显示，2012 年 12 月 17 日至 2013 年 12 月 16 日，翁某康在法定节假日加班 6 天，故该段时间翁某康的法定节假日加班工资为 69 元 / 天 ×6 天 ×3=1242 元。翁某康的法定节假日加班工资为 1449 元 +1242 元 =2691 元，扣除已发放的 300 元，普陀印某公司还应支付翁某康法定节假日加班工资 2391 元。

【风险提示】

用人单位在法定休假日安排劳动者加班的，不管是否安排补休，都应当支付不低于工资的百分之三百的报酬。

【法律规定速查】

《中华人民共和国劳动法》（2018 年 12 月 29 日修正）

第四十四条　有下列情形之一的，用人单位应当按照下列标准支付高于劳动者正常工作时间工资的工资报酬：

（一）安排劳动者延长工作时间的，支付不低于工资的百分之一百五十的工资报酬；

（二）休息日安排劳动者工作又不能安排补休的，支付不低于工资的百分之二百的工资报酬；

（三）法定休假日安排劳动者工作的，支付不低于工资的百分之三百的工资报酬。

问题 6：遭受工伤的职工能够享有什么权利？

【解答】

工伤职工享有以下权利：（1）了解本人参保情况的权利；（2）申请认定工伤的权利；（3）获得工伤治疗、康复、伤残及工亡待遇的权利；（4）申请劳动能力鉴定的权利；（5）获得救济的权利，如通过仲裁、诉讼等保障自己合法权益的权利。

问题 7：丧失或部分丧失劳动能力的工伤职工能够享受什么待遇？

【解答】

工伤职工能够享受以下权利：停工留薪期间工资、一次性工伤医疗补助金、一次性伤残补助金、一次性就业补助金、伤残津贴、基本养老保险待遇等。

问题 8：用人单位能否以劳动者已向侵权人主张权利为由，拒绝支付部分工伤保险待遇？

【解答】

用人单位不得以劳动者已向侵权人主张赔偿权利为由，拒绝支付部分工伤保险待遇。劳动者在享有人身损害赔偿权利的同时，依法享有工作保险待遇。

【案例】

用人单位不得以劳动者已获侵权人赔偿为由，拒绝支付部分工伤保险待遇

——宁波市江东某旺基美食馆诉王某群工伤保险待遇纠纷案[①]

案情：被告王某群原系原告宁波市江东某旺基美食馆的员工，双方签有劳动合同。2012年6月30日，被告在下班途中发生交通事故受伤，并送宁波大学医学院附属医院住院治疗。2012年7月16日，被告出院，后继续在宁波大学医学院附属医院接受治疗并病休至2012年12月19日。2012年9月28日，经宁波市江东区人力资源和社会保障局认定被告受伤系工伤。2013年1月10日，经宁波市劳动能力鉴定委员会鉴定，被告因工致残程度为十级。原告支付被告工资至2012年6月，之后未再支付。2013年3月11日，被告向原告提出辞职，解除双方劳动关系。

宁波市江东区劳动人事争议仲裁委员会于2013年4月28日作出仲裁裁决：原告向被告支付一次性伤残补助金24 030.30元、一次性工伤医疗补助金5956元、一次性伤残就业补助金5956元、停工留薪期待遇19 098元等。

原告起诉称，被告通过宁波市江北区人民法院调解已获得医疗费、误工费、鉴定费等数项费用的赔偿。根据法律规定，被告应先向侵权责任方要求赔偿，原告只需在工伤待遇总额里补足差额。

一审法院审理认为，原告应当依法支付被告工伤保险待遇。判决：原告宁波市江东某旺基美食馆支付被告王某群一次性伤残补助金24 030.30元、一次性工伤医疗补助金5956元、一次性伤残就业补助金5956元、停工留薪期工资19 098元等。现该判决已生效。

分析：在工伤保险待遇纠纷中，劳动者在工作期间因他人侵权导致受伤的，往往会构成请求权的竞合。所谓请求权竞合，指一个自然事实，符合多个法律构成要件，从而产生多个请求权。此时，劳动者既享有人身损害赔偿的请求权，也享有工伤保险待遇的请求权。请求权竞合的选择权主体为劳动者，其有权根据自己的利益及意愿选择行使何种请求权，其也依法享有同时主张两种请求权的权利。用人单位不得以任何理由限制其请求权的行使。

① 参见浙江省宁波市江东区人民法院民事判决书，（2013）甬东民初字第782号。

本案中，王某群在下班途中发生交通事故受伤，经宁波市江东区人力资源和社会保障局认定被告受伤系工伤。王某群因此享有了两个请求权：因交通事故形成的人身损害赔偿请求权和因工伤保险关系形成的工伤保险待遇请求权。作为两个请求权的享有者，王某群有权选择最有利于其利益的请求权行使，并且有权同时主张两个请求权。用人单位宁波市江东某旺基美食馆不得以其已获得交通事故赔偿而拒绝承担部分工伤保险待遇的支付义务。

【风险提示】

在同时构成人身损害赔偿纠纷和工伤保险待遇纠纷时，劳动者对部分赔偿项目享有双重请求权。用人单位不得以劳动者已获得部分赔偿为由，拒绝承担法定的支付工伤保险待遇的义务。

第五节 不当得利纠纷

问题 1：什么是不当得利？构成不当得利有哪些要件？

【解答】

不当得利，是指没有合法根据，有损于他人而取得利益。它是基于一定的法律事实发生以后，就不当得利人与受害人之间产生的一种债权、债务关系。

构成不当得利之债有四个要件：（1）一方基于法律事实取得了财产利益；（2）另一方因此遭受了损失；（3）取得利益与遭受损失之间有因果关系；（4）该财产变动没有法律上的根据。

问题 2：有基础法律关系的财产转移是否构成不当得利？

【解答】

不当得利的构成必须是财产转移欠缺基础法律上的依据。有基础法律关系的财产转移，即使基础法律关系不明的，也不能构成不当得利。出让人不得以不当得利为由主张不当得利之债。

问题 3：不当得利纠纷中，就财产转移是否有法律根据的事实主张，举证责任在哪方？

【解答】

不当得利纠纷中，请求人与被请求人对各自主张均负有举证责任：不当得利请求权人，应当对欠缺给付原因的具体情形负有举证责任；被请求人应当对其具有法律根据负有举证责任。人民法院应根据个案的具体案情，认定案件事实，推定法律责任。

【案例】

不当得利的请求人应对欠缺给付原因承担举证责任
——陈某红诉张某琳不当得利纠纷案①

案情：陈某红、张某琳原系同事。2006 年 7 月 19 日，陈某红、张某琳二人一同前往宁波市鄞州区房地产交易所某办事处，陈某红自愿将登记在其名下的位于宁波市鄞州区邱隘镇芳庄某单元某室房屋过户至张某琳名下。

2013 年 4 月 18 日，陈某红以张某琳未付房款为由将张某琳诉至一审法院，要求张某琳立即支付房款 223 056 元。

一审法院认为双方之间不存在真实的房屋买卖合同关系，驳回陈某红诉讼请求。陈某红上诉。二审法院作出终审判决，驳回上诉，维持原判。

2013 年 11 月 6 日，陈某红提起本案不当得利纠纷诉讼，请求判令：张某琳返还宁波市鄞州区邱隘镇芳庄某单元某室房屋给陈某红。

一审法院审理认为，陈某红作为不当得利请求权人，应当对欠缺给付原因的具体情形负举证责任。陈某红也自认物权变动系买卖所致，并非没有法律原因，故本案不适用不当得利。陈某红的主张缺乏依据，不予支持。判决：驳回陈某红的诉讼请求。一审宣判后，陈某红不服，提起上诉。二审法院判决：驳回上诉，维持原判。

分析：第一，关于陈某红将讼争房屋过户给张某琳是否有基础法律关系。本案中，陈某红曾以房屋买卖合同纠纷起诉，后因证据不足被驳回后，又以不当得利起诉。陈某红当初将讼争房屋过户给张某琳是基于一定的基础法律关系，因此

---

① 参见浙江省宁波市中级人民法院民事判决书，（2014）浙甬民一终字第 69 号。

陈某红将讼争房屋过户给张某琳并非欠缺法律上的原因，即使张某琳否认讼争房屋过户至其名下为买卖关系，本案亦应有其他相应的基础法律关系，因而不构成不当得利的法律关系。

第二，就财产转移是否有法律根据的举证责任的承担。陈某红作为不当得利请求权人，应当对其请求权成立负有举证责任，即对欠缺给付原因的具体情形负有举证责任。本案中，陈某红自愿主动将其名下房屋过户给张某琳，不存在给付对象错误或者标的错误的情形。如果不存在一定的原因，讼争房屋不可能“错误地”过户给张某琳。因陈某红主动将讼争房屋过户到张某琳名下，是使财产发生变动的主体，应当由其承担举证不能的风险。

【风险提示】

不当得利纠纷中，不当得利请求权人应当对欠缺给付原因的具体情形负有举证责任，即讼争财产是如何没有法律根据地从财产出让人转移到受让人的。否则，不当得利请求权人的请求权不能成立。

问题 4：土地被征用后，土地补偿款被亲属领用，且拒不归还，是否构成不当得利？

【解答】

没有法律根据，土地补偿款被亲属领用，造成了被补偿人经济损失，由此构成不当得利之债，领用人应当返还土地补偿款。

【案例】

侵占他人土地补偿款且拒不归还的构成不当得利
——鲍某香诉孙某洪不当得利纠纷案[①]

案情： 原告鲍某香有三个儿子、两个女儿，均已成家立业，丈夫已过世。2015 年 9 月，原告名下承包土地被香溪镇人民政府建设征用，获得补偿款 48 644 元。但该款被被告孙某洪从村里领取后，和原告大儿子孙某维私分。被告孙某洪实际分得 28 644 元，孙某维分得 20 000 元。为此原告多次向被告及大儿子孙某维

① 参见浙江省兰溪市人民法院民事判决书，（2015）金兰民初字第 1765 号。

要求返还遭拒。庭审中，孙某维同意立即归还原告20 000元，庭审后，原告撤回了对孙某维的起诉。

原告要求被告立即返还原告土地征用及青苗补偿款人民币28 644元。

一审法院审理认为，原告承包土地被香溪镇人民政府建设征用，获得补偿款归原告所有，被告属不当占有，损害了原告的利益，应当返还。判决：被告孙某洪于本判决生效后十日内返还原告鲍某香28 644元。一审宣判后，当事人未上诉。该判决已生效。

分析:《民法通则》第92条规定："没有合法根据，取得不当利益，造成他人损失的，应当将取得的不当利益返还受损失的人。"(《民法典》第122条)

本案构成不当得利，理由如下：(1)被告孙某洪取得了土地补偿款，该补偿属于鲍某香应享有的，孙某洪本不该享有；(2)鲍某香未获得本应享有的土地补偿款，因此遭受了经济损失；(3)孙某洪的获利与鲍某香的损失之间具有直接的因果关系；(4)该财产分配缺乏法律依据，孙某洪获得涉案土地补偿款缺乏正当依据。从上述四个构成要件看，本案孙某洪的行为构成不当得利之债。依照《民法通则》第92条规定，即使双方系直系亲属，不当得利人孙某洪也应向不当得利权利人鲍某香返还领取的土地补偿款。

【风险提示】

土地补偿款属于被征用土地的使用权人享有。其他亲属人员领用的，即使其与被征用人有另外的债权债务关系，也应当将该款予以返还。

【法律规定速查】

◎ 民法典新规

第一百二十二条 因他人没有法律根据，取得不当利益，受损失的人有权请求其返还不当利益。

第九百八十五条 得利人没有法律根据取得不当利益的，受损失的人可以请求得利人返还取得的利益，但是有下列情形之一的除外：

（一）为履行道德义务进行的给付；

（二）债务到期之前的清偿；

（三）明知无给付义务而进行的债务清偿。

问题 5：运输费被受托人结算后占用的，是否构成不当得利？委托人是否有权主张返还？

【解答】

运输费被受托人结算时领取，并且之后一直被占用的，受托人没有合法根据取得运输费，造成委托人运输费损失。委托人有权要求受托人返还。

【案例】

受托人无理占用运输费的，构成不当得利
——范某龙诉郭某平不当得利纠纷案

案情：被告郭某平介绍原告范某龙的车队去运货，原告委托被告向他人结算的运输费用 13 万元被被告占用，未能归还。2015 年 1 月 3 日，被告向原告出具欠条一份，言明“13 万元到 2015 年 1 月 20 日前归还，并承诺 1 月 20 日前未归还按 2 分利息计算”。后原告多次催讨，被告分三次归还 15 000 元，尚欠 115 000 元至今未还，后原告提起诉讼。

原告范某龙请求判令：被告郭某平返还原告 115 000 元。

一审法院审理认为，被告占用了原告委托他向他人结算的运输费用 115 000 元，被告占有上述款项没有合法依据，其行为构成不当得利，由此取得的不当利益应予返还。据此判决：被告郭某平于判决生效后十日内返还原告范某龙人民币 115 000 元。一审宣判后，当事人未上诉。该判决已生效。

分析：没有合法根据，取得不当利益，造成他人损失的，应当将取得的不当利益返还受损失的人。

本案中，被告长期占用了原告委托他向他人结算的运输费用 115 000 元。被告占有上述款项没有合法依据，原告因此遭受经济损失，两者之间具有直接因果关系。被告的上述行为构成不当得利。由此取得的不当利益运输费 115 000 元应予返还，故原告要求被告归还 115 000 元的诉请，应当予以支持。

问题 6：离婚后，将应由前妻（夫）享有的土地补偿款领用，且拒不归还的，是否构成不当得利?

【解答】

离婚后，领取应由前妻（夫）享有的土地补偿款，拒不归还的，造成前妻（夫）经济损失，由此构成不当得利，不当得利人应当返还。

【案例】

土地补偿款被离婚后的配偶占用的，构成不当得利
——唐某英诉余某滨不当得利纠纷案[①]

案情： 原告唐某英和被告余某滨原系夫妻。2012 年 8 月 15 日，双方在诸暨市民政局办理了离婚登记手续。后原、被告所在的村拆迁，2014 年 11 月，被告通过银行转账方式取得了土地征用款 150 000 元，2014 年曲陶阮土地征用款发放清单上载明余某滨所在户人数为 3 人，无非农业户口人员。该清单中同时载明人口为 1 人的户数土地征用款发放金额为 50 000 元。上述款项由被告领取。

另，发放上述土地征用款时，以被告为户主的户口本上有人口 3 人（农业户口），分别系被告、原告和双方的婚生女儿。

原告唐某英请求判令：被告余某滨应返还原告唐某英土地征用款人民币 50 000 元。

一审法院审理认为，原告应当享有土地征用款 150 000 元中的三分之一，即 50 000 元。现被告的占用行为导致原告受到损失，应当将占有的 50 000 元返还给原告。判决：被告余某滨应返还原告唐某英土地征用款人民币 50 000 元。一审宣判后，当事人未上诉。该判决已生效。

分析： 构成不当得利应当具备以下要件：一是一方取得不当利益；二是他方受到损失；三是一方得利与他方受损之间存在因果关系；四是他方得利没有合法依据。

本案中，根据法院调取的村土地征用款发放清单及原、被告的户口本可见，原告应当享有土地征用款 150 000 元中的三分之一，即 50 000 元。原、被告离婚后，被告将按村人口发放的土地征用款全部领取。被告的占用行为导致原告受到

---

① 参见浙江省诸暨市人民法院民事判决书，（2016）浙 0681 民初 6235 号。

损失。土地征用款中属于原告应得的款项理应返还给原告，现被告全部领取没有合法根据，构成不当得利之债务。其应当将占有的50 000元返还给原告。

【风险提示】

在村（居）委会发放土地征用补偿款时，应当仔细核对被征用人员身份。对于离婚当事人的土地征用款，应当厘清款项折补偿性质与对象，并且分别发放，否则容易引发纠纷。

第六节 无因管理纠纷

问题 1：什么是无因管理？它的构成要件是什么？

【解答】

无因管理，是指无法定义务或者约定义务，为了他人利益而自愿为他人管理事务或提供服务的行为，其构成要件有以下几个：（1）管理人为了他人利益的意思，其中包括为避免他人利益受损，或者为了他人利益最大化的意思；（2）管理人并无管理他人事务的义务，包括法定义务和约定义务，也未接受他人的管理委托；（3）管理人事实上从事了管理他人事务的行为，包括对他人事务或者财产进行打理、保护、服务、优化、利用等行为。

问题 2：为他人代偿合法债务的行为是否构成无因管理？

【解答】

管理人为他人代付执行款，符合无因管理的三个构成要件，系无义务的管理人为了他人利益而自愿管理他人事务的行为，应当认定为无因管理。

【案例】

为他人代付执行款的行为构成无因管理
——吴某燕诉施某飞无因管理纠纷案[1]

案情：2009 年 12 月 17 日，被告施某飞因浦江县人民法院（2007）执字 666 号执行案被强制执行，原告吴某燕替被告向法院支付了执行款 53 590 元、执行费 100 元。2010 年 1 月 22 日，因被告无法清偿其向义乌市宏源物资经营部购买钢材的货款，原告替其向该经营部支付了钢材款 180 000 元。

原告认为，原告为被告代付执行款和钢材款，构成民法上的无因管理，请求被告返还上述款项。

一审法院审理认为，原告为被告代偿债务的义务构成民法上的无因管理，其有权要求被告偿付由此而产生的必要费用。据此判决：被告施某飞于判决生效后十日内偿付原告吴某燕人民币 233 690 元及利息损失。一审宣判后，当事人未上诉。该判决已生效。

分析：《民法通则》第 93 条（《民法典》第 121 条）规定，没有法定的或者约定的义务，为避免他人利益受损失进行管理或者服务的，有权要求受益人偿付由此而支付的必要费用。

本案中，吴某燕本无义务替施某飞代偿执行款和钢材款，但其为避免被告利益受损而主动替施某飞清偿债务，构成民法上的无因管理。吴某燕作为管理人有权基于无因管理之债要求受益人施某飞偿付该债务，并承担为此支出的必要费用。

【风险提示】

管理人在代为管理受益人事务时，应注意保存与管理事务中的费用支出的相关证据，以便日后向受益人主张权利。

问题 3：所在地政府为企业代付工资及社会保险费的行为是否构成无因管理？

【解答】

所在地政府并无为企业代付工资及社会保险费的义务，但其为避免企业利益

① 参见浙江省义乌市人民法院民事判决书，（2010）金义佛堂民初字第 198 号。

受损而代为支付工资及社会保险费，该行为构成无因管理。作为受益人的企业应当对该债务予以偿还，并承担为此支出的必要费用。

【案例】

所在地政府为企业代付工资及社会保险费的行为构成无因管理
——舟山市定海区白泉镇人民政府诉舟山永某电子制造有限公司无因管理纠纷案①

案情： 2011 年 5 月初，被告舟山永某电子制造有限公司因负债过多，法定代表人外出不归，生产陷于停顿，部分职工被欠薪。原告舟山市定海区白泉镇人民政府作为被告企业所在地的政府，按照相关政策精神，代被告向其职工垫付了部分工资及代缴了社会保险费，总额为 452 966.61 元。

原告舟山市定海区白泉镇人民政府请求判令：被告舟山永某电子制造有限公司返还原告垫付的工资款。

一审法院审理认为，原告作为当地政府，为被告垫付工资及代缴社会保险费，性质上系适法的无因管理行为。被告应当偿还该债务。据此判决：被告舟山永某电子制造有限公司于本判决生效后十日内返还原告舟山市定海区白泉镇人民政府垫付工资款 452 966.61 元。一审宣判后，当事人未上诉。该判决已生效。

分析： 管理人无管理他人事务的义务，但为了他人利益而代为管理的，构成无因管理。管理人有权向受益人主张债务。具体到本案，向职工支付工资及为职工支付社会保险费，是被告应尽的义务，而非原告的法定或约定义务。但在被告法定代表人外出不归，众多职工被欠薪，可能造成群体事件的背景下，原告作为当地政府，为被告垫付工资及代缴社会保险费，属于符合社会公共利益，也有益于被告、被告职工，该行为在性质上属于民法中的无因管理行为。基于该无因管理行为，原、被告之间遂产生了法定的债权债务关系。故原告作为管理人要求被告偿还其所支出的垫付工资款的诉讼请求，符合法律规定，应当予以支持。

【风险提示】

困难企业在发生危机时应通过破产保护、破产重组等措施积极地应对债务，而不是躲避债务。否则，案外的代偿人在代偿债务后基于无因管理有权向债务人

① 参见浙江省舟山市定海区人民法院民事判决书，（2013）舟定白民初字第 105 号。

主张债权。

【法律规定速查】

◎ 民法典新规

第九百七十九条第一款 管理人没有法定的或者约定的义务，为避免他人利益受损失而管理他人事务的，可以请求受益人偿还因管理事务而支出的必要费用；管理人因管理事务受到损失的，可以请求受益人给予适当补偿。

问题 4：管理人管理事务时不是为了他人利益的意思进行的管理，是否构成无因管理？

【解答】

管理人在管理事务时具有为他人利益而进行管理的意思，这是无因管理的必备要件。如果管理人在管理事务时不具有为他人利益而管理的意思，则不构成无因管理。管理人不得基于无因管理向他人主张债权。

【案例】

管理人管理事务时缺乏为他人利益的意思，不构成无因管理

——陈某军诉陈某明等无因管理纠纷案[①]

案情：原告陈某军与被告陈某明等 9 被告之间因对坐落于天台县赤城街道让巷某号的房屋权属发生纠纷，自 2000 年起曾多次起诉至人民法院，经过一审、二审及再审，最终判决坐落于天台县赤城街道让巷某号道地内北首正房间楼房一间，中堂楼房北首半间，前厅六顶平房一间，前厅平房小房间北首三分之一间及台门上游廊一处归陈某明等 9 被告所有；坐落于天台县赤城街道让巷某号道地内南首正房间楼房一间、中堂楼房南首半间、前厅平房小房间南首三分之二间、楼梯间一处归陈某军方所有；楼梯间在未改建前，陈某明等 9 被告享有通行权，改建后，被告方自设楼梯，道地、台门双方共用。本案讼争房屋自 2000 年开始一直由原告陈某军占有使用，在此期间其对前厅六顶平房地面浇筑了水泥，并对木门等进行了油漆。

---

① 参见浙江省天台县人民法院民事判决书，(2017) 浙 1023 民初 775 号。

原告陈某军请求判令：被告陈某明等9被告返还原告为维修房屋所支出的费用。

一审法院审理认为，原告维修房屋也并非为了替被告方管理房屋，而是为了自身对涉案房屋的使用需要；且原告无法证明其为维修房屋所支出的费用，故对其诉讼请求，不予支持。判决：驳回原告陈某军的诉讼请求。该判决现已生效。

分析：无因管理的构成必须具备三个要件，其中之一是：管理人为了他人利益的意思进行管理，其中包括为避免他人利益受损，或者为了他人利益最大化的意思。如果管理人不是为了他人利益管理，而是为自身利益从事相关事务的，则不构成无因管理。

本案中，原告在诉状中称，其之所以修缮讼争房屋，是因为他认为"（2006）台民一终字第211号民事判决书生效后，该院子房屋归原告家所有已成定局"。因此他对院内房屋进行多次修缮。由此，可以认定，作为管理人的原告在管理讼争房屋的事务中并非为他人利益而从事管理，而是为自身利益而管理。他的管理行为不符合无因管理的必要要件，因而不构成无因管理。法院据此驳回了原告的诉讼请求。

【风险提示】

为他人利益而从事管理行为是无因管理的必备要件之一。否则不构成无因管理。

问题 *5*：本人并没有义务清偿的债务，管理人能否以其已代为清偿为由主张无因管理之债？

【解答】

管理人代为清偿的债务必须是本人具有清偿义务的债务。如果本人并无清偿义务，即使管理人已代为清偿的，也不得据此主张无因管理之债。

问题 *6*：无因管理之债的诉讼时效从何时起算？诉讼时效期间是多少？

【解答】

无因管理之债的诉讼时效应自无因管理行为结束并且管理人知道或者应当知

道本人之日起计算。在《民法总则》施行之前，无因管理之债的诉讼时效为两年；在《民法总则》施行之后，无因管理之债的诉讼时效为3年。《民法典》规定与《民法总则》一致。

【案例】

缺乏为他人管理事务的，不构成无因管理

——倪某钢诉吴某明无因管理纠纷案[①]

案情： 2011年3月至2012年1月，吴某明经原告倪某钢介绍在被告姚某华处工作，每月领取劳动报酬5500元。2012年春节前夕，原告向吴某明支付了33 000元。原告主张其向吴某明支付的33 000元系代被告姚某华支付拖欠的工资，故要求被告予以返还，被告姚某华否认拖欠工资及由原告代付的事实。

一审法院审理认为，因无证据证明被告姚某华拖欠吴某明工资款的事实，倪某钢向吴某明支付的33 000元是代姚某华支付所欠的工资，故无法成立"管理他人事务"这一要件，也不构成"为避免他人利益损失而为管理"的要件。原告的诉讼请求不能成立。据此判决：驳回原告的诉讼请求。一审宣判后，当事人未上诉。该判决已生效。

分析： 第一，关于本案是否构成无因管理。无因管理的成立必须具备三个条件：一是管理他人事务，二是为避免他人利益损失而为管理，三是无法律上的义务。

本案中的证据尚不足以认定倪某钢向吴某明支付的33 000元是代姚某华支付所欠的工资。因此，原告的行为无法成立"管理他人事务"这一要件。此外，因无证据证明被告姚某华拖欠吴某明工资款的事实，从而无法确认姚某华负有支付工资的法定或约定义务，因而原告倪某钢支付吴某明33 000元的行为也不构成"为避免他人利益损失而为管理"的要件。

第二，关于本案是否超出无因管理之债的诉讼时效。诉讼时效应当自权利人知道或者应当知道权利受到损害以及义务人之日起算。本案原告的请求权基础是无因管理。无因管理的管理人在为他人管理结束之时即应当知道其财产受到损害，但是不一定知道受益人身份。因此，无因管理之债的诉讼时效期间应自管理人知

---

① 参见浙江省绍兴市中级人民法院民事判决书，（2015）浙绍民终字第1865号。

道受益人身份时起算。

本案原告主张的权利应受诉讼时效的限制。其认为代被告向吴某明支付了工资款 33 000 元系无因管理，故要求被告支付相应款项的诉讼时效应自无因管理行为结束，并且管理人知道或者应当知道本人之日起计算二年（一审审结时，《民法总则》尚未实施），即自 2012 年 1 月开始的二年期限内主张相关权利。现该期限早已超过，原告亦无证据证明存在诉讼时效中止、中断等事由，故原告应自行承担主张权利超过诉讼时效的法律后果。

【风险提示】

管理人在主张无因管理请求权时，不但应举证证明其代为管理的事实，而且应当举证证明受益人具有履行相关债务的能力。否则，其主张的无因管理不能成立。

【法律规定速查】

◎ 民法典新规

第一百八十八条　向人民法院请求保护民事权利的诉讼时效期间为三年。法律另有规定的，依照其规定。

诉讼时效期间自权利人知道或者应当知道权利受到损害以及义务人之日起计算。法律另有规定的，依照其规定。但是，自权利受到损害之日起超过二十年的，人民法院不予保护，有特殊情况的，人民法院可以根据权利人的申请决定延长。

第七节　申请确定选民资格案件

问题 *1*：未被所在村的村民选举委员会列入选民名单的村民是否有权提起选民资格案件的诉讼程序？

【解答】

《民事诉讼法》规定的选民资格案件诉讼程序，适用于《全国人民代表大会和地方各级人民代表大会选举法》第 28 条规定的公民在选举国家权力机关代表中的选举，此类选举资格是一项政治权利。而依据《村民委员会组织法》第2条、第12条、第14条的规定，村民委员会是村民自我管理、自我教育、自我服务的基层群众性自治组织。村民按照自我管理的需要，选取村民委员会成员的行为，其性质属社团成员的表决权而不具有选举法的政治权利属性，不受《全国人民代表大会和地方各级人民代表大会选举法》调整。村民在自治组织的选举中亦不属于《民事诉讼法》第181条规定的选民范畴。据此，村民不得依照《民事诉讼法》第181条起诉申请确定选民资格案件。

【案例1】

申请确定选民资格案件诉讼程序的适用范围

——叶某芬申请确定选民资格案件

案情：申请人叶某芬起诉称：其系永嘉县北城街道三元堂村村民。2004年2月，起诉人结婚后户口没有迁出三元堂村，其本人也一直在三元堂村居住生活。自从其结婚后，三元堂村委会的每届换届选举，三元堂村村民选举委员会均以其为本村“农嫁女”（已出嫁户口仍留在本村的妇女）为由，对其选民资格不予确认。2017年为永嘉县北城街道三元堂村第十一届村民委员会换届选举之年，选举日定为2017年4月27日。2017年4月4日，三元堂村村民选举委员会对登记确认的本村本届选民进行公布，又未依法将其登记为选民。2014年4月7日，申请人向三元堂村村民选举委员负责人蔡某星（三元堂村新当选村党支部书记）提出书面申诉。蔡某星书记收取其申诉书后，口头答复三元堂村类似其的“农嫁女”有几十人，村民选举委员会无法确认其选民资格，但至今未对其申诉作出决定。其作为三元堂村的村民，依照法律规定，具有选民资格。特向法院起诉以维护正当的选举权。请求：依法确定其在永嘉县北城街道三元堂村第十一届村民委员会选举中具有选民资格。

永嘉县人民法院经审查认为，《民事诉讼法》规定的选民资格案件诉讼程序，适用于《全国人民代表大会和地方各级人民代表大会选举法》第28条规定的公民在选举国家权力机关代表中的选举。村民按照自我管理的需要，选取村民委员会成员的行为，其性质属社团成员的表决权而不具有选举法的政治权利属性，不受《全国人民代表大会和地方各级人民代表大会选举法》调整。村民在自治组织的选举中亦不属于《民事诉讼法》第181条规定的选民范畴。因此，此类“村民名单”

纠纷，不属于《民事诉讼法》规定的人民法院受理选民资格案件的范围，应不予受理。裁定：对申请人叶某芬的申请，不予受理。

【案例2】

申请确定选民资格案件诉讼程序的适用范围

——林某娣申请确定选民资格案件

案情：上诉人林某娣不服玉环县人民法院（2009）台玉民受初字第1号不予受理起诉的民事裁定，向台州市中级人民法院提起上诉。上诉人认为根据《村民委员会组织法》的有关规定，上诉人享有选举权。请求撤销原裁定，指令原审法院受理上诉人的起诉。

二审法院经审理认为，上诉人林某娣要求的选民资格确认是《村民委员会组织法》的调整范围，而《村民委员会组织法》是规定村民自治的法律，因此，上诉人诉请的选民资格确认应由所在村的合作社选举委员会讨论决定，不属人民法院民事诉讼受案范围。原审法院据此裁定不予受理并无不当。上诉人的上诉理由不足，不予支持。裁定：驳回上诉，维持原裁定。

分析：在审理选民资格案件诉讼程序中，应当注意该程序的适用范围以及申请人权利属性。民事诉讼法中选民资格案件的涉及申请人的选举权是一项政治权利。因此，选民资格案件诉讼程序的适用范围为《全国人民代表大会和地方各级人民代表大会选举法》第28条规定的公民在国家权力机关代表中的选举权。《村民委员会组织法》规定村民委员会是基层群众性自治组织。村民选取村民委员会成员的资格，其性质属社团成员的表决权而不具有选举法的政治权利属性。因此，该关系不受《全国人民代表大会和地方各级人民代表大会选举法》调整。

具体到两个案例，叶某芬、林某娣因不服所在村的选举委员会的决定，依照《民事诉讼法》第181条规定，分别申请提起选民资格案件诉讼程序。但是该二人未认识到其主张权利的性质。因村民委员会是基层群众性自治组织，该二人分别主张的选举资格，其属性是社团成员表决权，而非政治性权利。而选民资格案件的适用范围为公民在国家权力机关代表选举中的选举权，属政治性权利。故该二人的申请超出了民事诉讼法的受理范围，应予以驳回。

【风险提示】

村民委员会是村民自我管理、自我教育、自我服务的基层群众性自治组织。因此，村民在村民委员会选举中的选举权属于社团成员表决权。

问题 2：申请确定选民资格的案件申请人必须与选民资格名单有利害关系吗？

【解答】

起诉人不必是与选民资格名单的利害关系人，无利害关系人也可以作为申请人起诉。

【风险提示】

无利害关系人在起诉前，必须经选举委员会处理，且在选举日 5 日前提出。据此，经选举委员会处理是申请确定选民资格案件必经的前置程序。

【法律规定速查】

《中华人民共和国民事诉讼法》（2017 年 6 月 27 日）

第一百八十一条 公民不服选举委员会对选民资格的申诉所作的处理决定，可以在选举日的五日以前向选区所在地基层人民法院起诉。

第八节 宣告公民无民事行为能力

问题 1：申请宣告公民无民事行为能力或限制民事行为能力的申请人有哪些？

【解答】

宣告公民无民事行为能力或者限制民事行为能力的申请人有两类：（1）与被申请人有利害关系的自然人；（2）有关组织，包括居（村）委会、民政部门、妇女联合会、残疾人联合会、学校等。

【案例】

宣告公民无民事行为能力或者限制民事行为能力的申请人范围

——柴某申请宣告田某为无民事行为能力人案[①]

案情：被申请人田某系申请人柴某的母亲，田某2016年被确诊为老年痴呆症（中重度），2019年10月29日经首都医科大学附属北京安定医院鉴定，被评定为无民事行为能力。

申请人柴某请求：宣告被申请人田某为无民事行为能力人。

一审法院审理认为，申请认定公民无民事行为能力或者限制民事行为能力，由其近亲属或者其他利害关系人向该公民住所地基层人民法院提出。本案中，柴某作为田某之近亲属，根据诊断证明、病例等结论，提出宣告田某为无行为能力人的申请，符合法律规定。依据《司法鉴定意见书》的结论，田某为无民事行为能力人。故判决：田某为无民事行为能力人。

分析：作为利害关系人的自然人对不能辨认或者不能完全辨认自己行为的成年人有权申请宣告公民无民事行为能力或者限制民事行为能力。本案柴某系被申请人田某的女儿，属于与被申请人有利害关系的近亲属。因此，柴某有权申请宣告田某为无民事行为能力。

【风险提示】

在申请宣告公民无民事行为能力时，由于涉及的公民是否具有辨认自己行为的意识，该判断属于专业医学领域范畴。因此，人民法院在作出该类判决时，需要依据专业医疗机构作出的司法鉴定意见。

【法律规定速查】

《中华人民共和国民法总则》（2017年3月15日）

第二十四条第一款　不能辨认或者不能完全辨认自己行为的成年人，其利害关系人或者有关组织，可以向人民法院申请认定该成年人为无民事行为能力人或者限制民事行为能力人。

◎ 民法典新规

第二十四条第一款　不能辨认或者不能完全辨认自己行为的成年人，其利害关系人或者有

① 参见北京市西城区人民法院民事判决书，（2019）京0102民特1748号。

关组织，可以向人民法院申请认定该成年人为无民事行为能力人或者限制民事行为能力人。

问题 2：在申请宣告公民无民事行为能力或者限制民事行为能力案件的判决中，是否能够同时判决指定被申请人的监护人？

【解答】

如果作出宣告判决时不能同时指定监护人，那么申请人必须先申请宣告被申请人为无民事行为能力人，再另行申请指定监护人。如此，不仅增加了当事人的诉累，也不利于保护被申请人，而且浪费了的司法资源。因此，人民法院在审理上述案件中，可同时判决指定被申请人监护人。

【案例】

申请宣告公民无民事行为能力或者限制民事行为能力案件的判决可指定监护人

——吕某龙申请宣告周某1为限制民事行为能力人案[①]

案情：被申请人周某1与申请人吕某龙系舅甥关系。被申请人父母（已亡故）育有周某仙（2017年10月26日亡故）、周某英、周某花及周某1，申请人吕某龙系周某2之子。被申请人无婚育史、无领养史。申请人吕某龙于2019年10月14日委托绍兴市第七人民医院司法鉴定所对被申请人周某1进行民事行为能力鉴定。2019年10月21日，该所出具鉴定意见为被鉴定人周某1患有精神分裂症，目前为限制民事行为能力。

申请人吕某龙请求：宣告被申请人周某1为限制民事行为能力人，并指定监护人。

一审法院审理认为，被申请人周某1患有精神分裂症，目前为慢性衰退状态，社会功能明显缺陷，不能准确认识自己及环境状态，不能准确表达自己的意愿与诉求。经鉴定，被申请人目前为限制民事行为能力，故依法应认定为限制民事行为能力人。申请人吕某龙系被申请人周某1的外甥，其愿意承担监护责任，被申请人的两位姐姐亦同意申请人作为被申请人的监护人，故，法院指定申请人吕某

① 参见浙江省绍兴市越城区人民法院民事判决书，（2019）浙0602民特815号。

龙为被申请人之监护人。故判决：一、宣告被申请人周某1为限制民事行为能力人；二、指定申请人吕某龙为被申请人周某1的监护人。

分析：是否能在申请宣告公民无民事行为能力或限制民事行为能力案件判决中同时指定监护人，法律没有明确规定。但如果判决时不能同时指定监护人，那么申请人必须先申请宣告被申请人为无民事行为能力人，再申请指定监护人。这样不仅增加了当事人的诉累，也浪费了法院的司法资源。同时，容易造成在宣告公民无民事行为能力或限制民事行为能力后，有一段时期该被申请人无监护人的“真空期”。本案中，法院在宣告被申请人周某1为限制民事行为能力人的同时，指定了其亲属为该被申请人的监护人。这样一来，既减少了当事人讼累，又节省了司法资源，同时及时保障了被申请人的合法权利。

【风险提示】

人民法院在审理认定公民无、限制民事行为能力案件中，应当由该公民的近亲属为代理人（非监护人），但申请人除外。

Postscript 编后记

乡村是中华文明的基本载体，农耕文明源远流长。“国以民为本”，农业、农村、农民问题是关系国计民生的根本性问题。实施乡村振兴战略，是新时代做好“三农”工作的总抓手，没有农业农村的现代化，就没有国家的现代化。进入21世纪以来，2020年已是中央连续第17年发布聚焦“三农”工作的中央一号文件。“产业兴旺、生态宜居、乡风文明、治理有效、生活富裕”是实施乡村振兴的总要求，其中，产业兴旺是重点，生态宜居是关键，乡风文明是保障，治理有效是基础，生活富裕是根本。

乡村振兴内涵丰富，是涵盖乡村产业、文化、生态等各方面的全面振兴。乡村是具有自然、社会、经济特征的地域综合体，兼具生产、生活、生态、文化等多种功能。“准确把握乡村振兴的科学内涵，挖掘乡村多种功能和价值，统筹谋划农村经济建设、政治建设、文化建设、社会建设、生态文明建设和党的建设，注重协同性、关联性，整体部署，协调推进”是实施乡村振兴战略的基本原则之一。因此，乡村振兴不仅仅是农业的全面升级，也是农村的全面进步和农民的全面发展。如此诸多方面都离不开法律的引领、规范、保障与推动作用。

法律始终是人的行为规范和社会关系的调整器，如何发挥法的规范作用（指引、预测、评价）和社会作用，让法律出版助推乡村振兴，是本套丛书的根本目的。国家出台了有关乡村振兴、美丽乡村建设一系列政策措施意见，而如何从法律的视角切入，同时又着眼于乡村振兴的协同性、关联性、整体性，以系统化思维去思考与设计丛书，着实有很大难度。为此，我们紧紧围绕《中共中央国务院关于实施乡村振兴战略的意见》《乡村振兴战略规划（2018–2022年）》实施乡村振兴的两个纲领性文件，并从有关乡村社会的书籍中汲取营养，启发思路，寻找法律与乡村振兴的契合点。产业兴旺需要法治营商环境；生态宜居离不开生态环境保护与修复；治理有效需要夯实基层基础，健全现代乡村治理体系，增强基层干部法治观念、法治为民意识，等等。而乡村作为地域综合体，涉农法律内容横跨刑法、行政法、民商法等各个部门法，如何围绕与乡村振兴关涉最密切、最突出的问题展开，需要一个切入点，于是，选取了美丽乡村建设这一主题，从规划、建设、运营等各个纬度涉及的问题去思考、调研，抓取、组织了有关专题。

为深入实际，获取第一手资料，先后调研走访了浙江省、河南省法院和乡镇的部分法官与基层干部，以及乡村振兴的有关培训单位。在浙江，涉农案件（2014–2018 年）中，侵害集体经济组织成员权益纠纷占比较高，其次是承包地征收补偿费用分配纠纷，农嫁女权益纠纷问题突出，涉农土地案件是涉农审判的重点难点。涉农纠纷普遍存在关系错综复杂，矛盾尖锐、易激化，群体性、示范性特征突出，情理法相冲突，程序运用和法律适用难度大等问题。在浙江桐庐县，以村委会及村经济合作社为被告的 180 件案件中，其中涉合同纠纷最多，主要包括工程建设、借贷、承揽、买卖、租赁等经济活动中产生的合同纠纷。基层情况复杂、问题多，民刑交叉、行民交叉，自治与法治，法律与法律之间、政策与法律之间都会存在交叉与不统一、不协调之处。调研获得了极为生动丰富的素材和成果，在上述问题之外，有关乡村规划、涉农犯罪等各方面仍有诸多问题，有待进一步观察与梳理。

调研中，目睹了乡村发生的深刻变化，也深刻感受到了基层工作的繁忙、辛劳与不易。基层干部致力于乡村建设，扎根基层、埋头苦干的精神给我们留下了深刻的印象。在浙江余村，村里搭建了信息化村务公开平台，村委会每一笔报销单据，村民可随时在村务公开平台上查阅。在与安吉县鲁家村党支部书记座谈时，他谈到为了村民文明素质的培养是如何煞费苦心。正如著名社会学家、人类学家费孝通先生在谈到乡村改良时说，“社会是多么灵巧的一个组织，哪里经得起硬手硬脚的尝试？如果一般人民的知识不足以维持一种新制度时，这种制度迟早会蜕形的”。因而乡村振兴，美丽乡村建设，若农民的基本知识不足，文明素质不提升，就不足以从根本上改善乡村的面貌。在河南濮阳我国第一个农村党支部书记学院，人大代表李连成老支书干事创业、不怕吃亏的精神激励了一批人。在浙江桐庐县江南法庭，刘钢庭长设身处地为当事人着想，对于政策法律规定不明确、法院只能驳回起诉的案件，在当事人诉至法院后，即使再忙，他也会争取在立案七日内，及时与当地村民委员会取得联系，协调村民委员会调解处理，以做到案结事了，以实际行动诠释了司法为民的精神。

丛书汇聚了诸多领导和专家以及基层法官的思想、经验与智慧。最高人民法院有关领导和民一庭、环资庭、行政庭、研究室领导及部分专家型法官积极提供了一批乡村振兴的典型案例，并参与指导提纲设计与内容讨论、内容审定，给予了大力支持与指导，在此表示衷心的感谢！同时，感谢浙江省高级人民法院朱深远副院长、徐建新副院长、朱新力副院长、基层工作处二级巡视员吴道富同志等领导为本丛书的出版所作的大量指导、统筹协调组织工作！感谢各位作者在繁忙的工作之余为撰写丛书付出的辛勤劳动和智慧！另外，丛书策划组织过程中，自然资源部空间规划局张兵局长在百忙之中提供了无私的帮助与精心的指导，农业农村部法规司给予了积极的支持，在此一并表示诚挚的感谢！

特别感谢，第十三届全国人民代表大会宪法和法律委员会江必新副主任委员、浙江省高级人民法院李占国院长自始至终对丛书出版给予的大力指导与帮助！

民为邦本，本固邦宁。实施乡村振兴战略，在我国“三农”发展进程中具有划时代的里程碑意义。在丛书即将付梓之际，欣喜之余，深感乡村振兴的课题任重道远，真诚希望社会各界专家、学者、实务工作人员，积极关注乡村振兴中的问题，共同研究、探讨构建乡村振兴的政策法律体系，为共同谱写新时代乡村全面振兴的新篇章作出应有的贡献！

编者

2020 年 10 月